Un chemin trop fragile

UN CHEMIN TROP FRAGILE

Un chemin trop fragile

Édition : BoD · Books on Demand GmbH, In de Tarpen 42, 22848 Norderstedt (Allemagne)
Impression : Libri Plureos GmbH, Friedensallee 273, 22763 Hamburg (Allemagne)
Dépôt légal : Décembre 2024
© Jacky Coulet, 2024
ISBN : 978-2-3225-4213-0

Le code de la propriété intellectuelle interdit les copies ou reproductions destinées à une utilisation collective. Toute représentation ou reproduction intégrale ou partielle faite par quelque procédé que ce soit, sans le consentement de l'auteur ou de ses ayants cause, est illicite et constitue une contrefaçon sanctionnée par les articles L335-2 et suivants du Code de la propriété intellectuelle.

Le temps est frais et le ciel est gris. Il est encore tôt ce matin lorsque nous marchons vers le sud-ouest. Patrick et Michel sont arrivés à l'auberge, hier soir, excités à l'idée d'une si longue marche. Ils n'ont pas l'habitude, mais c'est sûr, ils sauront tenir la distance, ils en ont vu d'autres à la chasse !

Nella, ma chienne Épagneule Breton, nous accompagne. Élégante et joyeuse, c'est elle qui ouvre la marche, mais sait-elle seulement où elle nous emmène ? À la sortie du village, déjà une première image, et j'interpelle mes deux frères en pointant du doigt un nid de cigogne.

— Regardez, là ! C'est un paysan du coin qui a installé ce nid. Et depuis, chaque printemps, un couple de cigognes rejoint le village, c'est sympa, non ? Réaction des frangins :

— Bof, y a même pas les cigognes, ce n'est pas marrant !

En effet, nous sommes au printemps et les cigognes se font attendre, peut-être nous feront-elles signe à notre retour ?

Nous restons sur la route goudronnée depuis Montigny sur l'Ain jusqu'à Pont-du-Navoy. Sur ces voies passent toujours trop de voitures. Alors, comme me l'a enseigné mon instituteur, on marche toujours à gauche de la route par mesure de sécurité. Ainsi on fait face au danger et on anticipe en voyant venir la voiture qui va nous frôler. À l'inverse, le véhicule qui nous dépasse pose moins de problèmes puisqu'il roule à droite alors que nous marchons à gauche. Bien vu l'instit ! J'ai bien retenu la leçon, contrairement à celle de géométrie avec ces drôles de définitions de ligne droite ou de ligne courbe. Vu sous cet angle, l'école, c'est plus agréable.

Après une demi-heure de marche, je glisse mon courrier, derniers vestiges de mes soucis professionnels du moment, dans la boîte aux lettres de la poste à Pont du Navoy.

À la sortie du village, nous voici enfin sur un chemin de terre, à l'abri du grondement des engins à moteurs, de l'odeur du goudron, des maisons qui nous surveillent, des chiens qui gueulent, du courant d'air des automobiles qui secoue nos nerfs. Alors nous sommes bercés du doux chant d'une mésange charbonnière, pénétrés des parfums du sous-bois. Le coucou nous guette, un chevreuil aboie. Le bruissement des premières feuilles accompagne le soupir des jonquilles et des primevères sauvages, nous les égratignons du bout de nos brodequins.

Le chemin se fait plus étroit et plus pentu. Ce n'est bientôt qu'un sentier qui s'élève régulièrement à travers les chênes encore dégarnis, les frênes tout frêles et les foyards toujours endormis. C'est début avril et, au cœur du Jura, la nature flemmarde un peu et fait la grasse saison.

Après quelques centaines de mètres, une large voie forestière empierrée nous casse la plante des pieds et nous tord les chevilles. Dans la longue montée de ce grand bois, je marche quelques dizaines de mètres derrière les deux frangins et, entre un ciel de nuages gris et un chemin de pierres blanches, je ne vois que ces deux silhouettes, déjà courbées mais décidées. Michel porte son bonnet multicolore qui lui cache les oreilles et Patrick, son bonnet noir au bord relevé pour bien dégager les oreilles. Tous deux sont habillés de pantalon de toile et de parka épais. C'est vrai qu'il fait encore froid et Patrick s'est même emmitouflé d'une grosse écharpe. J'ai su les imiter car j'ai enfilé un même pantalon de toile pour être à l'aise, un anorak épais, et un bonnet noir, façon Patrick. Michel porte un sac à dos rouge pétant.

— C'est pour que l'hélicoptère le repère en cas d'accident.

Patrick plaisante, il sait qu'il n'y a pratiquement aucun risque pour cette balade de quatre jours. Et ajoutant ma moquerie à l'ironie de Patrick :

— C'est sûr, on peut se perdre dans ces hautes montagnes du bas Jura.

Michel, l'aîné de nous trois, ne répond rien.

En milieu de matinée, c'est la pause casse-croûte. Déjà six kilomètres dans les jambes, il est temps maintenant de se dégourdir l'estomac. Une table et deux bancs de bois sont là, au bord du chemin, à la sortie du village de Mirebel. Patrick et Michel s'attablent comme à la maison et prennent le temps de sortir de leurs sacs, pain, terrine et saucisse de Morteau. Allez, pendant que nous y sommes, encore un morceau de fromage ! Les couteaux de poches et bouteilles d'eau sont de la fête. Il ne manque que le gros rouge et on se croirait au petit-déjeuner du paysan du village après la traite. Je me contente d'un sandwich que j'avale en restant debout devant la table car j'ai froid et il me faut bouger au plus vite. Après un quart d'heure d'arrêt nous repartons, direction Baume les Messieurs.

Nous marchons maintenant sur un chemin forestier entre prairies désertes et bois tristes. Peu de chants d'oiseaux, le temps gris n'engage pas au lyrisme. Pas de vaches en pâtures, il est encore trop tôt. En effet la neige était encore là la semaine dernière. Cependant, nous trouvons un peu de gaîté dans un pré en bordure du chemin, là où trois grands poneys à la jolie robe de couleur beige blanche et noire s'approchent de nous pour se laisser caresser. C'est étonnant de rencontrer ce genre d'animaux dans notre douce Franche-

Comté, on a plus l'habitude d'observer de bons gros chevaux Comtois.

    Le chemin traverse désormais un long bois planté de sapins et d'épicéas qui abritent d'énormes ronciers où se mêlent chênes et charmilles. En bordure du chemin, les frênes nous accompagnent et protègent les herbes sèches qui cachent aussi sûrement quelques morilles. Les morilles ??? Nous y pensons tous trois, c'est la saison. Mais depuis notre départ de Montigny des morilles… que nenni ! Peut-être sont-elles trop petites pour que nous les repérions ? Un vieux du village racontait autrefois, que si nous trouvons une morille trop petite, laissons-la pousser, mais attention, si elle voit que nous la regardons, elle ne pousse plus ! Alors, passons notre chemin et levons la tête en rêvant de ciel bleu et de vols de cigognes.

    Ce bois est long, le paysage change. Les ronces et les herbes fanées sous les grands arbres laissent place à de nombreux murs de pierres sèches appelés murgers, délimitant dans un passé récent, des prés où l'on gardait vaches et moutons. En bordure de prairies, des cabordes en pierres froides grelottent. Ce sont des abris de bergers, des bâtis de cailloux aux toits en arc brisé couverts de laves. Sur ce plateau que nous traversons, entre région des lacs et vignoble jurassien, nous pouvons découvrir sur les communes de Mirebel, Crançot, La Marre, Granges sur Baumes, un sentier thématique. Il suit toutes ces cabanes de bergers et raconte leur histoire. On imagine les utilisations de ces cabordes, en d'autres temps : abris, lieux de rencontre ou rendez-vous amoureux. Aujourd'hui les bergers ont disparu et laissé place aux agriculteurs modernes. Plus de charrues tirées par nos gros chevaux Comtois, plus de bœufs et de chars à foin, mais le fromage de Comté garde toujours son excellent goût et son délicieux parfum.

À la sortie du bois de Mirebel, nous retrouvons l'asphalte à l'approche de Grange sur Baume. Nous continuons de marcher entourés de nombreux murgers, coiffés parfois de laves patinées par les années, et souvent tapissés de mousses vertes jaunies par les longs hivers jurassiens.

— Merde ! s'écrie Patrick en regardant le chemin derrière lui, j'ai perdu mon podomètre.

— Qu'est-ce qu'on fait ? demande Michel.

Patrick semble indécis, prêt à faire demi-tour.

— Y-a- longtemps que tu l'as perdu ? dis-je.

— Si je savais lorsque je l'ai perdu, je me serais baissé pour le ramasser, s'exclame Patrick, fier de sa réplique.

— Je m'en doute, mais tu te souviens quand tu l'as regardé pour la dernière fois ?

— Ben… au casse-croûte, il y a plus d'une heure.

— Laisse tomber, on ne va pas faire demi-tour pour un podomètre à quatre sous, il est peut-être cent mètres en arrière, ou à trois kilomètres, et encore, faut être sûr de poser les yeux dessus. En plus, on a croisé un tracteur sur le chemin, alors ton podomètre, il est peut-être en bouillie.

Mon argumentation ayant fait mouche, nous continuons et tant pis pour l'instrument, nous ferons les kilomètres sans lui.

Il est bientôt midi. Nous allons quitter ces quelques centaines de mètres de route goudronnée pour nous enfiler dans un sentier sur notre gauche. Il plonge sur le village de Baume-les-Messieurs. Mais à cet instant précis, un véhicule Citroën s'arrête à notre hauteur. En nous retournant tous trois nous reconnaissons Alain. Un sentiment familial nous envahit, contents de nous retrouver à quatre frangins pour poursuivre l'aventure. Alain, trop handicapé pour nous suivre à pied sur de si longues distances, a convenu de nous servir d'assistance durant toute notre route. La C4 est donc remplie de provisions, de polaires, de glacières, de valises, d'affaires de toilette et de quelques bonnes bouteilles. Nous voilà rassurés, Alain ne nous a pas oubliés.

Il passe la tête par la fenêtre du véhicule et, de sa voix bégayante, nous interpelle :

— On va… va manger ensemble à… midi à Baume-les-Messieurs. On se re… trouve là en bas, hein ?

— Oui, compte une demi-heure pour que l'on rejoigne le village. Rendez-vous devant l'abbaye.

Nous descendons alors un sentier forestier si abrupt qu'il faut parfois se tenir aux branches pour garder l'équilibre. Les pierres roulent sous nos pas, certaines dévalent la pente comme des animaux sauvages qui détaleraient devant nous. Alors, à moitié surpris, nous regardons vers le bas pour vérifier s'il s'agit bien d'une pierre qui se sauve ou un chevreuil, ou un lièvre effrayé.

Nous arrivons bientôt en bas de la côte sur un petit promontoire à la sortie du bois où nous découvrons le magnifique village de Baume-les-Messieurs. À nos pieds surgit l'immense abbaye Clunisienne, très belle architecture du Moyen Âge. Patrick sort son appareil photo et mitraille l'abbaye, le village et le décor alentour. Les falaises de calcaire enlacent et réchauffent le village. Elles sont coiffées de grands chênes et foyards qui envahissent le ciel. Les pieds de la roche s'accrochent à la verdure des sapinières qui descendent jusqu'au bord des premières maisons. Pas de paraboles, pas de fils électriques, pas d'antennes, tout doit être caché dans ce village historique classé parmi les "plus beaux de France". La civilisation écorche néanmoins ce beau paysage avec un tracteur jaune orange et une grue métallique de même couleur vive, seules taches de modernité sur cette belle histoire de France.

Nous continuons de descendre le long de notre sentier qui bientôt s'élargit entre deux rangées de murgers. Une petite pluie fine commence à nous chatouiller les épaules. Pas de quoi néanmoins relever la capuche, le bonnet suffit. Le capuchon, ce sont "les œillères du cheval" et ce serait dommage de passer à côté de toutes ces belles choses sans les apprécier pleinement.

L'abbaye est maintenant sur notre gauche, tellement proche de nous et légèrement en contrebas que nous avons l'impression de marcher sur le bord de son toit et de s'accrocher à ses fines rangées de tuiles sombres. Les trois gargouilles se figent un instant sous le ciel pluvieux puis se détachent du haut de la cathédrale et achèvent leur descente sur l'asphalte au pied du monument et des premières maisons du quartier. Les baraques aux murs de pierre sont silencieuses, la saison touristique n'est pas encore là. Tant mieux, chaque plaisir en son temps.

Nous retrouvons enfin l'assistance.

— Alors, Alain, tu nous as dégoté un endroit à l'abri pour manger ?

— Là… mais c'est pas bien, répond-il de sa voix mal assurée en haussant son épaule valide. Puis il tourne la tête vers la place de l'abbaye, manière de nous dire « qu'est-ce que vous en pensez ? » Ce que nous en pensons ? Ce n'est effectivement pas bien : trop vers la rue, que du gravier, pas de bancs, bref, rien ne va. Alors nous décidons à l'unanimité de déjeuner au restaurant d'en face puisqu'il pleut et que l'air est frais. Bien que nous soyons encore hors saison, le restaurant est ouvert. C'est le seul. Tous les autres commerces attendent les beaux jours. C'est mieux ainsi car, nous connaissant, il aurait fallu faire le pied de grue devant toutes les cartes et menus des différents établissements avant de se décider.

Un chemin trop fragile

Ce restaurant typiquement jurassien avec le mobilier d'époque est là pour nous emmener, le temps d'une image, d'un songe, au siècle passé. On déjeune en une heure, car si l'accueil est correct, les tarifs de l'établissement sont bien assez élevés pour des randonneurs comme nous et nous évitons donc apéritifs, fromages et desserts. Un émincé de volaille garniture forestière au vin du Jura, arrosé d'une bouteille de chardonnay, aura remplacé avantageusement le pique-nique prévu. Je règle l'addition. Nous ferons les comptes entre frères à la fin de cette randonnée.

En sortant du restaurant, le ciel est franchement gris. Il pleut mais c'est une pluie fine, supportable. Nous enfilons néanmoins les parkas. Patrick a prévu un poncho, léger et imperméable. Ce plastique bleu vif recouvre l'ensemble du corps plus le sac à dos. Quel drôle de bonhomme, comique et burlesque ! Nous reprenons donc notre chemin, ainsi affublés, direction Lons le saunier, lieu de halte prévu pour la nuit. Mais d'abord, en ce début d'après-midi, il nous faut traverser le long village de Baume les Messieurs. Tant mieux, celui-ci est si beau à regarder ! Une route sobre et rugueuse longe les murs d'anciennes maisons de pierres sèches et nous emmène vers autrefois, vers nos ancêtres. Des toits de laves abritent nos souvenirs. En traversant le village, nous longeons le Dard, jolie petite rivière qui prend sa source quelques kilomètres en amont vers les fameuses cascades de Baumes les Messieurs. Un camping, désert en cette saison, et de belles résidences secondaires, volets fermés, côtoient la rivière. Et comme dans la chanson de Francis Cabrel :

« C'est le silence qui se remarque le plus,
Les volets roulants tous descendus,
De l'herbe ancienne dans les bacs à fleurs sur les balcons,
On doit être hors saison,

Et le courrier déborde au seuil des pavillons,
On doit être hors saison. »

Combien d'amours de vacances se sont perdues cet été au bord du Dard ?

À la sortie du village, il nous faut quitter cette reculée et grimper la côte boisée. Après avoir plongé sur Baume les Messieurs côté Est, en fin de matinée, nous franchissons maintenant le mont, côté Ouest. C'est un beau dénivelé de deux cents mètres qui nous est proposé dans ce massif jurassien, sur moins d'un kilomètre de long, entre sapins et feuillus. Dès le début de la côte, nous regardons tous trois, d'un air inquiet, le sommet, là, si près de nous mais si haut. Comme nous suivons un chemin de randonnée balisé, il faut croire que l'escalade sera raisonnable, pourtant, à regarder là-haut, il nous semble distinguer une barre rocheuse infranchissable.

En fait, dès le début de l'ascension la pente est raide mais régulière. Sous la pluie, nous grimpons péniblement, chacun à l'aide de son bâton, dans une tranchée naturelle d'une hauteur d'homme. Le sentier passe dans cette coulée creusée au fil des siècles par les orages et les intempéries. L'eau commence à ruisseler sous nos pieds mais si la pluie venait à se faire plus violente nous marcherions au milieu d'un ruisseau, ou peut-être même d'un torrent. La montée est lente et pénible. La pluie devient de plus en plus forte. Il nous tarde d'être au sommet afin de trouver un terrain plus sec. La boue s'accroche sous nos chaussures et nous glissons souvent. La tranchée étant trop étroite, nous suivons en file indienne, courbés, sans dire un mot, la respiration courte et bruyante. Aux deux tiers de l'escalade, Michel s'arrête, reprend son souffle puis se tourne vers nous en montrant du doigt le sol :

— Vous voyez là, ce sont des traces de roues en fer qui ont marqué le sol, et ça date sûrement de l'époque romaine. T'imagine, sur une pente pareille, ils ont dû serrer la mécanique dans la descente, les fers des roues d'vaient chauffer, et les centurions, debout sur leurs chars, d'vaient serrer les fesses, y d'vaient pas rigoler, il y en a qu'ont dû faire des sacrés tonneaux !

Alors s'ensuit une grosse rigolade en regardant tous trois vers le bas, imaginant les descentes hasardeuses de ces sacrés romains. Cela fait du bien, sous cette pluie froide, le souffle souvent trop court, de prendre un peu de bon temps et de jouer les Astérix, Obélix et Abraracourcix.

Nous approchons du sommet, et cette barre rocheuse, au-dessus de nos têtes, nous inquiète. Les arbres dénudés mais abondants nous cachent encore cet impressionnant obstacle, si près de nous. Nous quittons enfin cette tranchée si pénible et nous rejoignons un faux plat. Le sentier s'élargit et nous emmène sur un chemin où des engins forestiers peuvent circuler. Tout à coup, nous découvrons la barre rocheuse. Le passage oblique franchement sur la gauche et passe discrètement sous la roche. Elle est en fait moins impressionnante que lorsque nous la regardions d'en bas. Elle mesure environ dix mètres de haut, mais elle est longue et ce rocher finit au bord du précipice. Par chance cette barre est régulièrement coupée de failles plus ou moins larges qui permettent de la surmonter. Vu l'orientation de notre parcours, nous décidons de quitter le chemin et de crapahuter par une lézarde à travers la roche pour rejoindre le pré que nous devinons au-dessus de nous, la luminosité nous indiquant que la forêt s'arrête là.

Nous voilà enfin au sommet, à la lumière des prairies, après plus d'une heure d'une interminable grimpée sous les bois dénudés. La pluie ne nous quitte plus. Nous suivons désormais une route goudronnée. Celle-ci nous emmène quatre kilomètres plus loin, jusqu'à la départementale " Lons-le-Saunier-Champagnole", peu avant Pannessières. Nous entreprenons la longue descente qui nous mène au village, en évitant la grande route, et suivons donc un sentier de randonnée qui plonge vers la plaine du bas-Jura parmi un sous-bois tapissé d'un parterre d'ails des ours.

Dès l'entrée de Pannessières nous remarquons la silhouette d'Alain. Il est planté au milieu de la route, appuyé sur son bâton de marche. Il se décide pour quelques pas et vient à notre rencontre. Arrivés tous trois vers le frère, nous nous asseyons sur la margelle d'une vieille fontaine, la fatigue bien présente dans les mollets et les articulations.

— Hé ! s'exclame Alain, cherchant ses mots, je… je suis garé un peu plus haut, vers un abribus. Il y a un banc, on va pouvoir faire les "quatre heures" à l'abri.

Pour ''les quatre heures", il est cinq heures, et notre première journée de marche s'achève sur ce casse-croûte bien mérité. Un bon quart d'heure plus tard, nous nous engouffrons dans la Citroën pour rejoindre la bonne humeur et la détente en famille à l'hôtel, dans la capitale du Jura. Le plus compliqué pour Alain, c'était de dénicher, dans la journée, un hôtel acceptant les chiens. Ainsi Nella peut profiter d'une douce nuit au pied de mon lit.

****

Le lendemain matin, un ciel gris, un vent froid, et la Citroën nous accueillent sur le parking. La voiture doit nous emmener à la sortie de la ville, vers la fromagerie "la vache qui rit", au départ de la voie verte, qui nous emmènera à

Louhans. Le vent fouette mon visage et tape mon cerveau. Alors je pars dans un délire pour éviter une ambiance trop sombre, la Citroën est en grande conversation avec le vent :

« Caresse-moi comme tu le fais si bien, mais ne sois pas trop violent. Ce matin, tu exagères, tu me secoues, tu me fais mal. Et mes hôtes ne vont pas apprécier cette triste journée que tu leur promets aujourd'hui.

— Mais qu'est-ce que tu crois, il faut bien que je fasse mon travail. Ce n'est pas encore vraiment le printemps et j'ai besoin de souffler un peu pour préparer la saison. Je dois parfaire mon entraînement pour accompagner les gros orages de l'été prochain. Estime-toi heureux que la grêle ne m'accompagne pas, tu serais pleine de douleurs ».

Des douleurs, nous les frangins, nous allons vite savoir ce qu'il en est. Après quelques minutes de marche sous ce ciel gris et sur la voie verte qui nous emmène à Louhans, la pluie tombe fort et le vent froid ne se calme pas. Bien emmitouflés sous nos anoraks, nous poursuivons notre marche sur le goudron, puis bientôt sur les gravillons et enfin sur un sentier de terre. Les souliers collent et la capuche ne suffit plus. Nous marchons plein ouest et le vent nous harcèle constamment, un vent qui ne vient pas du ciel, un vent qui s'arrache du sol, se retire comme la mer, puis revient dans nos jambes encore plus vite, plus fort, apportant des sacs d'eau qu'il va chercher dans les vagues grises de la campagne. C'est un vent méchant qui mouille, et des nuages noirs qui courent, s'emmêlent et s'agitent au-dessus de nos capuches.

Après une heure de galère, les ennuis ne s'arrangent pas. La voie verte est coupée par un énorme chantier. Nous voilà face à un précipice d'une quinzaine de mètres, qui nous empêche de continuer sur ce chemin. Une pancarte indique que les travaux dureront plusieurs mois. Il s'agit du contournement de Lons le Saunier. Si l'on jette un œil sur la gauche, en pleine campagne, ce n'est que boue, chemin creusé sur plusieurs dizaines de mètres de large, des ponts en construction, des engins aux roues gigantesques. Sur la droite, pas mieux, car entre terre remuée, coffrages monstrueux, route nationale infernale et zone industrielle hideuse, où passer ?

— Ah si, regardez les gars, une route à droite qui contourne le chantier. Dans le bas, elle rejoint ce bosquet au pied du viaduc. Ce pont, on va le rejoindre, c'est là que la voie verte continue.

Nous dévalons donc un petit ravin à travers un sous-bois parmi la terre humide et les ronces mouillées. Enfin c'est le bitume pour une centaine de mètres puis nous voilà de l'autre côté du chantier au pied du viaduc, lequel était utilisé autrefois par les trains à vapeur puis les motrices diesel. La voie verte emprunte en effet l'ancienne voie ferrée Lons le Saunier - Louhans.

Notre déviation continue sous le viaduc. Michel et Patrick décident de poursuivre sur celle-ci encore une centaine de mètres, espérant trouver plus loin une pente douce pour rejoindre notre chemin là-haut à l'approche du grand pont. Moi, peut-être trop vaillant, je décide de couper la route avant le viaduc et de grimper tout de suite le fossé, certes très pentu et glissant, mais qui permet un bon raccourci.

Bientôt en haut et sans trop de difficultés, j'attends en effet les frangins durant plusieurs minutes. Les voici et, les regardant venir du bas du fossé, j'ai tout loisir de les observer. Vu de loin, ils paraissent encore plus trempés, plus frustrés, plus découragés que lorsque nous marchions côte à côte sous ce ciel infernal. On dirait deux pantins avec leurs grands cabans qu'ils viennent d'enfiler, deux objets marchants à peine identifiés qui se glissent au travers des fourrés et crapahutent difficilement, deux figurines qui brillent d'un mélange de sueurs et de pluies dégoulinant des gabardines cirées. La chienne Nella, elle-même, a du mal à les reconnaître car dès qu'ils arrivent à sa hauteur, elle vient flairer les deux spécimens, pas très sûr d'elle. Mais le pire est à venir. Michel et Patrick sont en face de moi de l'autre côté de la barrière du viaduc, en équilibre en bordure du fossé. La barrière paraît trop haute pour la franchir, d'autant qu'ils sont en contrebas par rapport à celle-ci. Il faut donc qu'ils contournent cette difficulté, qui prend fin quelques mètres plus loin, puis escaladent une clôture barbelée. Mais pour nous les frangins, c'est facile car en période de chasse, ce sont parfois dix barrières identiques à franchir dans une même journée. Sauf que là, si Michel passe sans encombre, Patrick et son déguisement loufoque, son trop grand imperméable et sa bosse de plastique dans le dos, a du mal à franchir le barbelé. Il faut que Michel s'en mêle et aide notre brave frangin à escalader l'obstacle en le tenant par les hanches, pour que le centre de gravité dangereusement porté sur la bosse ne provoque pas un double salto arrière. J'en profite pour mitrailler la scène avec mon Sony afin de bien en rire, plus tard, en famille.

    Ce petit sourire apporte un peu d'entrain pour traverser le viaduc, d'autant que la vue devient agréable. On laisse derrière nous le chantier et sa zone artisanale, pour plonger notre regard en bas de ce pont où tout n'est que verdure, pâturages et Montbéliardes. Mais le sale temps ne nous laisse pas de répit, et la pluie, jusque-là un peu plus sage que le vent, redouble d'intensité. Tous deux ont comploté contre nous pour décupler leurs forces afin de nous mater, nous faire plier, abandonner, jeter l'éponge et rejoindre notre demeure, comme les gens normaux. Non mais, c'est qui le patron dans la nature ?

L'éponge est décidément trop lourde, et l'eau dont elle regorge envahit nos jambes, nos pieds, notre tête. Même la capuche ne protège plus. Le vent empoigne la pluie pour nous retourner des gifles mouillées qui cinglent nos visages. On envisage l'abandon :

— Qu'est-ce qu'on fait ? demande Michel, on continue ou on appelle Alain pour qu'il vienne nous chercher ?

Patrick et moi, on se regarde, l'air indécis.

— S'il vient nous chercher, nous attendrons dans la voiture, et nous repartirons dès que le temps se calmera.

— Et si c'est comme ça toute la journée ? réponds Patrick, nous interrogeant de ses yeux bleus.

Alors ensemble on regarde le ciel, on imagine le regard des autres, les frères restés au pays, les enfants, les neveux et cousins, et l'éclat de rire moqueur lors des futurs repas de famille. Nous décidons donc, croisant nos regards complices, de continuer notre route contre vents et marées.

— Oh ! j'ai perdu la laisse de la chienne, m'écriai-je, tout à coup. Faut appeler Alain pour qu'il retourne à l'hôtel, j'ai dû la laisser là-bas.

Après mon coup de téléphone Alain repart aussitôt à l'hôtel.

— Allô ! C'est Alain, je suis à l'hôtel, je n'ai rien trouvé, j'ai regardé sur le parking, rien non plus. Je vais… hein… acheter une laisse au Géant.

En passant instinctivement mes mains sur le haut de ma poitrine, je ressens un mélange de honte et de soulagement : la chaîne est bien là, autour de mon cou.

— Désolé, Alain, je viens de la retrouver.

Inutile de lui donner des détails, cela va le mettre en rage, et Michel et Patrick, de toute façon, se chargeront bien de lui expliquer mon début d'Alzheimer avec leur humour habituel.

À la sortie de la zone boueuse de Lons le Saunier, nous traversons des lotissements à l'est de Courlans puis Courlaoux. Le chemin est goudronné et cela devient un peu plus supportable pour nos pieds qui ne glissent plus. La pluie tombe toujours. Le vent n'est pas décidé à se calmer. Depuis un bon quart d'heure, la marche est silencieuse. Aucun de nous n'est disposé à discuter. Depuis notre départ, la plaisanterie et nos jambes sont les deux moteurs qui nous permettent de supporter notre randonnée. Que l'un des moteurs casse et l'expérience sera terminée. La pluie froide a lavé notre gaîté, la fantaisie s'est envolée au vent mauvais, l'humour se cache derrière les nuages noirs. Nos têtes sont baissées pour laisser filer le couple infernal au-dessus de nos capuches. Amers tous trois, nous marchons comme des zombis, mais l'esprit est là à rêver d'une éclaircie ou d'un vent plus docile. Nous pourrions chercher un abri, mais compte tenu d'un ciel tellement "bouché", on a juste le choix entre continuer pour parvenir à Louhans avant la nuit, ou abandonner tout de suite. À moins d'un miracle.

Mais là, on a décroché le pompon. Après avoir quitté le dernier lotissement, nous nous engageons dans un chemin de terre car la voie verte a disparu. D'après notre carte, nous devrions la rejoindre après un kilomètre sur ce chemin bourbeux. Alors nous nous accrochons et nous continuons notre route, entêtés. Zigzagant entre les grandes flaques, la boue épaisse et l'herbe mouillée, clopinant entre creux et bosses de ce chemin défoncé, nous avançons en file indienne, moi en tête. Quelques minutes plus tard, une éternité, j'entends des rires dans mon dos. Vu l'ambiance, c'est surprenant. Je me retourne, comprends vite le sourire des deux frangins ainsi que leur façon de me suivre. Comme les cyclistes qui se protègent du vent, ils ont adopté le bon profil du suiveur en marchant derrière moi, de façon décalée.

— C'est bien de me suivre comme ça, les comiques, mais si vous voulez jouer les cyclistes, alors, faites comme eux, prenez de temps en temps le relais.

Pour toute réponse, les deux frangins se marrent.

— Le pire, ajoutai-je, c'est Nella, regardez ! Elle suit, elle aussi, et prend le profil idéal en queue de peloton.

Je les regarde tous trois et j'observe le naturel de la chienne qui s'adapte au mieux, sérieuse, et qui tranche de l'attitude des deux frangins ; ils continuent de rigoler, d'un rire nerveux mais sincère.

Bientôt, l'entrée d'un bois nous apporte un peu de répit, puis presque aussitôt nous retrouvons l'asphalte de la voie verte. À la sortie du bosquet, quelques maisons nous accompagnent et nous approchons de l'ancienne gare de Courlaoux. Et là, le miracle arrive, le ciel se déchire juste au-dessus de nos têtes et la pluie se calme enfin. Le vent a dû lâcher la main de la pluie pour qu'elle puisse s'arrêter au bord du ciel, car lui, il est bien décidé à poursuivre sa route, seul. Il court, court toujours et gambade même. Nos pantalons trempés collent aux cuisses, aux mollets, nous laissant avec la désagréable sensation de traîner une pattemouille qui s'accroche à notre corps telle une sangsue. Mais comme la pluie a cessé, le vent, tout à coup, devient notre allié. Alors qu'il prenait un malin plaisir à aider son amie à nous tremper jusqu'à l'os, désormais seul, il sèche nos habits avec une rapidité surprenante. Nous nous arrêtons donc quelques minutes sous l'abri de l'ancienne gare et, assis sur un banc de pierre, nous cassons la petite croûte "des dix heures".

Nos pantalons ne collent plus aux cuisses et bientôt ils flottent au vent. Cela fait du bien. Nous continuons notre marche, plus sereins. Depuis quelques minutes un grondement sourd se fait entendre au loin. Encore deux kilomètres de marche et l'on reconnaît le bruit désagréable des moteurs de camions.

— Vous entendez ? m'écriai-je, on approche de l'autoroute, le bruit au loin…

— Tu crois qu'on y sera avant midi ? réponds Patrick.

Après un rapide coup d'œil sur la carte, je reste évasif :

— Pas sûr, tout dépend de notre vitesse. Avec ce temps, on n'avance pas bien vite.

Depuis quelques minutes, la pluie s'est réveillée, a quitté le bord du ciel et rejoint son ami. Une pluie moins forte que tout à l'heure, mais suffisante pour mouiller encore nos pantalons mal protégés par nos anoraks. Michel et Patrick enfilent à nouveau leurs grands imperméables et, à nouveau, le moral se défile. Paradoxalement, le boucan de l'autoroute devrait nous être désagréable, mais nous acceptons tous trois ce bruit qui se marie si mal à la nature, parce que nous savourons secrètement les kilomètres que nous parvenons à grignoter. En effet l'autoroute c'est tout un symbole, un gros trait bien épais sur la carte de France. En effaçant bientôt ce trait, nous avons la douce sensation d'être nous-même véhicules, rapides, baignant dans la douce chaleur de l'habitacle. Par un temps pareil, le plateau de la balance qui porte notre amour de la nature s'envole discrètement au vent, alors que celui de la modernité reste bien lourd, et s'enlise dans les habitudes de notre petit confort. Notre cœur saute d'un plateau à l'autre, comme le petit chien du canapé au sol, du sol au canapé. On est content parce que, malgré le sale temps, on avance bien. On n'est pas content parce que, à cause de ce sale temps, on avance mal.

On sait qu'Alain n'est pas loin. On s'est donné rendez-vous du côté de l'autoroute grâce à nos portables et ce sera bientôt le soulagement de la pause, tous trois adossés contre la chaleur de la Citroën. Cela nous donne du courage et même l'envie de plaisanter, et c'est alors que Michel lance :

— Tu ne vois pas qu'Alain se goure et prenne la bretelle d'autoroute. Il finit soit à Bourg, soit à Dôle avec la bouffe dans le coffre, on est bien !

— Lui aussi, il serait bien, réplique Patrick de son rire gras.

Et pour l'instant, c'est nous qui sommes bien et même très bien, car l'échange s'achève sur un grand éclat de rire. On approche de midi et la faim commence à nous chatouiller, alors pas question de rater le coffre de la Citroën. Nos petits sacs à dos ne transportent pas grand-chose : de l'eau, une carte, un pull, peut-être une écharpe. Pas de quoi nous rassasier.

Le vacarme est de plus en plus puissant et au détour d'une haie voilà l'autoroute, un peu surélevée, avec son flot de véhicules sombres et de panneaux publicitaires, collés aux caisses des longs camions dont on ne remarque même pas la cabine. Nestlé, Intermarché, Dentressangle, Perrier, etc.... nous rappellent vite notre société de consommation.

Où franchir cette gigantesque artère ? D'après la carte, la voie verte que nous suivons coupe l'autoroute, mais c'est le flou le plus complet quant à savoir si nous passons sous un tunnel ou sur un pont et, plus grave, si le chemin s'arrête sans passage possible. Plus nous approchons, plus nous remarquons que la voie verte est un cul-de-sac. De mémoire, et connaissant bien la région, je me souviens de cet endroit de l'autoroute où il existe un passage à gibier. Chaque fois que je circulais là en voiture, je remarquais toujours cet endroit, bien matérialisé et visible grâce aux immenses dessins colorés de chevreuils surplombant l'autoroute et plaqués contre les palissades de bois qui signalait le passage à gibier. Donc, il doit y avoir une solution.

Un chemin trop fragile

Bientôt, notre chemin débouche sur une route perpendiculaire, longeant l'autoroute. Faut-il prendre à droite, à gauche. Pas besoin de se poser la question longtemps car au même instant, nous remarquons la C4 d'Alain qui arrive aussitôt à notre hauteur sur ce chemin blanc.

— Hé ! explique Alain de sa voix hésitante, trois cents mètres sur votre droite vous pouvez… hein… traverser l'autoroute, il y a un passage à gibier. C'est un chemin empierré. Moi, en voiture, je peux pas passer, y… faut que je fasse le tour jusqu'à Beaurepaire.

Le ciel nous laisse un petit répit. Pas de pluie, mais le vent continu à souffler fortement. Michel et Patrick gardent leurs grands imperméables en prévision d'une prochaine averse. Nous décidons tous quatre de prendre quelques photos souvenirs au passage de l'autoroute. Chacun sort son appareil et mitraille tour à tour les autres frères. Mais le froid, le vent et l'humidité nous incitent à faire vite.

Il est midi lorsque nous descendons de l'autre côté de l'autoroute. Alain nous quitte pour reprendre sa voiture et nous rejoindre un peu plus loin pour préparer le pique-nique. J'ai l'impression d'avoir fait un pas de géant depuis que nous avons passé l'autoroute. Les montagnes du Jura sont déjà loin derrière nous et nous marchons à belle allure parmi les premières prairies de Bresse. La pluie est toujours bien embusquée derrière les nuages et sort de sa cachette assez fréquemment, le vent faiblit légèrement.

Nous apercevons Alain et sa Citroën sur la départementale que nous empruntons. Il est bientôt treize heures.

— J'ai trouvé un… un super coin pour casser la croûte, hein. Vous faites un kilomètre sur ce chemin-là, il y a une ca… bane de chasseurs avec une grande terrasse couverte… au bord d'un étang, explique Alain en montrant du doigt une route gravillonnée qui entre dans un bois de chênes et de frênes.

Nous nous installons tous quatre au milieu d'un charmant petit cadre champêtre, sous un bel abri. Il a trois côtés en planches de sapin avec un toit de tôles truffé de mousses anciennes, que les hivers humides ont dessinés là. L'intérieur est grand et de belle finition en planchettes rabotées. Une table et ses deux bancs accolés nous attendent. Il y a même suffisamment de place sous l'abri pour ranger la voiture. Ainsi nous pouvons sortir toute la nourriture du coffre, au sec. Des porte-manteaux sont fixés sur le mur en bois. Nous accrochons imperméables, anoraks, bonnets et casquettes. Après les grosses difficultés du matin, nous apprécions cet instant de confort. Notre maison est un endroit de rêve au bord d'un grand étang poissonneux, avec des barques de pêches qui dorment là en attendant des jours plus agréables. La forêt entoure cette douce étendue d'eau. Quelques canards au loin se régalent de ce triste temps. Nous apprécions notre repas froid avec toujours les mêmes produits bien de chez nous. Saucisses de Morteau et Comté nous accompagnent encore, mais aussi biscuits, fruits et même café qu'Alain a su nous garder au chaud dans la thermos. Ah ! j'allais oublier, la bouteille de Jura est là pour tenir notre moral.

Après cet agréable repas, nous reprenons notre route entre bois, étangs et prairies. Un vol de colverts et un rayon de soleil nous accompagnent. Enfin un peu de douce chaleur en ce début d'après-midi ! Alors le pas se fait enthousiaste. Nella semble heureuse aussi. Ce matin sous la pluie, elle suivait, le poil mouillé, les oreilles basses, et ne quittait pas nos jambes. Là, elle court et prend le vent, se décide à renifler quelque odeur intéressante et joue au chien de chasse. Mais le soleil se cache à nouveau. Le temps est néanmoins plus agréable que ce matin. Le ciel ne nous arrose que de temps à autre et le vent souffle moins fort. Maintenant, nous pénétrons franchement en Bresse. Nous côtoyons de belles fermes à l'architecture originale. La demeure est basse et allongée, montée en pans de bois remplis de briques rouges, torchis pour les plus anciennes, toutes avec un avant-toit permettant de protéger les murs et d'abriter les panouilles de maïs. Parfois nous croisons des maisons abandonnées avec leur grand toit éventré, et qui s'écroulent comme de monstrueuses bêtes qui se meurent.

    Vers seize heures nous parvenons à l'ancienne gare de Ratte, village proche de Louhans. Comme la plupart d'entre elles, celle-ci fut vendue en son temps à des particuliers qui ont su lui redonner une seconde vie. Maisons principales ou secondaires, ces anciennes gares sont souvent très jolies, car seules dans le paysage, éloignées des autres maisons, elles offrent une belle image de décor pastoral.

    Le ciel s'éclaircit enfin et il semble que cela devrait durer. Il est bientôt dix-sept heures et nous venons de parcourir vingt-cinq kilomètres sous un temps de chien, et encore, il faudrait demander à Nella, pas sûr qu'elle soit d'accord avec cette expression. Nous atteignons l'endroit de notre pause pour faire ''les quatre heures''. À côté, nous découvrons une stèle en souvenir de cheminots morts pour la France, une simple plaque avec les noms des défunts et à ses pieds, un morceau de rail de chemin de fer pour symbole. Plus intéressant encore, à cette heure de grande fatigue, nous apercevons, quelques mètres plus loin, une table forestière pique-nique. Alain vient de nous rejoindre en marchant car il a laissé la Citroën à un embranchement de la voie verte, plus loin.

— Hé ! Il y a un parcours de santé là où j'ai… garé la voiture. Vous pouvez le faire, vous passez à côté, ça vous fait guère plus à marcher, hein.

Alors tous trois à l'unisson :

— Non mais, tu rigoles, tu crois qu'on ne l'a pas fait, notre sport aujourd'hui ?

Même Nella n'a pas l'air d'accord. Après cette plaisanterie d'Alain très bien comprise, nous décidons de passer aux choses sérieuses. Les sacs à dos sont sur la table. Le temps clément nous permet de retirer imperméables, parkas et même casquettes. Alain sort pain, chocolat, saucisse de Morteau et fromages sur la table. Seule la bouteille de rouge reste au fond du sac. Nous ne sommes pas décidés à boire de vin, même avec le fromage, nous préférons l'eau et le jus de fruit. D'ailleurs, ce n'est pas le moment de couper notre élan, il reste encore deux ou trois kilomètres avant Louhans.

Les fleurs blanches des cerisiers et des poiriers surplombent nos têtes. La Bresse est une région plus clémente que les plateaux du Jura laissés derrière nous. C'est agréable de marcher dans le décor printanier de cette fin d'après-midi et sous le frêle soleil du soir. Hier encore, au cœur de notre Jura natal, on ne randonnait que parmi les arbres décharnés. Seuls quelques parterres d'ail des ours et boutons de jonquilles nous laissaient croire au printemps.

Encore une petite heure de marche, et c'est le cœur léger et les jambes lourdes que nous arrivons vers la voiture d'Alain à l'entrée de Louhans, une ville à la campagne. Ce soir nous pourrons apprécier la capitale de la Bresse Louhannaise, ses cent cinquante-sept arcades, ses façades pittoresques du Moyen Âge, son célèbre marché avicole.

Voilà l'hôtel du Jura, simple, correct, plein centre-ville. Alain s'est occupé de tout dans la journée. Il s'est même assuré que Nella ait droit à sa niche, elle couchera donc à mes pieds dans la chambre que je partage avec Patrick. Une fois installés, nous partons flâner dans les rues de la ville, sans demander à nos jambes si elles sont d'accord. Nous sommes à la recherche d'un petit restaurant et après bien des hésitations, c'est un établissement alsacien avec bar à bière qui nous inspire. D'ailleurs, nous n'avons pas envie de chercher plus loin car nos jambes crient pitié. Dans un joli décor avec murs de pierre garnis de poutres en chêne, ce restaurant bar à bière nous surprend car, lorsque nous demandons la carte des bières, on nous propose uniquement de la Kronenbourg. Drôle de choix pour un bar à bière ! Polis, nous ne demandons pas d'explications, mais Alain nous chuchote, se penchant en avant vers la table :

— Bizarre pour un restaurant alsacien, et... et de plus, bar à... à bière. Peut-être que c'est parce qu'on est hors... saison ?

Néanmoins le repas est très correct et le vin agréable. Nous passons une bonne soirée entre frangins, Nella tranquille à mes pieds. La serveuse a docilement accepté de prendre la photo de famille, et vers vingt-deux heures, nous décidons de rejoindre l'hôtel. Encore cent mètres de cette longue et éprouvante journée, puis nous regagnons nos lits tant désirés.

****

Au départ de cette troisième journée nous découvrons la mauvaise humeur générale des automobilistes. À les regarder comme ça de plus près, un mercredi matin de travail, ils font tous la gueule dans leur voiture. Le départ de l'étape a lieu à la sortie de Louhans, près d'un centre de tri postal. Nous croisons et côtoyons donc plusieurs véhicules jaunes, plein gaz, direction les boîtes aux lettres. Le facteur, aujourd'hui, est comme à l'usine, il suffit de regarder la tronche de celui-ci, visiblement pas très heureux dans son travail : assis, debout, penché, la main tendue pleine de prospectus, où se cachent quelques rares lettres importantes. De nouveau penché, assis, debout, la main tendue… et rebelote, puis vite retourner au dépôt dans les horaires impartis. Dans les années soixante, notre facteur à Besançon, il était super-gentil. Il arrivait à bicyclette, toujours en sifflant, toujours en souriant. Nous les enfants de la cage d'escalier, chaque jeudi un peu avant midi, nous l'attendions avec impatience, il avait toujours un mot aimable pour nous. Il était le messager du bonheur, les enveloppes blanches affranchies d'une image de l'autre bout de la France, une carte postale, un journal, c'était notre dépaysement, les factures et les impôts, c'était pour les grands.

    La journée commence sous un ciel beaucoup plus clément que la veille. Le soleil fait de fréquentes apparitions, mais le vent n'est toujours pas décidé à se reposer. Michel et Patrick, dès les premières heures de la matinée, décident de poursuivre leurs séances de botanique. En effet, depuis le départ de notre randonnée, Michel prend plaisir à remplir sa besace de plantes sauvages afin de tenter quelques prochaines reprises de printemps, au retour, dans son jardin. Ce n'est pas gagné car, après quatre à cinq jours, j'imagine la gueule des bulbes et des racines au fond du sac, bien talés, bien tassés et bien ballottés. Toujours est-il que les deux frangins, au détour d'un lotissement près du lieu-dit "Saint Claude", se munissent chacun d'un bâton pour tenter de déterrer, en bordure de villas, quelques primevères. La sensation d'aller à la maraude les amuse beaucoup et je les vois, loin déjà derrière moi, rire discrètement de leurs jeux.

Après les derniers lotissements, nous entrons dans la forêt en empruntant le chemin d'une ancienne voie ferrée. C'est une grande ligne droite parmi les bouleaux, les saules et les chênes. Nous laissons sur notre gauche les étangs de Juillard et de Charto. Le chemin est rempli d'immenses flaques d'eau difficiles à contourner. C'est une forêt marécageuse où il faut en permanence faire attention où nous posons le pied. Bien sûr je fais la gaffe et me retrouve vite avec un pied dans la boue et de l'eau jusqu'à mi-mollet, rien de tel pour activer la raillerie des deux frères. Mais nous voilà maintenant à la découverte d'un nouvel amusement, puisque des miradors pour les chasseurs garnissent régulièrement le chemin de cette longue forêt. Alors, sur une idée de Michel, chacun à tour de rôle, nous grimpons sur un mirador et, avec la complicité des bâtons de botanique, qui nous servent de fusils, nous mettons en joue, au loin, un quelconque tronc d'arbre, une feuille sèche, un vulgaire caillou afin d'être photographiés pour la postérité. Des gamins, je vous dis… des gamins !

En milieu de matinée, nous sortons du bois et retrouvons la clarté du paysage inondé de soleil. Malgré tout, le temps est encore frais et nous gardons nos écharpes, bonnets et anoraks. Juste avant de rejoindre la route goudronnée, où Alain nous attend pour le casse-croûte du matin, nous enjambons un décor surprenant : un village de blaireaux. Ces animaux, pour se protéger de l'ennemi, ont construit leurs maisons sous terre. Chacun son style, car chez nous, nos ancêtres les hommes préhistoriques ont construit leurs maisons sur l'eau, sur pilotis, là-bas, au bord du lac de

Châlain. C'était aussi pour se protéger, c'était il y a bien longtemps.

Je suis sur un petit monticule, où je surplombe le village de blaireaux, et j'admire leur travail : un ovale d'environ quinze mètres de diamètre fait de terre fine et remuée, d'un beige foncé qui se détache de son environnement vert et gris. Le dessin est presque parfait, on dirait une tête d'homme avec sa peau brunie au soleil et ses deux gros yeux, creusés. Une ombre, sur le coin de l'œil, apporte une touche de strabisme qui m'amuse et donne un air de guignol à mon bonhomme. Sa bouche est grande ouverte, une bouche qui s'exclame ou s'étonne parce qu'elle recrache un immense chêne s'enracinant au fond de ses entrailles. Le bonhomme est vieux car le crâne est bien dégarni. Seuls quelques pauvres cheveux faits de brindilles argentées s'acharnent en son sommet. Son nez, bien dessiné, tient toute la largeur de sa figure et s'écrase contre le chêne fantaisiste. Le visage est boursouflé et usé par le temps. Il doit être sourd car il n'a pas d'oreilles. Patrick est debout sur la joue gauche du bonhomme, chatouillant sa peau bronzée de son bâton de botanique. Michel, au pied du guignol, me regarde, étonné, imaginant peut-être une part de mon rêve.

Je quitte ma chimère pour rejoindre Michel et Patrick, qui ont pris de l'avance afin de retrouver Alain. C'est de nouveau la pause du matin tant appréciée : jambon, saucisse de Morteau, fromages, fruits et la thermos de café qu'Alain a su mendier à l'hôtel avant notre départ.

Est-ce la lourdeur du casse-croûte qui nous embrouille la tête plus que l'estomac ? Toujours est-il que l'on se goure de route. En vérifiant notre carte, nous constatons qu'il nous faut allonger le circuit de cinq cents mètres en passant par une départementale, puis couper à travers bois sans suivre de chemin, ni même de sentier. Cela nous laisse un goût d'aventure, même si ce n'est pas encore la brousse, et nous en rions tous trois. Mais si je dis la vérité aux frangins, je crois qu'ils riraient jaune, car marcher cinq cents mètres de plus, cela compte dans une journée comme celle-ci. En effet, d'après mes calculs, l'étape du jour sera la plus longue de notre randonnée, environ trente-cinq kilomètres de marche. Michel et Patrick, bien incrédules, me font confiance pour l'organisation et ne connaissent pas le circuit précis, ni même les distances. Leurs seules préoccupations est de marcher, s'amuser, rigoler, plaisanter, observer ou éventuellement s'énerver si les choses sérieuses venaient à tout compliquer. En ce qui me concerne j'ai le souci agréable de l'organisation du parcours. Je me demande d'ailleurs si Michel ironise ou reste sérieux lorsque nous parlons de l'orientation. Quand je montre la direction de l'ouest : « t'es sûr que c'est pas plutôt le nord ? » Quand j'explique, si le temps se couvre, que le soleil est devant nous, il me répond qu'il le voyait plutôt sur sa gauche. Sens de l'orientation nulle ? Sarcasme ou ironie ? Parce que si l'ironie c'est dire le contraire de ce que l'on pense pour expliquer que l'on pense le contraire de ce que l'on dit, le sarcasme c'est dire le contraire de ce que l'on pense sans faire voir que l'on pense le contraire de ce que l'on dit. Alors c'est tout un mystère pour comprendre l'intention profonde de Michel.

     Dans ce bois sans chemin, nous avons la sensation d'une partie de traque en période de chasse. Nous marchons tous trois de front, Nella quêtant quelques mètres devant nous, parmi la mousse, les roches et les ronces. Après de grandes enjambées par-dessus les ronciers et quelques griffures sur les mains et les chevilles, nous approchons de la lisière.

     — Hé les gars ! regardez, c'est Alain là-bas dans le champ, il nous attend, m'écriai-je.

Un chemin trop fragile

Alain est debout devant sa voiture, à près de trois cents mètres de nous. On le reconnaît à son allure bien particulière, sa façon de se tenir, appuyé sur son bâton, économisant les moindres gestes, une sentinelle aux aguets. Nous sommes déjà bien avancés au milieu de la prairie, et Alain ne semble pas nous voir. Pire, il remonte dans la Citroën, démarre et roule à l'opposé de nous. Alors, nous regardons, impuissants, la voiture s'éloigner puis disparaître au sommet d'une crête. On dirait l'image d'un film romantique, une scène du rendez-vous manqué.

Je regarde à travers la vitre poussiéreuse de ce vieux moulin, mes mains en forme d'œillères pour garder juste un faisceau de lumière afin de bien distinguer l'intérieur du bâtiment. Beaucoup de vieilleries sont entassées là parmi un désordre agréable, comme le grenier des grands-parents : une faux en équilibre dans un coin de la pièce, des sacs de céréales crevés d'où la farine essaie de s'échapper, une grande roue de meunier au centre, une paire de sabots usés au pied de la grande roue, des piles de vieux journaux et un titre : "C'est la sécheresse", une botte de foin déjà bien noire dans un autre coin, une batteuse en bois grosse comme une 403 camionnette, tout au fond de la pièce, et sur le sol, c'est du cheni, de la poussière, des copeaux de bois, de la farine grise.

Je me retourne et interpelle les deux frangins :

— Venez donc voir, on se croirait cinquante ans en arrière. C'est super, c'est plein de vieux trucs.

Michel et Patrick approchent à leur tour et s'émerveillent, comme moi, de toutes ces trouvailles.

Un petit vieux - je lui donnerais quatre-vingts ans - est assis sur le bord d'un muret de pierres qui surplombe un ruisseau, en face du moulin, de l'autre côté du chemin. Il nous surveille depuis notre arrivée. Chaussé de grandes bottes de pêcheur, habillé d'une salopette bleu ciel, il garde un air indifférent qui ne me laisse pas indifférent. Alors je m'approche afin de mieux connaître, et l'homme, et la bâtisse :

— Bonjour ! C'est à vous ce moulin ?
— Ben vouai…
— Il est encore en activité ?
— Ben nan ! Y a cinq ans qu'on l'a fermé.
— Ah bon ! Vous avez pris votre retraite ?
— Ben ieux, l'été, y a pas d'eau, l'hiver y a tlo d'eau, c'est pas facile. Et pis vous, vous v'nez d'où ?

Michel prend le relais :
— On vient de Morteau.
— Oh, ieux, y doit y avoir de l'eau là-bas ?

Notre sourire communicatif est notre réponse et, là-dessus, nous prenons congé de ce brave meunier.

À peine le dos tourné, notre sourire se transforme en grand éclat de rire trop moqueur.

— Le vieux, intervient Michel, un sourire au coin des lèvres, il a dû penser à l'eau de son moulin toute sa carrière.
— Ça, c'est sûr, répond Patrick d'un ton jovial, quand y a trop d'eau, ben le meunier… son moulin tourne trop vite, et s'ensuit un ricanement, gras, puissant, sonore.
— Vous avez vu ses cuissardes ? dis-je, on dirait qu'il les garde à ses pieds tout le temps.
— Peut-être qu'il ne les a pas quittées depuis qu'il est en retraite, ironise Patrick.
— On voit que tes deux jours en pleine nature ont aéré ton cerveau, réplique Michel, si tu continues, tu vas bientôt faire de l'esprit.

Et nous voilà de nouveau, tous trois, à ricaner de nos moqueries, marchant de front, direction le sud.

Un chemin trop fragile

Au grand air de la Bresse, nous côtoyons toute la basse-cour de France. Les poules, poussins et coqs picorent au grand large des prairies, les lapins sommeillent entre fermes et routes dans des clapiers d'autrefois, les canards bougonnent lorsque nous les frôlons sur le bord de la route, les pigeons domestiques imitent la patrouille de France entre deux pignons de ferme.

Tout à coup, Nella, gambadant puis quêtant dans le champ voisin, marque l'arrêt. C'est un champ d'herbes déjà hautes malgré la saison. C'est le branle-bas de combat chez les trois frangins habitués aux actions de chasse. Sauf que là, nous agissons en terre inconnue et de surcroît, pas très légalement. Enfin, n'exagérons rien, nous n'avons pas de fusils, à part les deux bâtons de botanique de Michel et Patrick. Mais instinctivement, nous prenons chacun notre rôle de chasseur à cœur et décidons de nous amuser un peu. Je traverse la haie sur ma gauche pour rejoindre le terrain de chasse, où Nella se prend très au sérieux. Je me place derrière l'épagneule qui ne fait pas un mouvement, la patte avant gauche bien relevée et pliée, prête pour la photo, les quatre membres laissant percevoir un léger tremblement : un mélange de beaucoup d'instinct et d'un peu d'émotion. Michel et Patrick restent sur la route et surveillent l'action, comme à la chasse, on dirait qu'ils sont au poste. Après un long moment d'attente, Michel chuchote :

— Tu crois que c'est quoi ?

— Je sais pas, répond Patrick, l'air embarrassé, laissant son regard posé devant le nez de la chienne, peut-être un faisan ?

— Ou un lièvre, murmure doucement Michel, de peur de faire fuir le gibier.

Presque aussitôt, d'une voie plus puissante, il pointe son doigt vers Nella et ajoute :

— Attention la chienne avance.

En effet, Nella, fébrilement, coule lentement, le nez au ras du sol.

— Fais gaffe Jean, elle va « bourrer » poursuit Michel.

Mais la chienne ne bourre pas et continue de couler lentement. Par contre, une poule, une bien belle poule de ferme, d'un rouge foncé comme les tuiles des maisons bressanes, déboule devant le nez de l'épagneule et s'enfuit en trottant à grande vitesse, caquetant, effrayée de trouver tant de monde aujourd'hui pour s'occuper d'elle. Elle traverse la haie presque aussi vite qu'une volaille sauvage, prenant son rôle de gibier très au sérieux, la chienne à ses trousses. Elle coupe la route et passe près des jambes de Michel et Patrick. La chienne, derrière, zigzague pour éviter les frangins, son cul bardant dans le zig ? et moi, sans réfléchir, je saute la haie et cours pour rattraper Nella. Je veux éviter le carnage car j'imagine déjà toutes les plumes au vent, le sang sur la route, le cri de la poule, et moi, penaud, parvenant au seuil de la ferme d'en face : « bonjour madame, voilà votre poule, elle n'a plus de tête, désolé ». Mais Patrick, plus près de la poule que moi, car elle vient de lui passer dans les jambes, réagit vite et court aussitôt derrière la brave cocotte, deux longueurs d'avance sur moi. Michel regarde passer la poule, la chienne, Patrick et moi. Dans ma course trop comique, j'ai le temps de me retourner et de dévisager Michel, avec déjà un large sourire, prêt à immortaliser la scène. Cependant la réaction de Michel pour chercher l'appareil photo est trop lente ou plutôt la poule est trop rapide. Cocotte ayant un gros avantage sur nous - elle joue à domicile -, s'engouffre dans la cour de la ferme de l'autre côté de la route, poursuivant ses caquetages bruyants et son dandinement embarrassé. Elle va passer la porte de l'étable. Vite, il faut stopper la chienne avant qu'elle ne rentre à l'intérieur, sinon ça va être le carnage, les dents de Nella approchant dangereusement le croupion de la poule. Alors, Patrick, toujours dans le tiercé de tête, plonge carrément sur l'épagneule, les genoux dans la terre, et les mains sur le dos de la chienne. Nella, surprise, se retourne, se demandant qui peut donc bien lui en vouloir, elle qui ne court qu'après une pauvre poule de ferme. Je prends vite la laisse, toujours enroulée autour de mon cou et attache rapidement Nella, que Patrick tient péniblement par la peau du dos.

Nous quittons rapidement cette cour de ferme, penauds, où nous imaginons les yeux étonnés des paysans derrière leur vitre, ces fermiers ne sachant pas s'il faut venir nous engueuler ou rester cachés pour mieux rire de ces apprentis chasseurs. Pas besoin d'expliquer l'immense fou rire général après cet instant cocasse, qui nous laissera un beau souvenir familial. Nul besoin de lire Martine à la ferme.

Quelques centaines de mètres plus loin, nous contournons une ferme, aux environs de Montpont en Bresse, car nous nous méfions d'aboiements, tout proche. Qui dit bâtiment agricole, dit parfois chien en liberté, alors nous restons sur nos gardes, la petite bombe de poivre serrée dans la main droite. Contrairement à la ferme précédente où une pauvre et gentille poule picorait dans les prés verdoyant alentours, cet endroit-là paraît plus sombre, sous ce soleil d'avril où l'ombre du corps de ferme s'étale jusqu'au bord de notre chemin. Tout à coup, un bâtard tout noir, plus haut que Nella, quitte le seuil de la maison adossée au bâtiment agricole et se précipite vers ma chienne.

— Victor, viens ici, hurle une voix féminine.

On entend cette voix, on ne la voit pas. J'ai oublié le nom de ce poème où un chien voit le vent. Pourquoi ne verrais-je pas le bruit ?

— Nom de Dieu, Victor, viens ici ! Viens là, mais nom de Dieu, viens là !

Ça hurle de plus en plus fort contre le gros chien, de l'autre côté du portail grand ouvert, de cet énorme passage qui fait peur. Ça s'égosille, ça s'énerve, ça jure et jure encore. Mais brusquement, la femme apparaît dans le fond de la cour. Elle nous voit et se fait tout de suite plus discrète, mais reste obligée de retenir son chien de sa voix aiguë. Son moment de honte sera vite oublié.

Le chien noir s'arrête enfin, tout près du portail. Il continue de nous narguer de sa voix rauque. Le compagnon, le mari ou le fils - difficile de donner un âge à ce couple de paysans -, est également dans la cour, vaquant à ses occupations, un bidon à la main, faisant mine de ne pas nous voir, mais son attitude trahit une méfiance envers trois inconnus qui rôdent près de sa ferme.

Bizarre quand même, le nom de ce chien, Victor ! Bof, Alain Chabat appelle bien son chien Didier ! Et puis "Beethoven", ce pourrait être encore plus gênant pour l'artiste. J'ai moi-même appelé un de mes anciens fidèles compagnons "Hassan", parce qu'il était né au Maroc. Étonnant de nos jours ce mélange de plus en plus fréquent de l'humain et de la bête ! Le maître ou l'idole qui se confond à la bête, pourquoi pas ! Mais l'artiste…

La matinée avance vite et nous moins vite. Il est midi et toujours pas d'Alain à l'horizon. Nous sommes sur une route goudronnée et nous surveillons les rares voitures qui nous croisent ou nous dépassent, espérant revoir le frangin, et surtout la musette du pique-nique.

Je tiens fébrilement ma petite bombe de poivre "anti-agression" dans une main, la laisse de ma chienne dans l'autre, ne laissant que cinquante centimètres de liberté à

Nella. Deux molosses redoutables rappliquent du fond de la prairie en contrebas, sortant du grand bois. Nous sommes trop loin pour reconnaître une race - dogue, berger allemand ou bâtard -, mais assez près pour vérifier leur grande taille, leur belle épaisseur et leur mauvaise humeur. Nous serrons les fesses car nous avons tous trois la chiasse. Leur allure décidée ne nous laisse aucun doute, ils vont nous agresser.

— Tu as bien ta bombe ? questionne Michel, ne lâchant pas du regard les deux fauves à bientôt cent mètres de nous.

— Tu es sûr qu'elle marche ? ajoute Patrick.

— Sûr, tiens regarde ! Et joignant le geste à la parole, j'envoie une giclée du produit miracle en direction des deux chiens, encore trop loin pour les atteindre. En fait, je vérifie surtout l'état de mon aérosol au poivre pour me rassurer.

Bientôt les deux caïds s'arrêtent net puis nous regardent fixement.

— Qu'est-ce qu'ils vont faire ? dis-je, pas très sûr de la réponse.

La réponse se fait attendre. Les chiens sont-ils étonnés…Surpris… Indécis ? Ils tendent le museau, reniflent nos odeurs, un mélange de Nella et de trois trouillards. Puis la décision est prise. Intuition, télépathie ? Toujours est-il que la communication entre les deux chiens passe bien, puisqu'ils font demi-tour simultanément et repartent en direction du bois, moins farauds. Nous voilà rassurés, mais nous restons prudents, sait-on jamais !

Quelques minutes après l'incident, la Citroën d'Alain nous dépasse au niveau du lieu-dit "Lhomond". Mais alors que nous entamons la conversation avec le frangin :

« Frou frou-frou !!! », un couple de faisans se lève devant le nez de Nella, à quelques mètres de nous. Belle surprise, car cette fois-ci, le chien de chasse fait bien son boulot. L'émotion du chasseur a remplacé le comique de cocotte.

— Eh ! On va la relever ?

— Le coq est parti derrière la haie, me répond Michel, montrant du doigt la direction prise par le volatile.

— La poule a dû se poser dans le champ à gauche, ajoute Patrick.

Alain veut nous parler :

— Pff... on ne... ne va pas s'amuser à ça, allez, on va manger.

" Frou frou frou ", encore un faisan qui s'envole. Nella n'avait pas fini son travail.

Bon, c'est vrai que nous pourrions nous amuser aux chasseurs, c'est vrai aussi que ce n'est pas très légal, et de plus, nous sommes certainement surveillés puisque l'endroit n'est pas désert. Une ferme jouxte le champ d'où viennent de partir les faisans. C'est vrai aussi qu'il est déjà bien tard et que nous avons faim.

— J'ai trouvé un coin pour manger, à cent, deux cents mètres d'ici, au bord de l'eau.

— Super, on y va.

Alain remonte dans sa voiture et retourne à son lieu de pause casse-croûte. Nous le suivons à pied et nous arrivons presque aussi vite que lui au bord d'un ruisseau. L'endroit est agréable. Sur la droite de la route se dresse un ancien moulin, bâtisse rénovée avec goût et transformée en maison d'habitation. À côté de la porte d'entrée, une meule à grain en pierre, exposée là, nous rappelle que nous sommes au moulin de l'Homont. De l'autre côté de la route, un ancien hangar, annexe du moulin, volets clos, nous accueille pour la pause. Une petite margelle en grosse pierre nous sert de banc.

À côté du hangar, une balustrade métallique surplombe le ruisseau à l'eau claire et abondante.

Les jambes fatiguées, nous reposons nos bras sur le bord du parapet et apprécions tous trois cette pause tant méritée, une petite faim au ventre, les yeux plongés dans l'eau. Pendant ce temps, Alain, de sa main valide, déballe les affaires du casse-dalle. Un peu honteux, je me décide à l'aider, bientôt suivi de Michel. Patrick continue de rêver, les yeux dans l'eau, le dos courbé, le chapeau de cow-boy bien accroché. Nous gardons nos anoraks en mangeant, car le temps est froid malgré les larges éclaircies. Contrairement à notre habitude, le repas est silencieux, la fatigue sûrement.

— Cet après-midi, annonce Alain, je vais voir "Basset", il habite le coin, je ne vous verrai pas av... avant quatre heures... Ou peut-être qui... qui sera pas chez lui, poursuit-il en haussant son épaule.

— Téléphone-lui avant d'aller, prévient Patrick.

— J'n'ai pas son numéro. Comme j'ai rien à faire, sinon d'attendre, je vais quand même voir s'il est chez lui... wouii, hein !

Étonnant cette façon de finir parfois ses phrases, un mélange d'assurance et d'interrogation.

Vite, il est déjà quatorze heures, et nous n'avons fait que treize kilomètres. Je ne l'ai pas dit aux frangins, mais l'étape prévue est de plus de trente kilomètres. Nous prévoyons donc de traverser la forêt de Lhomond rapidement, mais le chemin marécageux ralentit notre allure, la faute aux pluies d'hier sur un sol plat et imperméable.

À la sortie du bois, nous côtoyons le moulin de Mathay, immense, abandonné, vieux et beau. Je le regarde quelques minutes avec recueillement. Les beaux-arts de l'architecture sont là dans ces anciennes demeures délaissées, car elles me laissent un brin de nostalgie, de poésie, de naturel, de labeur, de simplicité. Cette vieille bâtisse, au fil des siècles, creuse sa tombe, là où les anciens l'ont mise au monde.

Vers le milieu d'après-midi, nous traversons le Grand Biolay. Quelle surprise au détour d'un virage à la sortie du bourg ! Sur notre gauche, une petite route et un poteau indicateur mentionnant le nom de la rue : "Impasse des cons". Nous regardons à deux fois, sûrs de bien lire. Oui, c'est bien ça : " impasse des cons". Étonnant, ce nom de rue, très étonnant. Après le rire général, je m'exclame :

— Comment les habitants du pays acceptent ça ? Pire, les gens de cette rue ?

Michel répond, de son air ironique :

— Les gens de cette rue, y sont peut-être vraiment cons.

— Ou le maire, ajoute Patrick, il a peut-être eu des histoires avec eux, et il s'est vengé.

— Moi, je pense plutôt qu'il n'y a personne dans cette rue.

Là-dessus, histoire de garder un petit souvenir de "l'impasse des cons", nous décidons, Michel et moi, de s'installer de chaque côté de la pancarte, et Patrick se plaît à flasher deux cons. Michel d'ailleurs se retire bien vite, ne voulant pas passer pour un con. Patrick continue de me photographier près de la pancarte. Dans cette ambiance de bonne humeur je n'ai pas le sentiment d'être con ni de passer pour un con.

Après cette récréation, nous continuons notre route et nous traversons " Le petit Molard" puis "Le Grand Molard" sous un soleil qui commence à nous réchauffer. C'est quoi cette habitude dans la région d'opposer souvent deux hameaux ? Le grand… le petit, ça doit être humiliant pour les petits habitants ! Nous avons traversé tout à l'heure, le Grand

Biolay puis le petit Biolay et maintenant le Grand Molard, le petit Molard. Moi-même, je me surprends à dévaloriser les petits, je laisse une majuscule au Grand et une minuscule au petit. Je vous dis que nous sommes tous conditionnés, même dans l'écriture !

Sous le soleil de l'après-midi, je retire mon anorak, que je glisse derrière les bretelles de mon sac à dos. Patrick fait de même. Seul Michel reste bien emmitouflé. À la sortie du Grand Molard, nous apercevons au loin le clocher de Romenay. Notre moral s'améliore : Ah, Romenay, cette ville médiévale qui nous paraissait si loin, ce matin à notre départ !

Nous sommes obligés de suivre une départementale trop fréquentée sur près d'un kilomètre, et nous voilà enfin à l'entrée du bourg, avec ses vestiges du Moyen Âge. Nous passons vers les portes d'Occident et d'orient. Datant du XIVe siècle, elles représentent une partie de l'ancienne enceinte fortifiée. Arrivée sur la place, la fatigue aidant, nous décidons une pause casse-croûte, assis sur un banc, face à la porte d'Orient. Après un court arrêt, je me lève et réagis :

— Hé, les gars ! Y a encore beaucoup de route, faut y aller.

— Déjà ! On n'attend pas Alain ? marmonne Patrick, bien planté sur le banc, la tête dans le chocolat.

— Pourquoi, tu es fatigué, tu veux qu'il te ramène à l'hôtel en voiture ? plaisante Michel, décidé à se lever.

Patrick se redresse en bougonnant, une main sur les reins, l'autre sur le dossier du banc, ses yeux nous dévisageant pour vérifier si notre ironie reste raisonnable.

Nous avons parcouru plus d'une vingtaine de kilomètres depuis ce matin, et je n'ose pas dire aux frangins qu'il en reste encore une bonne dizaine avant la nuit. Patrick ayant pris dix ans d'âge en vingt kilomètres, je n'explique pas la tête du petit vieux à la tombée de la nuit ! Nous voilà donc en route en direction de Vescours, et nous parvenons à l'entrée du hameau Les Varennes.

Alain que nous n'avions pas revu depuis le repas de midi vient à notre rencontre, de son pas d'handicapé, un grand pas, plus grand que la normale, où le bâton lui assure un bon élan, suivi de l'autre jambe qui bute sur le sol et se traîne sur la terre et le goudron.

— Hé ! Venez voir, plus loin, le gîte, wouii, hein, bégaye – t-il.

Nous suivons le frangin qui, bientôt, montre du doigt une jolie ferme Bressane à colombage. Entre les poutres, les murs sont remplis par endroits de pierres de Bourgogne, à d'autres endroits, de petites briques rouges, et d'autres endroits encore, de crépi rustique. De grosses pierres taillées forment le soubassement. Les fenêtres bleu nuit essaient de se cacher derrière des volets de sapins aux teintes foncées. Une écriture de bois sculptée sur la façade me raconte la vie bressane d'autrefois. Dans l'angle sud de la maison, un petit auvent avec une porte basse d'écurie, une échelle de meunier pour grimper à l'étage, casse la ligne élancée du bâtiment, l'ensemble agrémenté d'un beau jardin de fleurs. Devant cette superbe ferme s'étale un parterre, mélange de gazon et d'herbes à vaches, parsemé de milliers de pâquerettes. Parmi les petites fleurs blanches, un épagneul papillon nous renifle d'un air méfiant, à travers la clôture grillagée qui borde le chemin.

Alain, qui est là près de moi, se penche sur le côté de la bâtisse et me montre du doigt un petit réduit où se cachent des dizaines, peut-être des centaines d'outils à main. C'est la caverne d'Ali baba bressane. Il y a là, pêle-mêle, faux, fourches, pioches, crocs, scies passe-partout, râteaux, paroirs, doloires, boutoirs, fléaux à battre, différents rabots, trente-six mille haches, bêches plates, bêches à dents, cisailles, ciseaux etc. Tout est là en vrac, debout, par terre, en travers, suspendus, avec parfois quelques outils miniatures bien rangés dans des niches creusées dans le mur épais. L'ensemble donne l'image d'une galerie paysanne, volontairement mal cachée et laissée en friche, le charme d'une époque de labeur et de quiétude.

— On resterait bien là pour la soirée et la nuit ! s'exclame Alain, toujours là à admirer cette ferme bressane.

— Oui, c'est dommage que nous n'ayons pas prévu, répondis-je.

— C'est vrai, ajoute Alain d'une voix ironique mais l'air sérieux en haussant l'épaule, on est mal organisé, on aurait pu prévoir pour s'arrêter ici.

— Tant pis ! dis-je, ce sera pour une autre fois, si l'on revient dans le coin.

C'est vrai que j'ai organisé seul cette randonnée, et c'était pour moi un réel plaisir. Pendant toutes ses soirées sur Google Maps, calcul itinéraire et Géo portail, je voyageais déjà. Lorsque j'ai décidé de partir chez Daniel, soit environ cent kilomètres à pied du cœur du Jura jusqu'aux portes du Charollais, je devais voyager seul, comme à mon habitude. Puis un soir de janvier, lors d'une de ces douces veillées d'hiver au village natal, j'ai pu convaincre Michel pour cette aventure sympathique. De fil en aiguille, Patrick a accepté le challenge. Quatre jours sur les chemins entre frangin, ce n'était plus une marche, mais une balade entre potes ! À l'origine, nous nous étions mis d'accord pour dormir sous la tente, d'où l'idée de proposer à Alain de nous accompagner. Il ferait l'assistance et transporterait les bagages. Le problème, c'est que lorsqu'Alain est arrivé à l'auberge de Montigny, le jour du départ, pour prendre le chargement que nous avions laissé, il a capitulé devant celui-ci. Il s'est alors résigné à laisser sur place sacs de couchage, tentes, matelas etc. Patrick, Michel et moi avions imaginé un coffre de C4 aussi grand qu'une caisse de Kangoo. Conclusion, nous ne coucherions pas sous la tente et il nous fallait donc prévoir nos étapes du soir à l'hôtel.

— Les gars, on n'est pas en avance... On doit rejoindre « Les Ripettes » à Saint. Bénigne, c'est au moins à sept kilomètres et il est déjà dix-sept heures ! dis-je en quittant ce superbe gîte bressan. Je mens, car il reste au moins dix à douze kilomètres. À ce train-là, nous n'arriverons pas avant vingt heures, c'est-à-dire de nuit. Alain nous a quittés pour dégoter un petit coin tranquille afin de casser la croûte pas très loin d'ici. Nous longeons l'étang Morel entouré de prairies, où paissent des vaches charolaises, endroit lumineux où se reflète un ciel cotonneux mais clair, image magique où l'eau rencontre un ciel sans pluie.

Il est dix-sept heures et nous voilà au bord d'un ancien moulin, à l'extrémité de l'étang. C'est là que le frangin nous attend, debout devant le coffre ouvert de la Citroën. Puisque c'est une longue journée de marche aujourd'hui, inutile donc de s'attarder. Nous dévorons notre casse-dalle, tous quatre assis sur une immense pierre de taille, entre vieux moulin et étendue d'eau, sous les grands frênes qui bordent le chemin. Nous reprenons notre bâton de pèlerin, continuons notre route en contournant le village de Vescours.

Michel, souriant, son bonnet bariolé sur la tête, son écharpe de même motif, mal fagoté, la bouteille de Cristalline dans une main, son bâton de botanique dans l'autre, prend tout à coup conscience que la route est encore longue et ouvre le chemin, d'un pas décidé. Patrick et moi essayons de le suivre malgré les tiraillements dans les mollets. Mais bientôt Michel commence à souffler. Patrick en profite pour le dépasser par la gauche. Alors Michel s'accroche pour faire la bordure. Surpris par l'allure de son frère, il se met en ''chasse patate''. Ça les fait rire tous deux, bien calés sur leur bâton de botanique, comme s'il tenait le guidon d'une main. L'autre main suit un bras bien cadencé, et les doigts s'agrippent à la cristalline qui ''tiaffe '' à chaque déhanchement. Je reste en retrait et les regarde s'amuser pendant que j'arrose, là, en bord de route, les premières fleurs de printemps, d'un engrais trop acide.

Il est déjà dix-huit heures trente. Le ciel est encore lumineux, mais les premiers signes du soir sont là. La fraîcheur s'installe en douce, sans prévenir, et nous commençons à tirer les fermetures éclair et relever les cols. Un bois de chênes bien nettoyé par une récente coupe et de longues piles de bois de chauffage bordent le chemin.

— Dommage qu'Alain ne soit pas là, s'exclame Michel de sa voix sérieuse mais légère, il serait content de voir toutes ces piles de bois.
Une façon de nous dire qu'il est injuste qu'Alain ne puisse pas marcher avec nous, il aurait sûrement apprécié tout ce qui lui échappe ici, le travail des hommes de la terre et des bois, le vrai travail, comme il l'aime, celui qu'il ne peut plus assumer, mais qu'il essaie encore d'imiter, à sa façon, avec son handicap.

— Tu parles, rétorque Patrick, il dirait surtout que les piles sont mal faites.

Bientôt, nous arrivons au lieu-dit « Mont » puis « Baisse du Mont ». Nous suivons une grande et belle propriété bressane, avec un parc digne d'un château du XVIIIe, où se pavanent deux jars. Dès que nous approchons la clôture, les oiseaux arrogants se dandinent jusqu'à nous, tendent leurs longs cous, prêts à nous pincer les doigts qui s'aventureraient au-delà du grillage. L'endroit est désert. C'est comme un château au bout du monde, en lisière de forêt. La route goudronnée, étroite, juste la largeur d'un carrosse, s'arrête au seuil de cette noble demeure.

— On se serait donc perdu ? s'inquiète Patrick en me regardant avec deux gros yeux tout ronds, sachant le crépuscule à nos trousses.

— Non, c'était prévu. Il faut couper à travers bois. Sinon il faudrait faire un détour de plus d'un kilomètre pour rejoindre la départementale, répondis-je, la tête plongée dans ma carte pour me rassurer.

— On est bientôt arrivé ? ajoute Patrick qui traîne en arrière.

On dirait un enfant qui commence à chouiner après une trop longue journée, assis à l'arrière de la voiture.

— Si l'on comprend bien, il faut encore se payer les épines et les ronces, bafouille Michel, fatigué, comme nous tous.

Il est dix-neuf heures et nous avons près de trente kilomètres dans les jambes. Le pire, c'est que notre point de chute n'est pas encore pour tout de suite. Certes, on coupe à travers bois, mais d'après mes calculs, il reste encore cinq kilomètres, soit plus d'une heure de route en marchant d'un bon pas. Nous gardons cependant le moral, peut-être parce que c'est notre première journée de beau temps et que nous pouvons donc en profiter pleinement, plongés au cœur de cette belle et vraie nature que nous apprécions tant.

À propos de vraie nature, nous avons bientôt les six pieds dedans. En effet nous voilà dans le grand bois parmi les ronces, épines, branches basses et taillis épais, qui ralentissent sérieusement notre allure. Fort heureusement, cela ne dure pas. Quelques dizaines de mètres, et nous sommes de nouveau dans un bois plus propre, à casser des branches mortes sous nos pas. Un quart d'heure plus tard, nous arrivons en lisière de bois. Le jour s'échappant plus vite en forêt, nous sommes contents de retrouver une meilleure clarté en bordure de prairie. Traversant ce petit bois, nous avions remarqué un ou deux observatoires de chasseurs. Arrivés en lisière, nous buttons de nouveau sur un beau mirador, tout grand, tout neuf, tout bien charpenté. Ni une ni deux, Michel, comme à son habitude, s'élance pour un nouveau jeu, bien déjanté. Il grimpe sur le mirador, épaule, met en joue et vise de son bâton de botanique un lièvre qui court, invisible, dans le champ qui s'étale à ses pieds. Photos et rires sont de la fête, déconnes et paroles débiles servent de cotillons. C'est maintenant au tour de Patrick qui lui, plus espiègle, imite le tireur de ball-trap et suit dans le ciel, non pas un imaginaire pigeon de plumes, non pas un faux pigeon d'argile mais un vrai grand corbeau qui passe par là, planant lentement de ses ailes sombres afin de rejoindre son arbre, sa branche pour la nuit. L'oiseau, intelligent, a bien remarqué notre manège et il n'a même pas détourné sa course, devinant le genre de guignols que nous étions. À mon tour. L'âme du chasseur toujours vivace, je grimpe sur le mirador et chope en passant le bâton de Michel. Arrivé sur la plate-forme, je mets rapidement en joue, puis vise le soleil roux qui se cache mal derrière un bosquet dénudé. J'ai dû toucher l'astre en plein cœur car, presque aussitôt, il s'affale à terre, entouré de nuages rouges et de larmes de sang, la nuit nous guette.

Malgré la fatigue et la nuit qui s'avance, nous avons pris le temps d'une franche rigolade. Pour moi, le crépuscule est propice à la rêverie, la contemplation, la méditation et je continue d'admirer, à l'Ouest ce mélange de couleurs flamboyantes et sombres.

Il faut faire vite, il est déjà dix-neuf heures vingt, nous sommes restés plus d'un quart d'heure à jouer sur les miradors, et Alain doit commencer à s'inquiéter. Il est sûrement en train d'effectuer des allers et retours le long de la départementale voisine, et nous cherche. C'est maintenant qu'il faudrait rassurer notre frère, mais bien sûr, c'est maintenant que le réseau nous lâche ! Malgré le poids des kilomètres, nous essayons d'accélérer l'allure. Pas facile ! Rien à faire ! La tête a envie, les jambes ne veulent plus. Alors nous marchons en direction de la départementale « Vescours-St Bénigne » traînant la patte à travers les prairies et les labours.

— Hé, il y a un chemin sur la droite, là-bas, dis-je tout à coup, montrant du doigt au loin, une route mal entretenue, qui rejoint plus loin encore une ferme dont on distingue le grand toit.

— Viens voir sur la carte ? C'est quoi cette ferme ? interroge Michel, s'approchant de moi pendant que je déplie le document. Je montre du doigt l'endroit précis où nous sommes :

— C'est la ferme « Les Pacauds », elle est juste à côté de la route départementale où Alain doit nous chercher.

Nous abordons ce chemin qui, en fait, n'est pas si mal entretenu. Nous sommes contents de marcher enfin sur un sol régulier. Sachant que notre lieu d'arrivé n'est plus guère loin et ayant bien analysé la carte, je m'explique auprès de mes deux frères.

— La route que l'on suit doit sûrement passer devant la ferme, mais vu la courbe qu'elle fait, et comme elle repart vers le nord, je n'ai pas envie de faire le détour. D'après moi, il reste au moins un kilomètre avant de rejoindre la grande route. Je préfère couper sur la gauche à travers champs. Je suis sûr que la départementale est là, à moins de deux cents mètres.

— Tu entends les voitures ? répond Patrick, elles sont plus loin que ça !

— Mais non, je te dis ! Elles sont là, tout près.

— Moi, je n'ai pas envie de descendre par-là, bougonne Michel, faut passer les barbelés, et puis je ne veux pas me coltiner encore des épines.

Patrick et Michel sont visiblement d'accord entre eux, vu qu'ils poursuivent leur chemin en direction de la ferme « Les Pacauds ». Nous nous séparons là, car je reste sur mon intuition et décide donc de prendre le raccourci.

Je pose mon sac à dos par terre et décide de passer sous la barrière de barbelé qui borde le chemin. Après tous ces kilomètres, cette gymnastique supplémentaire est impitoyable. Enfin debout après quelques douloureuses contorsions, je dévale la pente direction un petit bois en regardant s'éloigner les deux frangins vers le nord. En bas du pré je tombe sur une prairie marécageuse et je patauge parmi les touffes d'herbes hautes avec bientôt chaussures et chaussettes mouillées. Je parviens rapidement au bord d'une large haie, qui, à mon avis, borde la route départementale. Il me faut auparavant franchir un petit ruisseau, pas prévu au programme, où les chaussettes subissent un deuxième rinçage et le bas du pantalon, un prélavage. Mais pourquoi n'ai-je pas écouté les frangins ? En fait de large haie, il s'agit plutôt d'un petit bois qui s'éternise sur une colline en face.

Surpris par le ronflement d'un moteur, j'essaie de repérer la direction du bruit. Quel étonnement ! En fait, la route ne passe pas dans ce petit vallon où je me trouve, mais en haut du bois, certes pas très loin, mais il me faut gravir une bonne centaine de mètres à travers les arbres et surtout, dans la pénombre. Je ne suis pas inquiet, je sais que la grande route est là, tout près de moi.

Je marche vite, j'oublie la fatigue, je dois arriver à l'entrée de St-Bénigne, au hameau des « Ripettes » avant qu'il ne fasse trop nuit. Je n'ai pas de lampe électrique sur moi et, maintenant que j'approche de la départementale, le danger de la route est autrement plus important que les crocs du grand méchant loup au milieu du bois. Je parviens enfin au bord de la route goudronnée. Il fait sombre. J'avance d'un bon pas malgré les trente-deux ou trente-quatre kilomètres dans les jambes depuis ce matin, avec juste l'envie de ne pas rester trop longtemps le long de cette route dangereuse. Je croise quelques voitures, feux de position allumés, mais on distingue encore bien la nature environnante. En ce début de printemps et avec l'horaire d'été, si le soleil s'est éteint après mon coup de fusil du haut du mirador, le ciel lui, n'a pas encore passé sa robe de nuit étoilée.

Depuis ma séparation avec Patrick et Michel, il s'est passé une vingtaine de minutes et je suis persuadé que les deux frangins, compte tenu du détour qu'ils ont fait, sont derrière moi à près d'un kilomètre de retard. J'enrageais tout à l'heure, les pieds dans le ruisseau, au bord du bois, de ne pas les avoir suivis, je suis content maintenant d'avoir pris de l'avance. Avec la fatigue, la rage et l'euphorie remplace la lucidité.

Je marche toujours le long de la départementale et je m'approche des premières maisons du hameau des « Ripettes » quand tout à coup une voiture, derrière moi, me klaxonne. Je me retourne et j'aperçois la Citroën avec à son bord, Alain bien sûr, mais aussi, tout sourire, Patrick et Michel.

La tête penchée par la vitre ouverte, Alain me crie :
— Monte, il fait nuit.

Je m'approche du véhicule et les deux coudes appuyés sur le bord de la portière, je réponds :
— Pas la peine, je veux bien finir à pied, je suis presque arrivé.

— Ne fais pas l'idiot, ajoute Michel, ça sert à rien, faut aussi bien que tu montes en voiture, on part direct à l'hôtel à Pont de Vaux.
— Tu ne crois pas qu'on en ait fait assez, ajoute Patrick.

Mes frères ont raison. En comptant bien, nous avons marché trente-trois kilomètres aujourd'hui. Pour des gens comme nous, c'est bien suffisant. En effet, pourquoi appliquer le programme à la lettre que j'avais fixé au départ ? Il était prévu trente-quatre kilomètres pour cette étape, donc fallait-il vraiment aller jusqu'au bout ? Ridicule ! Les arguments des frangins pèsent trois fois plus lourds que le mien. L'aiguille de la balance leur est favorable, je m'incline donc. Je monte dans la voiture en me pliant difficilement, les hanches douloureuses. Qu'il fait bon, assis sur du velours !

La Citroën s'élance en direction de Pont de Vaux situé à cinq kilomètres de là. Personne ne cause à l'intérieur. Notre état de fatigue, presque d'épuisement, calme notre envie habituelle de plaisanter.

Nous arrivons au pied de l'hôtel vers vingt heures. C'est Daniel, depuis chez lui à La roche Vineuse, qui s'est chargé de nous dégoter ce logis. Nous lui avions laissé ce genre de privilège par téléphone, dans la journée, puisque l'aîné des frangins, n'habitant pas très loin, connaissait certainement les bonnes adresses du coin.

Gavés de courbatures nous trouvons la force de sortir nos valises du coffre et de nous coltiner les deux étages de l'établissement, les bras chargés de cabas. Je partage la même chambre que Patrick, comme d'ailleurs les deux précédentes nuits. Patrick s'affale sur son lit. Je l'imite puis presse sur le bouton « marche » de la télécommande, histoire de connaitre rapidement la météo du lendemain.

Nous sommes mercredi et l'hôtel ne sert pas de repas ce soir. Alors après notre douche et un rapide coup d'œil aux infos devant la télé, nous nous retrouvons tous les quatre sur le trottoir, à la recherche d'un petit resto. Et comme si nous n'avions pas assez marché aujourd'hui, nous voilà repartis pour un marathon dînatoire. S'il ne manque pas d'enseignes dans les rues de Pont de Vaux, la plupart sont fermées. Après un trop long aller et retour dans la rue principale et encore de nombreux pas dans les rues annexes à la recherche du restaurant chic et pas cher, nous nous décidons à pénétrer dans une brasserie située sur la place, presque en face de notre hôtel.

— Ouf, y'en a marre, je suis content de pouvoir m'asseoir, s'exclame Michel en passant la porte de l'établissement.

— Moi aussi, mais faut espérer que le resto ne soit pas complet ! raille Patrick qui ferme la marche. Je me retourne vers lui et poursuis :

— Je n'ai pas envie de continuer la séance de « décrassage », s'il n'y a plus de place, je mange par terre.

Mais la fatigue ne fait même pas sourire mes frères. Heureusement, le serveur qui nous accueille nous confirme qu'il reste encore de la place, mais à l'étage. Allez, encore un effort, il nous faut enjamber cette dernière difficulté, ce grand escalier. Les articulations sont raides mais le moral est bon à l'approche du bol de soupe.

L'ambiance de la soirée est chaleureuse et Alain pète la forme. À table, il sourit et blague tout au long du repas. Il est visiblement content de passer un bon moment avec nous après une si longue journée passée seul dans sa voiture. Assoupis, les pieds sous la table, leurs dos contre le mur de la salle du restaurant, Patrick et Michel sont plutôt calmes, la trop grande marche du jour a dû bouffer toute leur énergie. Quant à moi je reste encore vif et parle beaucoup à table.

Michel, vidant le reste de la bouteille de rosé dans son verre, m'interpelle :

— Tu causes trop, Jean, tu nous saoules !

Là-dessus, nous regagnons l'hôtel et tombons sur nos lits.

*****

Réveillé par les cloches de l'église, je sors doucement du vague de la nuit. Les yeux collés, appuyé sur les coudes, la couverture à mes genoux, je jette un œil vers Patrick, il dort encore. Je me lève doucement pour ne pas chahuter son humeur et tire le grand rideau de la fenêtre. Il fait gris dehors, Patrick ronchonne.

Au bar de l'hôtel, notre petit-déjeuner est rapide car il reste encore beaucoup de chemin aujourd'hui. Il nous faudra franchir la Saône puis crapahuter à travers les premiers vignobles du sud de la Bourgogne pour rejoindre la maison de Daniel, à l'ouest de Mâcon, toute proche des premières prairies du Charollais. Nous prenons tout de même le temps de sortir nos appareils photo. Hier soir notre logis n'était qu'une ombre. Ce matin nous découvrons une jolie façade peinte fraîchement de vieux rose, aux fenêtres crème et volets turquoise. Patrick et Michel sont retournés faire une dernière visite dans leur chambre. Me sachant en bas devant l'hôtel, l'appareil photo en main, ils apparaissent là-haut sur le balcon et se montrent, l'air faussement indifférent, regardant ailleurs, les mains posées sur la balustrade de fer forgé.

Après la séance photo qui s'éternise, je pars devant les frangins, tenant ma chienne en laisse. Nous devons sortir de Pont de Vaux et ça circule trop pour laisser Nella gambader sans risque. Michel et Patrick restent en retrait, prenant le temps de rigoler entre eux, se tapant la bedaine de satisfaction sur quelques-unes de leurs allusions comiques dont ils sont si friands.

Question de se bidonner, ils vont bientôt en remettre une couche. En effet, voyant un véhicule avec son conducteur dans une situation bien inconfortable, je laisse Nella dans les mains de Michel et court aider l'automobiliste. Au lieu d'être assis à sa place, le conducteur est debout à côté du véhicule, une main sur le volant, l'autre accrochée à sa portière. Il pousse sa vieille Volkswagen à reculons, carrément en travers de la grande rue, créant un ralentissement. Comme je suis placé devant la voiture, en train de pousser la vieille bagnole, avec le gars toujours accroché à son morceau de volant, je vois Michel et Patrick qui rient aux éclats en nous regardant manœuvrer. Enfin voilà la Volkswagen garée. Je quitte mon gars qui ne pense d'ailleurs même pas à me remercier. « Si j'avais su » ! De retour vers les deux frères pour récupérer ma chienne, je vois qu'ils se marrent toujours.

— Qu'est-ce que vous avez à rire comme ça, plutôt que d'venir m'aider ?

— Ton gars, il fait un peu voyou, c'est pour ça qu'on n'est pas allé.

Patrick insiste, entre deux éclats de rire :

— Michel a voulu que je prenne des photos, le pire, j'hésitais, je ne savais pas si le gars allait le prendre mal. Tu as vu sa tête ? Je n'avais pas envie qui m'chope !

Michel glousse :

— T'as vu comme il nous regardait quand on prenait les photos ? Il n'avait vraiment pas l'air commode.

— Il ne m'a même pas dit merci, c'gros con, dis-je, c'est vrai qu'il avait une sale tête, l'œil mauvais.

Et me voilà à partager leurs rires. Puis je reprends ma chienne en laisse, les frangins à mes côtés, et nous partons direction chez Daniel, sous un ciel moins lumineux qu'hier. Michel ouvre la marche, toujours affublé de son bonnet multicolore, de son sac à dos rouge vif et de son bâton de botanique. Nous sommes à la sortie de Pont de Vaux, et nous pouvons admirer le joli port et ses dizaines de pénichettes à l'entrée d'un cours d'eau. C'est un canal de trois kilomètres, dont la construction a débuté à la fin de l'Ancien Régime pour relier la Saône à la ville. Nous prenons le chemin de halage. Devant nous, s'étend une très longue ligne droite. C'est un chemin goudronné et plat, aussi plat que l'eau du canal qui nous accompagne. L'endroit est agréable, malgré la grande route qui longe l'autre côté du chenal. Entre la départementale et le cours d'eau, de grands arbres nous protègent entièrement de la vue sur la grand-route, mais aussi du bruit des automobiles. Sur notre gauche, c'est une haie épaisse et continue, avec en contrebas des trous d'eau, restes de récents débordements de la Saône toute proche, qui nous laisse un goût de chasse au gibier d'eau.

C'est le long de ce canal que, tout à coup, Nella marque l'arrêt, le museau bien détaché du corps, face aux buissons, la patte avant gauche levée et repliée. Je sors vite l'appareil photo et m'approche doucement afin de ne pas épouvanter un gibier, sûrement un canard, caché là, tout près. Mais sans attendre, un héron s'élève, d'un vol lourd, au nez de la chienne. J'ai juste le temps de prendre une photo de l'oiseau dont le bec jaune et les ailes bleutées se reflètent dans l'eau du canal. Tant pis, ce n'était pas un canard, nous aurions peut-être tiré ce gibier à plumes avec nos fusils de bois.

Nous traversons enfin la Saône. Encore un trait épais sur la carte de France, qui nous rappelle que nous parcourons le pays à petits pas, mais à grandes enjambées. Je m'assois sur le parapet du pont, Nella la tête entre mes jambes, toute tremblante, paniquée par le bruit de toutes ces voitures qui passent trop vite, leurs carrosseries puissantes frôlant nos corps vulnérables.

Nous marchons sur un étroit chemin d'acier, interminable, entre la ferraille verticale du pont qui nous protège de la route et la barrière de fer qui nous sépare de la Saône. La chienne toujours affolée, freine des quatre pattes, m'obligeant à tirer sur sa laisse.

Enfin de l'autre côté du pont, nous quittons la Bresse pour entrer en Mâconnais. Je détache l'épagneule et lui rends une liberté bien méritée. Le trognon de queue frétille, le soyeux des poils ondule, le nez cherche le vent, le trot est rapide, Nella est heureuse.

Je pose pour la photo, appuyé contre la pancarte qui indique que nous sommes sur la voie bleue. Bientôt le chemin bifurque. La voie bleue, d'après les panneaux indicateurs, part à droite mais un sentier, large et propre, longe la Saône. Je regarde attentivement la carte et il semble que ce chemin soit un raccourci. La carte mentionne bien le détour de la voie bleue sur la droite, pour revenir en face du sentier qui longe la Saône. Pourquoi donc faire ce détour ? Je vérifie encore ma carte. Pas de doute, on doit pouvoir passer par là et gagner un temps précieux. Mais un petit doute subsiste au fond de moi, alors je pose la question aux frangins, qui m'écoutent distraitement en regardant le charme de la rivière.

— Viens voir ta carte ! demande Patrick qui s'approche de moi. Et, après un coup d'œil sur le plan, il ajoute :

— Je ne crois pas que ça passe, on va finir dans un cul-de-sac, regarde là, on dirait que le plan d'eau, plus loin, coupe le chemin.

Je me penche à nouveau sur la carte et posant l'index à un endroit précis sur le papier :

— Oui mais, là, il y a des pointillés. Je suis sûr que c'est un pont ou un talus surélevé qui nous laisse le passage libre.

— Tu y vas, toi, si tu veux, moi, je fais le tour, je ne suis pas sûr du tout de ce que tu avances, insiste Patrick. Tu fais quoi Michel ?

Michel qui, jusque-là, était resté en retrait sans rien dire, les yeux scrutant le bout du sentier, se décide à suivre Patrick, sans même prendre la peine de lui répondre.

Je continue seul, persuadé de pouvoir contourner cette difficulté. J'avance, mes yeux fixant la surface de l'eau, là-bas, loin devant moi, cherchant désespérément un morceau de terre, un vieux pont rafistolé, ou quelques arbres morts qui me permettront de franchir ce pertuis d'à peine cinquante mètres de large. Mais plus j'avance et plus je doute. Pas besoin d'arriver devant le fossé d'eau pour comprendre que je me suis trompé. Déçu, je fais demi-tour. Cela me fera environ un petit kilomètre de plus dans les pattes en fin de journée, et je m'entends murmurer « fait chier ! »

J'active le pas pour rejoindre au plus vite les deux frangins qui doivent être déjà loin. Arrivé bientôt à l'intersection où j'avais quitté Michel et Patrick un quart d'heure plus tôt, je m'arrête devant un panneau touristique qui parle du coin. L'endroit est une gravière, située au sud-est de Fleurville, ce qui explique ce pertuis, passage qui permettait aux bateaux d'évacuer sable et graviers, et justifie l'actuel plan d'eau, que je suis obligé de contourner maintenant pour rejoindre le bord de la Saône quelques centaines de mètres plus loin.

Afin de rattraper mes frères, je décide une fois de plus, de ne pas suivre la voie bleue qu'ils viennent d'emprunter. Je coupe à travers un pré qui longe le plan d'eau, car j'aperçois les frangins cheminant tranquillement sur la route, là-bas, en face de moi, à portée de voix. Ils auraient pu en profiter pour me crier de faire le tour, de ne pas passer par là. Non, au lieu de cela, je devine l'attitude de deux gamins qui veulent me jouer un bon tour. En effet, en m'approchant d'eux, je les vois rire sans retenue et comprends vite ce qui m'arrive. Je commence sérieusement à m'enfoncer dans ce champ humide. Mais plus je m'approche d'eux, et plus le terrain se fait marécageux. Ce ne sont pas des chaussures de marche qu'il me faudrait, mais des bottes, bientôt des cuissardes. Et les frangins continuent de se bidonner en me regardant avancer péniblement, de leurs larges sourires. Je ne suis pas au bout de mes peines, et comprends mieux leurs rires persistants lorsque j'arrive presque à leur hauteur. En effet, entre nous se trouve un fossé quasi infranchissable, un creux de trois mètres au milieu d'une haie épaisse et, pour comble de tout, un écoulement d'eau suffisamment profond pour m'obliger, une fois de plus, à faire demi-tour et rejoindre cette voie bleue que je cherchais tant à éviter.

— C'est bien fait, me lance Michel sur le ton de la plaisanterie sérieuse, t'avais qu'à faire comme nous.

Je ne réponds pas à la petite provocation, vexé et obligé d'aller rechercher, là-bas en arrière, cette infernale voie bleue. Et si j'avais pris le temps de lire attentivement l'information touristique le long de cette route, j'aurais pu lire : « ici, après l'exploitation de la gravière, le programme de réhabilitation a permis l'installation d'une végétation aquatique et d'une frayère à brochets. » Et dire que je voulais passer au milieu de ça ! Je comprends mieux maintenant la rigolade des frangins.

Après avoir achevé le tour de cette ancienne gravière, nous retrouvons le bord de Saône le long d'un grand tracé, rectiligne mais agréable. La voie bleue, lisse et grise, nous laisse les pieds sur terre mais les yeux sur l'eau. Sur notre gauche coule le bleu de la Saône et sur notre droite, le gris des grands saules encore dénudés, où s'accrochent de nombreuses grappes de gui, boules sacrées ou enchantées. Mais là, Michel interrompt mon regard rêveur :

— Le gui est-il là parce que les arbres sont malades, ou les arbres sont malades parce que le gui est là ?

Question pertinente : le gui est-il le bouquet de fleurs offert au patient ou la gangrène qui tue ? Patrick, le magnétiseur, bougonne une réponse inaudible et moi, mon cœur silencieux lui répond que je préfère la magie de la plante et l'illusion de ses vertus à l'intrus venimeux qui s'accroche à l'arbre décharné.

La matinée est déjà bien avancée. Nous marchons, coincés entre Saône et Nationale, partagés entre douceur et vacarme. Nous distinguons au loin, en face de nous, une silhouette qui approche. À cette saison, par ce temps frais et ce ciel gris, peu de flâneurs se risquent dans cet endroit calme et bruyant.

— C'est peut-être Alain ! s'exclame Michel.

— On ne voit pas sa voiture, dis-je.

— Il a peut-être fait un bout à pied à notre rencontre, ajoute Patrick.

Bientôt, nous reconnaissons l'homme à la démarche chaotique, c'est bien Alain.

Lorsque nous arrivons à sa hauteur, je l'interroge :
— Ça fait longtemps que tu marches à notre rencontre ?
— J'ai laissé la voiture, Alain reprend son souffle, j'ai laissé la voiture à la sortie du village.
— À Saint-Albain ?
— Euh, je sais pas, réponds Alain, haussant l'épaule.
— Est-ce qu'elle encore loin ta voiture ?
— Bien sûr, qu'est-ce tu … tu… crois, ça fait un bon moment que je marche en vous attendant.
— On a mis du temps, intervient Patrick. Demande à Jean pourquoi on est en retard.

Un sourire complice entre Patrick et Michel questionne Alain :
— Qu'est-ce qu'il a encore fait ?
Et voilà les deux frangins expliquant mes déboires, ne ratant pas une occasion de me chahuter.

Nous poursuivons notre route tous les quatre le long de la rivière et approchons, après un bon kilomètre de marche, des premières maisons de Saint-Albain. La Citroën est là, gardant précieusement notre casse-croûte. Nous mangeons sur le pouce, le morceau de pain dans la main, le chocolat sur les doigts. Il est déjà onze heures et le ciel se couvre de nuages bas et menaçants. Patrick, méfiant, enfile sa gabardine. Nous reprenons notre route et traversons rapidement la nationale. Je sais que l'autoroute du soleil est là, sous le ciel gris, tout proche, de l'autre côté des maisons, mais il nous faut d'abord traverser le centre du village et sa partie basse. Là se trouve un lavoir du XIXe siècle, joliment restauré, fier d'afficher son impressionnante charpente, sobre et nerveuse, sombre et vigoureuse. Ce bel ouvrage se situe à l'emplacement de l'ancienne fontaine Saint-Pancrace, connue autrefois pour ses eaux miraculeuses qui guérissaient enfants et nourrissons. Ce n'est pas moi qui le dis, c'est écrit sur l'écriteau.

Nous montons une ruelle dont la pente maltraite les jambes. Arrivés en haut, nous devinons au loin le murmure de la folle civilisation : camions, motos, autos, le tiercé gagnant de « la marche en avant ».

Les coudes sur la barrière du pont de l'autoroute, le regard vers le sud et les voitures qui défilent sous mes pieds, je m'évade. Mes pensées se mélangent. En l'espace de quatre jours, je laisse derrière moi deux autoroutes, une nationale, un affluent ! J'ai alors l'agréable sensation de traverser la France à mains nues aussi facilement que ces engins jouent les gros bras.

Puis je me redresse devant la balustrade, et les mains sur les hanches, je suis sur mon socle, une statue sur le pont qui nargue les machins qui passent à ses pieds, volent sous le sol, s'enfuient au soleil, courent s'entasser dans les grandes villes du Nord.

Revenu à ma nature humaine, je cherche désespérément sur ce pont d'autoroute d'autres natures humaines, mais je ne vois que du métal éphémère. Alors j'attends le motard pour reconnaître enfin une silhouette, un être. Bientôt la moto passe, sans âme à bord, juste un casque, du cuir, du bruit.

Pourtant, il n'y a pas si longtemps, je roulais là, caché sous une carrosserie grise. D'autres randonneurs ont sûrement regardé passer cet objet roulant non identifié. Alors pourquoi discréditer un monde où je me vautre si souvent sans retenue ? Parce que je vis aujourd'hui une expérience qui m'enivre ? Parce que j'ai la chance de vieillir, et qu'ainsi j'ose douter ? Mes pas auraient ils maintenant plus de valeur que la folle course du monde ?

Un chemin trop fragile

Toujours debout sur ce pont d'autoroute, je regarde maintenant cette pancarte au loin, collée contre la passerelle de l'aire de Saint-Albain. En grosse lettre, couleur rouge bourgogne, mais sans caractère, un titre se dessine sur fond blanc : ''Porte de Bourgogne''. Une deuxième partie de cette pancarte représente habilement la photographie d'un paysage bourguignon et sa note touristique : une prairie où paissent quelques charollaises ; une voie verte où se promène un couple, l'un en rollers, l'autre en VTT ; un château, peut-être celui de Pierreclos ; un ciel bleu qui invite au séjour en Bourgogne. Mais ce qui attire mon attention sur cette publicité, ce sont deux petits nuages figés dans ce ciel azur. Le premier, bien dessiné dans le coin supérieur gauche de la photographie, comme un sigle commercial, représente un escargot... de Bourgogne, avec ses deux antennes, mais là, le photographe a triché, les antennes sont trop parfaites. Si le dessin du premier nuage me saute aux yeux, le deuxième est plus aléatoire, sans retouche. Alors je laisse courir mon imagination, comme à chaque fois que je rêve devant ces cumulus de beau temps. On dirait le bibendum Michelin volant au-dessus du château de Pierreclos, et préparant son atterrissage sur la voie verte. L'Auvergnat vient-il goûter Pommard ou Meursault ? Je suis passé plusieurs centaines de fois sous cette pancarte, assis confortablement dans mon fidèle véhicule et, bien sûr, je n'ai jamais remarqué cet escargot, encore moins le bibendum. Mais qui aura pris le temps, bousculé par la vie, d'apprécier cette photo, hormis quelques randonneurs barjots ?

Il est midi passé, alors nous reprenons la route, direction Clessé, en passant par le bois de Choillot. Sous le ciel gris, le chemin, mélange de terre et de goudron, bordé de grands frênes et de gros chênes, s'est assombri, mais les anémones Sylvestre, là, en bordure, éclairent notre passage et embellissent notre moral. La caresse de la lumière du printemps sur l'arbre encore dénudé, comme un couple sensuel après une nuit d'amour, vient d'engendrer des millions d'étoiles blanches, de la naïveté, de l'innocence, de la joie, la vie.

Un peu avant la sortie du bois, nous retrouvons Alain. Il vient à notre rencontre. À cet instant, Patrick qui veut jouer Peter Pan parmi les étoiles pour ne plus grandir, décide de s'immortaliser sur une photo de famille :

— On se met les trois ensembles et Alain va prendre la photo.

— Autrement, on peut mettre le retardataire sur l'appareil, comme ça Alain peut venir avec nous pour être sur la photo, dis-je.

— Non, répond Alain, pas décidé, faites sans moi.

Alors Patrick se prépare à enclencher le retardateur de l'appareil numérique pour s'afficher sur la photo avec ses deux frères. Michel et moi, nous posons donc, debout sur le bord du talus, parmi les anémones Sylvestre. Nous regardons Patrick qui se prépare, met en place le minuteur, l'œil fixé dans notre direction. Il pose l'appareil, instable, sur une fourche d'arbre. Comme l'athlète dans le starting-block, Patrick, le dos courbé, les jambes fléchies, jette un regard sur nous, un regard sur l'appareil, encore un regard sur nous, pose le doigt sur le déclencheur, puis court aussi vite qu'il peut pour nous rejoindre et prendre le temps de sourire devant le « p'tit oiseau » qui va sortir. Mais le bruit du déclencheur, en pleine course du frangin, révèle tout à coup deux gros yeux étonnés et surpris, et laisse la place à un grand éclat de rire général.

— Ah, ah ! Allons voir à quoi ressemble la photo, tu dois être superbe de dos en train de piquer ton cent mètres !

Michel et moi courons vers l'appareil pour vérifier les dégâts de l'image. Patrick, l'oreille basse mais les yeux rieurs, nous suit discrètement. Nous regardons la photo sur le numérique, et c'est un nouveau fou rire général. Si Michel et moi sommes bien au centre de l'objectif, sur la gauche, on distingue une tranche d'imperméable et un morceau de chapeau de cow-boy nous laissant imaginer que le frangin est aux abois.

— Allez, Patrick, on recommence, mais cette fois-ci, cours plus vite.

Le frangin, discipliné, reste vers l'appareil photo. Michel et moi, retournons à notre place pour la pose. Nouvel essai… Michel éclate de rire à l'avance. Moi, j'essaie de ne pas trop montrer ma moquerie mais, en fait, je ne sais pas la cacher. Même Nella est surprise et dresse les oreilles à l'écoute de notre délire. Alors penché sur l'appareil, le frangin recommence le même cinéma : l'index sur le bouton ; top départ ; course de cinq mètres ; l'angoisse du déclic ; le déclic ; trop tard, encore raté ; éclats de rire ; et Patrick rit encore plus fort que nous. Nouvelles vérifications ; nouveaux fous rires en regardant la deuxième prise de vue : Michel et moi sommes au centre du cadre avec notre grand sourire, les couleurs de Nella agrémentent le bord droit de l'image, mais on reconnaît le photographe amateur, en pleine course, le dos vers l'objectif, le sourire vers nous. Génial, la photo, on la garde pour les grands moments de délires en famille !

Alain vient de ranger sa voiture dans un hangar agricole, en rase campagne, au pied d'une parcelle de vignes. Il se met à pleuvoir. C'est parfait, nous serons dans un superbe abri pour le repas de midi. C'est normal de trouver des bâtiments d'élevage dans le vignoble, car nous abordons le Nord du Mâconnais. C'est déjà une région viticole qui produit notamment le bon vin blanc de Mâcon, mais aussi une région d'élevage, la production du vin n'étant pas suffisante pour la vie économique du coin. En effet, cette région est coincée entre l'immense vignoble de Bourgogne au Nord avec ses célèbres grands crus et les grands champs de vignes du Sud de la province, qui s'étendent du cœur du Mâconnais jusqu'aux confins du Beaujolais.

Nous voilà donc réunis dans cet immense abri flambant neuf pour un déjeuner tant attendu. Le bâtiment est vaste, propre et bien rangé. À côté, s'étale une grande cour fermée, entourée de stabulations, toutes aussi soignées, où de nombreuses charollaises se goinfrent des derniers foins de l'hiver. Sous notre grand hangar, nous dressons le couvert sur une plate-forme agricole. Des roues énormes surélèvent trop cette voiture à pneus et nous sommes obligés de manger debout, les coudes justes à la hauteur de cette table de fortune. Le paysan a oublié de nous laisser les tabourets. Au fond de cette remise s'entassent des centaines de bottes de paille, bien empilées sur près de cinq à dix mètres de hauteur. Des restes de paille jonchent le sol. C'est le côté chaleureux avec sa moquette dorée, ce sera notre salon pour la pause-café.

Le repas est animé et plein de bonne humeur, parce que le vignoble est là tout proche et qu'il nous apporte l'ivresse du devoir bientôt accompli. C'est sûr, chez Daniel, ce n'est plus très loin. Encore une bonne dizaine de kilomètres et nous aurons réussi ce défi qui nous rend si fier. Je me sers un café sorti tout chaud de la thermos et je pars m'installer au salon, le dos collé contre une botte de paille, le cul sur la moquette jaune. Nella, reconnaissant là le living pour animaux, vient s'installer près de moi, s'étend de tout son long sur la paille, pousse un soupir de bien-être, sa tête sur ma jambe. Après quelques minutes passées sur mes cartes, j'imite Nella et m'endors bientôt au doux bruit des éclats de voix familiers, secoués de rires, là, tout proche.

— Jean, réveille-toi, me dit tout à coup Michel, il y a le paysan qui arrive vers nous, il vient sûrement nous engueuler parce qu'on squatte sa ferme.

— Ben quand même, on ne fait pas d'mal ! répondis-je en soulevant ma tête, mais restant assis, le dos contre la botte de paille.

— Mais lève-toi ! insiste Michel, ce n'est pas la peine qu'il te voie comme ça.

— Pourquoi ? Je n'ai pas mis le feu à sa paille, je n'ai pas pissé dessus !

Je me redresse enfin, plus pour rassurer Michel que par peur du paysan gendarme. Mais le paysan gendarme est déjà là. Il n'est pas seul, son fils le suit. Lequel des deux montre le visage le plus sévère ? Sans aucun doute, les deux. J'aurais espéré de la sagesse chez l'ancien, de la tolérance chez le jeune, mais je croise deux regards agressifs.

— Qu'est-ce que vous foutez là ? Vous n'avez rien à faire ici, faut partir, et vite ! crie l'ancien.

— Mais on ne fait rien de mal, on s'est juste mis à l'abri pour casser la croûte. On ne va pas vous l'abîmer, votre hangar, dis-je, en haussant le ton.

Patrick et Michel ne disent rien et commencent à déblayer la voiture à pneus. La vaisselle et les restes de bouffe sont vite dans les cabas.

Alain essaie d'intervenir, me faisant signe de me calmer et se tourne vers les paysans :

— On, on allait...

Mais plus rien ne sort de sa bouche. Son handicap l'empêche d'en dire plus, la tension est trop forte.

— Ne vous inquiétez pas, on va tout ranger, on ne va rien laisser. De toute façon, on allait partir et...

Le jeune paysan ne me laisse pas le temps d'achever ma phrase.

— Alors, partez vite, vous n'avez rien à faire ici.

Là-dessus les deux hommes s'en vont aussi vite qu'ils sont venus et grimpent dans leur Kangoo qui démarre en trombe.

— Ils ne sont quand même pas allés chercher les flics ? interroge Michel d'un rire jaune, achevant de déposer nos affaires dans le coffre de la Citroën.

— Vu leurs tronches, y sont assez cons pour ça ! répliquai-je, furieux.

— Les flics ont sûrement d'autres chats à fouetter, dit Patrick, ils ne vont pas venir s'emmerder ici, rien que pour ça.

— Vous avez entendu, les gars ? Ils répétaient toujours, « vous n'avez rien à faire ici ». Complètement cinglés ces paysans, ils auraient pu au moins nous expulser avec le sourire… Tu parles d'un accueil en Bourgogne !

Après cette mésaventure qui apporte un peu de piment à notre aventure, nous reprenons notre chemin à travers les premières vignes de Clessé. Le temps est à la pluie, une petite pluie fine et froide qui nous oblige à enfiler nos imperméables et relever nos capuches. Le chemin de terre que nous suivons, entre deux rangées de vignes, devient collant et la marche est désagréable. Têtes baissées pour ne pas trop recevoir de pluie sur les lunettes, nous laissons derrière nous, sur notre droite, les dernières maisons de Clessé. Tout à coup je m'exclame, pointant du doigt l'horizon, droit devant :

— Regardez là-bas, tout au fond, c'est le mont, là où habite Daniel !

— T'es sûr ?

— Oui, presque sûr, à vol d'oiseau c'est bien à peu près la distance qu'il reste à parcourir. Et la forme du mont, bien arrondie, très régulière, je la reconnais.

— Ah oui ! dit Michel, regardez sur la colline à gauche, c'est le pylône que l'on voit quand on est chez Daniel.

— Impec ! ajoute Patrick, il n'y a qu'à suivre le pylône. Il nous sert de repère, on a plus besoin de carte.

— Tant mieux, dis-je, car la carte est trempée, je n'ose plus la déplier, elle se déniape complètement.

Voilà une heure que nous progressons sous la pluie dans les allées du vignoble de Clessé puis sur des chemins boueux, qui nous conduisent enfin vers les premières maisons de Laizé.

Nous arrivons au lieu-dit « le Moulin Rouge ». Il y a là en effet une belle maison bourguignonne colorée de petites briques rouges, au bord d'un ruisseau, certainement l'ancien moulin transformé en maison de maître. Nous franchissons le cours d'eau par un pont pas plus large que les épaules d'un homme, une longue dalle de béton recouverte d'une mousse verte glissante. Michel et moi en profitons pour prendre Patrick en photo lorsqu'il passe sur le pont, l'air décidé, le pas moins sûr, l'œil souriant mais le regard loin pour ne pas voir le vide sous ses pieds glissants, le bâton de botanique en guise de lasso, on dirait presque Harrison Ford dans « Indiana Jones », il ne manque que les indigènes à ses trousses.

À peine avons-nous traversé le ruisseau, que nous voilà dans un champ où nous remarquons des foudres en chêne de plusieurs dizaines d'hectolitres chacun, posés là pour nous rappeler que nous entrons en Mâconnais. Jouent-ils le rôle de gardiens du temple d'une impossible maison Bourguignonne ? Pas de vignes dans les environs du pré, pas de caves, pas de domaine viticole dans les parages, que ces foudres vides au milieu de ce grand pré comme un tracteur au fond d'une cave. Ces énormes barriques nous appellent, il faut prendre une photo. Dans le viseur du numérique je vois le foudre, ses bras arrondis sur les épaules de deux enfants blottis contre son ventre, comme une invitation, après la pose, à venir trinquer en l'honneur de la Bourgogne.

    Nous reprenons notre route, de plus en plus rincés par une pluie qui n'en finit pas. Deux kilomètres plus loin, nous traversons un haras, mélange de bétaillères, de vans, de chevaux et de panneaux solaires.

    — T'as vu ceux-là, dis-je en montrant du doigt le toit du hangar recouvert de dizaines de panneaux solaires, ce sont sûrement des écolos.

    — Tu veux dire des gens qui votent écolos ou des vrais écolos ? ajoute Patrick en tournant ses yeux moqueurs vers moi.

    À mon tour d'ironiser et je réponds :

    — Des vrais écolos : une vie avec les chevaux, de l'énergie verte... mais peut-être aussi qu'ils votent écolo, regarde, ils ont un tracteur de couleur verte !

    Aussitôt quitté le haras, nous voilà à suivre un chemin de terre mouillé et glissant qui s'élève jusqu'à un pré à l'herbe déjà bien haute, d'un vert presque fluo, visiblement bien engraissé par le fumier du cheval du coin. Brusquement Nella marque un bel arrêt qui nous met tous trois en alerte. Pas de fusils de chasse mais un appareil numérique qui nous permet de filmer la scène. Il ne nous reste plus qu'à attendre que le gibier, figé, se décide à déguerpir ou s'envoler au nez de l'épagneule.

    Je filme. Michel passe une dizaine de mètres devant Nella afin d'approcher le gibier, Patrick reste sur le chemin, histoire de garder une vue d'ensemble de la scène de chasse ou d'une pièce de théâtre intitulée « Michel, le chien et la poule ». Mais nous sommes dans le Mâconnais et nous avons quitté la Bresse et son fameux poulet. Alors nous n'avons pas droit à notre partie de rigolade ni même à notre dose d'émotion, car rien ne s'envole devant le nez de la chienne : ni poule domestique, ni gibier. Dommage, nous étions pourtant organisés et bien en place, les acteurs, le technicien et le spectateur. La chienne se décide donc à rompre l'arrêt, renifle généreusement le coin herbeux, son bout de queue frétille. Elle est heureuse.

Mais cette parenthèse dans notre parcours nous a fait commettre une erreur. En reprenant le chemin en bordure de notre plateau de tournage, nous ignorons la bifurcation quelques mètres plus loin. C'est au milieu du bois qui suit, que je me rends compte de notre négligence :

— Hé les gars, je crois bien qu'on s'est gouré !

Je jette un œil sur ma carte.

— En fait, on part à gauche à travers ce bois et notre chemin doit rejoindre la grand-route en filant à droite. De plus, on a tendance à descendre, alors que ça devrait monter.

— Regarde, fait Michel qui vient de s'approcher pour jeter un regard sur la carte et poser son doigt sur le papier. Tu vois là, y avais une patte d'oie, à l'entrée du bois, c'est là qu'on a pris le mauvais chemin.

— Ben qu'est-ce qu'on fait ? interroge Patrick, on ne va quand même pas faire demi-tour, ça fait dix minutes qu'on marche dans cette forêt.

— Non, on va couper à travers bois. Il faut prendre sur notre droite et l'on va bien retrouver le chemin, il ne doit pas être si loin.

En effet, cinq minutes après une marche assez compliquée parmi les ronces, la terre trempée et les feuilles mortes et glissantes, nous voilà sur le chemin que nous ne devions pas quitter.

Notre route s'élève vigoureusement, on se croirait à notre premier jour de marche dans les montagnes du Jura. C'est le milieu d'après-midi et nos jambes commencent à devenir lourdes, d'autant plus lourdes que nos brodequins s'épaississent sérieusement sur ce chemin humide et boueux. Personne ne dit plus rien dans la petite équipe. La traversée de cette forêt qui n'en finit pas nous mine le moral. La pluie continue de tomber, le sentier continue de monter. Les arbres qui nous entourent sont tristes et gris. Sans feuilles, ils sont incapables de nous abriter. Leurs branches mouillées se courbent et s'approchent de nos épaules. Ce sont autant de chêneaux d'où dégouline l'eau froide, qui glace notre nuque et notre dos.

Nous sommes dans cette forêt depuis une bonne vingtaine de minutes et brusquement le chemin disparaît. Nous voilà au milieu de nulle part. Je reprends ma carte ou ce qu'il en reste. La pluie a caché les traits de notre route de son encre grise. Mes verres de lunettes sont ruisselants et ma carte, sale et mouillée, me colle aux doigts. La pluie a mouillé mes yeux, bouffée mon papier et mon moral.

— Je ne peux quasiment plus rien lire. Je ne sais pas vraiment où l'on est, dis-je en regardant vers le sommet du bois. Il faut continuer de monter, une fois en haut de la forêt, on aura sûrement un point de vue.

— Ok, disent en chœur mes deux frères et, joignant le geste à la parole, s'accrochent à leurs bâtons et avancent doucement vers le sommet de cette colline.

Nous voilà enfin sur la crête où s'achève la forêt. Tant mieux, un peu de luminosité après ce bois triste et ce ciel trop gris ! La main droite sur le front me servant de visière, je regarde l'horizon en direction du mont, là où habite Daniel.

Tiens, bizarre, pourquoi une visière, il n'y a pas de soleil ? Est-ce la sortie du bois qui me laisse cette impression de clarté jusqu'à m'éblouir ? Est-ce le réflexe à la recherche de l'horizon, le plus loin possible, là-bas, jusqu'à l'horizon ?

Un chemin trop fragile

Est-ce inconsciemment que je cache mon front pour mieux m'isoler et me concentrer ?

— On voit bien le mont, depuis là.

— Super, on a retrouvé la route ! Il faut filer droit sur le pylône. Il n'est plus très loin. Combien tu crois qu'il reste de kilomètres, à vol d'oiseau ? questionne Patrick.

— Je ne sais pas, six ou sept kilomètres, lui répondis-je. Et toi, tu dis quoi, Michel ?

Pour toute réponse j'ai droit à un haussement d'épaules et nous continuons notre route, sans chemin, en contournant un champ de labour.

— Il faut trouver une route, un chemin, un sentier, on ne peut pas rester à travers prés, c'est trop la galère avec ces chaussures qui collent, dit Michel.

— Oui d'accord, mais on ne voit pas de chemin alentour, où aller ?

— Là-bas, réponds Patrick pointant son index en direction d'une grande ferme, il faut passer vers cette maison, elle n'est pas loin, on va forcément trouver une route.

C'est vrai que la ferme n'est pas loin, environ trois cents mètres. On continue donc, tant bien que mal, le long de ce labour pour s'approcher d'une vigne qui entoure la propriété. Un jeune agriculteur s'affaire, penché sur le moteur de son enjambeur. Je le questionne :

— Pardon Monsieur, la route qui mène à Blany, est-ce qu'elle est loin ?

— Non, répond-il en montrant du doigt la direction, et son accent bressan se met à parler :

— Vous descendez pal là en suivant cette loute depuis notle maison et vous tlouvez la dépaltementale dans le vallon dans envilon un kilomète.

— Merci.

Avons-nous encore besoin de nous regarder pour savoir qu'une fois de plus nous allons nous moquer ? C'est le premier Bourguignon que nous croisons avec un tel accent charollais. Il est pourtant jeune, ce paysan ! C'est bizarre, un jeune avec un accent si typé ? Pourquoi chez un vieux, ça passe, chez un jeune ça surprend ? Comme si le terroir était affaire de génération !

Après cette traversée sombre dans la forêt, puis cette éclaircie sur notre moral, nous parvenons enfin sur la départementale Azé-Mâcon, qui doit passer par Blany. Nous apercevons en contrebas sur notre droite les premières maisons du village. D'après le semblant de carte qu'il me reste, l'idéal, pour ne plus trop faire de kilomètres, serait de rester sur la départementale jusqu'au centre de Blany. Cependant, très vite nous prenons la décision de quitter celle-ci, et de prendre la première route à droite pour entrer dans le village, afin de ne plus entendre le bruit des moteurs, ne plus voir camions et voitures. Tant pis, nous pensions rencontrer Alain le long de cette grand-route, mais avec un peu de chance il aura peut-être la bonne idée de se balader dans les petites rues de Blany.

Il est seize heures. Au centre du village, sous un abribus, à l'écart de la pluie, je m'agenouille pour essayer de déplier ma carte sur le sol sec. Les deux frangins restent debout derrière moi et en profitent pour retirer leurs capuches et souffler un peu. Je suis penché sur ma carte détrempée, que je n'ose même plus toucher. Le moindre faux mouvement et je massacre, avec mes doigts, tout un quartier du village de Blany. Sous le silence de l'abribus, mon index frôle la carte et je m'explique :

— On est là, on a le choix pour rejoindre chez Daniel, soit par-là, en passant par le grand bois qui commence juste après les derniers lotissements du village à l'Ouest. C'est ce bois qui se trouve derrière chez Daniel, et regardez, là, ce chemin, il arrive juste vers sa maison. Vous savez, le chemin que l'on prend parfois quand on va se balader en forêt derrière chez lui.

J'entends les deux frères répondre dans mon dos :
— Oui, oui…
— Ou alors, on reste sur cette route qui passe au travers de plusieurs quartiers de Blany, puis de Hurigny. Bon d'accord, c'est plus court, mais y aura plein de voitures et de lotissements … ce n'est pas très agréable. Si ! Ce qui est bien quand même, on passe près du château d'Hurigny.
— Ah, le château ! Ah oui c'est bien ça, le château…

Là, c'est sûr, ils se foutent gentiment de ma gueule, alors je me retourne, toujours agenouillé, et mes deux grands imbéciles, debout derrière moi, éclatent de rire, la caméra numérique braquée sur moi.

Après avoir participé à leur bonne humeur, je range ma carte, ou plutôt j'achève celle-ci qui, de rectangulaire à l'origine, se retrouve en trois dimensions en forme de boulette. Après l'avoir bien serrée pour laisser pisser le surplus d'eau, je la range dans ma poche. Certes, elle n'est plus d'aucune utilité car nous sommes proches de chez Daniel, et nous connaissons bien le coin, mais j'y tiens car ce sera notre souvenir d'une journée de pluie mémorable.

Nous repartons direction le grand bois, à l'Ouest de Blany, car l'attrait du champêtre et du calme l'a emporté sur le chemin le plus court mais le plus hostile pour nos nerfs. Nous avons côtoyé l'urbanité durant une seule demi-heure et nous avons déjà notre dose.

À peine avons-nous quitté l'abribus que nous apercevons une C4 couleur de la famille. Nous distinguons bientôt Alain au volant et le grand Daniel, côté passager. L'aîné sort de la voiture, prend la parole :

— Qu'est-ce que vous foutez là ? On vous croyait vers Hurigny, on vous a cherchés partout. Vous auriez dû passer plus bas, plus sur la gauche.

Puis, sur ses bonnes paroles, Daniel s'approche de nous trois et nous serre la main.

— Et toi, questionne Michel en levant regard et menton en direction d'Alain, on t'a pas vu de l'après-midi, c'est parce que tu étais bien au chaud chez Daniel pendant qu'on se faisait rincer ?

— Ben oui, qu'est-ce que… que tu crois ? On a pris le ca…fé en vous attendant, répond Alain en souriant.

— Maintenant on peut peut-être faire les 'quatre heures' à l'abri ? interroge Michel qui commence à montrer des signes de fatigue.

Daniel, regarde vers le sud et pointe son doigt vers le haut du village :

— Oui, il y a justement une fontaine couverte, là, deux cents mètres plus haut ! Puis se retournant vers nous trois :

— On se retrouve à la Fontaine, Nicole a fait du café, on a la thermos.

Et voilà Alain et Daniel en route pour la fontaine de Blany. Nous les suivons.

C'est un joli monument, ouvert sur deux côtés, les deux autres montés en béton recouverts de petites briques colorés. Une robuste charpente nous accueille et nous abrite. Les bassins sont vastes, les allées larges. Bien décidés de faire une longue pause, nous retirons nos imperméables et parkas trempés, que nous laissons s'égoutter le long des piliers de la fontaine. Une discussion vive et enthousiaste s'engage entre les cinq frangins. Certes, il en manque deux, mais Christophe, le plus jeune est au travail pour payer nos retraites, et Philippe est quelque part entre les ruines d'un château Franc-comtois et le bureau d'un cousin éloigné, son arbre généalogique sous le bras.

Je garde la peau réticente de la rondelle de Morteau entre les dents et je réussis, avec deux doigts et une grimace, à rejeter celle-ci sur le bord du lavoir.

— Alors Daniel, tu dis qu'il faut passer par Hurigny ? Parce qu'on pensait traverser le grand bois qui arrive derrière chez toi.

— Ça ne va pas ! Vous n'allez pas traverser ce grand bois à cette heure-ci ! Vous allez vous perdre, et de toute façon, vous faites un détour. Puis pointant du doigt le haut du village :

— Il faut continuer sur cette route, ça monte un peu, et après vous aller trouver la départementale, et dans deux kilomètres vous arrivez au terrain de foot en haut d'Hurigny.

— Ah oui ! Après on peut se repérer, s'exclame Patrick, on est sur la route qui mène chez toi.

— Il y a combien, du terrain de foot à chez toi ?

— Je dirais deux kilomètres, déclare Daniel, une moue de réflexion au coin des lèvres qui laisse croire à un sourire.

Les « quatre heures » s'éternisent, puis Daniel et Alain s'éloignent en voiture vers la chaleur du foyer, pendant que nous reprenons notre route sous une pluie froide. Il est dix-sept heures et le village de Blany est maintenant derrière nous. Lorsque nous parvenons sur la départementale, celle-ci est tellement bruyante que nous décidons de la quitter très vite et bifurquons sur la droite dès le premier chemin de terre. Bientôt le chemin se transforme en sentier à travers un pré trop marécageux et décidons donc de rejoindre un petit bois sur notre gauche. Il nous faut grimper une colline boisée et épineuse où, comme à la chasse à la bécasse, nous sommes tous trois de front, l'épagneule breton quêtant vingt mètres devant nous, chacun espérant avoir choisi le meilleur terrain pour lever la mordorée. Mais arrivés en haut, en lisière de ce bois, ce n'est pas la belle des bois qui s'envole, mais un lièvre qui détale et court dans la prairie devant nous.

— Hé, devant, un lièvre !

— Oh oui, c'est un gros ! lance Patrick, regardant s'éloigner le capucin avec l'appétit d'un chasseur. Quant à Michel, spécialiste de ce gibier roi, il couronne la conversation.

— On reviendra demain avec Daniel et son quad à l'aube, on va sûrement le relever.

Nous sommes encore tous trois excités d'avoir vu courir enfin un vrai beau gibier, après ces quatre jours de balade en pleine nature. Il était temps puisque nous voilà presqu'au terme de notre voyage.

La saison de chasse passée est déjà loin, la saison de chasse à venir est encore loin, et je reste planté au beau milieu de ce pré à fixer un creux de terrain où le lièvre s'est évanoui, à rêver de ces petits bonheurs où, tout gamin déjà, je courais derrière les jambes de mon père, le long des haies du village natal pour voir se dérober un lièvre, s'enfuir un renard, s'envoler une perdrix ou s'évanouir dans le ciel d'automne une bande de ramiers. Est-ce le plaisir de la chasse, son côté viril ou ancestral, sauvage ? La passion de la nature, ses odeurs suaves, ses murmures, sa musique ? Où simplement le bonheur de vivre en liberté ? Je ne cours plus derrière mon père parti un matin d'octobre avec les feuilles d'automne, mais je me souviens d'un père qui semait du bonheur dans les champs de luzerne, le long des haies, dans les bois de foyards, dans les parcelles de résineux, sur les bords des chemins, des joies simples qui ont laissé germer mes rêves d'enfants, des joies qui m'ont aidé tout au long de ma vie à cultiver des idées d'évasion. Elles fleurissent aujourd'hui dans la douceur de vivre sous la pluie.

Je me réveille au bruit d'un tracteur qui passe, là, tout près, sur le chemin de terre qui borde le pré où je suis encore, alors que les frangins sont déjà à plus de deux cents mètres devant moi, ayant rejoint le chemin vers le tracteur. J'accélère le pas, Nella dans mes jambes, trempée, et ayant visiblement hâte de finir cette étape pluvieuse.

Le ciel est bas, la pluie se calme puis retombe à nouveau. Cependant notre moral est au beau fixe, car nous sommes à deux kilomètres de la fierté du devoir accompli.

Nous venons de contourner le terrain de foot d'Hurigny, et nous voilà sur une route goudronnée. Très vite nous reconnaissons cette voie. Elle nous emmène directement chez Daniel. Nous l'avons parcourue tant de fois en voiture pardi ! Cette fois-ci, impossible de se tromper, il n'y a plus qu'à se laisser guider par le bitume.

Il est bientôt dix-huit heures et nous apercevons la pancarte : « Commune de La Roche Vineuse ». Alors les frangins courent vers le panneau et me demandent de prendre une photo. Ils sont trois : Michel, Patrick et la pancarte. Ces deux grands gamins laissent éclater un large sourire, un sourire non pas commercial, car leur bonne humeur n'est pas à vendre, mais un vrai sourire tout simplement radieux. Je cadre ma prise de vue, les deux frères se plantent derrière le panneau qui coupe leurs silhouettes en deux. Dans mon champ de vision, en dessous de la pancarte, je vois deux longs imperméables et au-dessus de celle-ci, un chapeau de cow-boy, une capuche et deux sourires. Le panneau est le plus sérieux des trois, debout, droit comme un gendarme, froid comme un douanier, immobile comme la silhouette du cantonnier. Dans leurs dos un frêne nu grelotte et grimace.

La route devient sinueuse et plus large. J'attache Nella en laisse car quelques voitures nous dépassent et nous surprennent, frôlant nos carcasses courbaturées. Il ne reste que deux ou trois cents mètres pour arriver chez Daniel. Nos jambes fatiguées se réveillent et rythment notre allure sans demander notre autorisation, nos cerveaux étant trop occupés à vivre cet instant solennel, cette arrivée triomphante.

— Hé, faut se prendre en photo pour l'arrivée ! lance Michel. Allez ! Jean et Patrick, vous avancez sur la route et je prends la photo pendant que vous marchez face à moi.

Patrick a gardé son sourire épanoui. Je m'applique à faire de même. Nous avançons vite sur la route, pour faire plus vrai, le dos volontairement courbé, l'allure décidée, la tête en avant comme une envie de courser l'objectif, Patrick appuyé sur son bâton, moi traînant Nella en laisse. Michel est obligé de reculer pour prendre sa photo. Bien sûr, nous avançons plus vite qu'il ne recule. Il est donc obligé de courir devant nous et de recommencer. Ce manège semble durer, et plus il dure et plus nous rigolons. Enfin, après cette série de photos massacrées, nous prenons le dernier virage qui nous fait découvrir la maison du grand, là, cent mètres plus bas. D'un commun accord nous décidons d'entrer dans la cour de la maison, tous trois de front. Ainsi, pas de vainqueurs ! Même l'épagneule semble avoir compris et suit, toujours en laisse, à mes côtés.

Nous sommes accueillis en vedettes. Daniel nous mitraille de flashs, son numérique dans une main, le parapluie dans l'autre. Alain, le bras en écharpe sans écharpe, endosse une veste de pluie « Banque populaire », il sourit encore plus fort que Patrick. Nicole, abritée sous le parapluie de son mari, semble étonnée de nous voir arriver tous les trois à pied depuis notre Franche-Comté. Dans la bonne humeur générale, je lance à Alain :

— Qu'es-tu fait avec ton parka « Banque populaire », t'as ton compte au crédit agricole ?

— Je, je sais pas, répond Alain en haussant son épaule, peut-être les gosses qui me l'ont donné, et toi, qu'es-tu... avec ton bonnet « Audi » ? T'as une Citroën ?

— C'est mon beauf qui me l'a donné, y travaille chez Nissan.

Une pointe d'humour dans une ambiance exaltante, c'est toujours plus facile. Et l'ambiance est très agréable. Michel, Patrick et moi sommes fiers et joyeux d'avoir programmé et réussi cette marche insolite. Alain est content d'avoir participé à sa façon par une assistance efficace. Daniel et Nicole sont heureux d'accueillir des frangins qu'ils ne voient pas si souvent. Cent dix kilomètres nous séparent de Montigny, alors c'est compliqué pour l'aîné de nous rendre visite très souvent, surtout s'il envisage, éventuellement, de venir en Franche-Comté à pied.

— Bon ! On ne va pas rester là sous la pluie, dit Nicole.

Alain, Daniel, Nicole et moi, on s'engouffre dans le sous-sol de la maison, Michel et Patrick, toujours le sourire aux lèvres, continuent de jacasser devant la porte du garage. Nella, libérée de sa laisse, me suit au sous-sol et s'affale aussitôt sur le béton, contente de reposer ses pattes qui ont cavalé cinq fois plus que les nôtres. Je retire mes habits trempés. Je passe le premier à la douche. Les frangins m'imitent bientôt et nous nous retrouvons une demi-heure plus tard dans le caveau bourguignon situé au fond du sous-sol.

Alain est déjà assis devant une bière, la bouteille posée sur un tonneau servant de table de dégustation. Je viens m'asseoir près de lui, vite rejoint par le reste de la troupe. La discussion s'anime dans ce moment de détente tant attendu.

— On a fait cent dix kilomètres, dis-je, histoire d'ouvrir le débat.

— Bien plus ! T'as mal compté, répond Michel. Mais je poursuis :

— Cent dix kilomètres en quatre jours, c'est une bonne moyenne. Bon, le troisième jour était long, plus de trente-trois kilomètres.

— Je te dis qu'on a fait plus ! insiste Michel.

— Tu sais quoi ? Tu fais comme moi, tu prends l'ordi en rentrant à la maison et tu vérifies, répliquai-je, agacé.

Pour toutes réponses, j'ai droit à un regard méfiant. Patrick enfonce le clou :

— Moi, j'ai l'impression qu'on a fait plus que ça.

— Quand on marche on croit qu'on fait des kilomètres, mais on n'avance pas tant que ça, dis-je après avoir bu une gorgée de bière.

— Si Jean a vérifié sur la carte, c'est peut-être vrai ! insinue Daniel, d'ailleurs en voiture il y a un peu plus de cent kilomètres, donc ça correspond.

Michel, à moitié convaincu, change de conversation :

— Vous avez remarqué, on est dans la direction de Compostelle.

— Ah, ah, s'amuse Patrick, tu as envie de continuer. À ce train-là, on n'est pas arrivé !

— Ça c'est sûr, ajoute Daniel, les yeux rieurs, à votre âge je me dépêcherais, si vous voulez arriver à Saint Jacques avant vos quatre-vingts piges.

— Moi je suis prêt à continuer l'an prochain, dis-je. On repart d'ici, on récupère le GR qui passe dans les monts du Beaujolais et on rejoint le Puy en Velay.

— Je ne sais pas, répondent en chœur Michel et Patrick.

— À voir... hein... wouii... poursuit Alain, pendant que Nicole lui sert une deuxième cannette. Moi je continuerais l'assistance... hein... et Daniel pourrait m'accompagner.

Une toux grasse sort de la poitrine de Daniel :

— On t'accompagnerait, Nicole et moi, mais pas trop loin. On n'irait pas jusqu'au Puy, juste un peu dans le vignoble du Beaujolais. On ne pourrait pas s'absenter comme ça.

— Ça c'est sûr, quand on est retraité, on a plus le temps de rien, ironise Michel.

Puis la conversation continue sur cette folle idée de poursuivre notre marche, peut-être, sur le chemin de Compostelle. Mais le sujet s'éteint aussi vite qu'il s'est enflammé. Pourtant nous crevons tous d'envie de continuer l'an prochain. Mais pour le coup, rien n'est décidé. Ce manque de dialogue entre frangins, ces fameux non-dits, ces hésitations, ces sentiments que nous voulons cacher, alourdissent l'atmosphère. Tout cela me déplaît. J'aurais voulu savoir dès ce soir, j'aurais voulu connaître l'envie de tous, j'aurais voulu que l'idée de poursuivre notre route soit décidée aujourd'hui. La fête, ce soir, serait encore plus belle. Dans notre famille nous coupons la conversation en tranches d'ironie afin de mieux digérer le débat. Est-ce dans notre éducation, une pudeur, dans nos gènes, un individualisme ?

Après un bon repas chaud je me glisse dans un sac de couchage et m'allonge sur un matelas pneumatique posé au sous-sol. Nella se couche à mes pieds. Elle soupire puis s'endort. Les frangins dorment à l'étage dans un bon lit chaud.

Un chemin trop fragile

******

Nous nous levons de bon matin pour notre retour à Montigny. Ce sera en voiture cette fois-ci. Cependant, nous décidons de prendre notre temps. Après le petit-déjeuner, comme à chaque visite chez Daniel, on ne peut pas s'empêcher de faire le tour de la petite propriété. Faut dire que « le grand » met le paquet. Le tour de la maison est magnifiquement agencé. C'est toujours un plaisir d'admirer tout ce que notre frère aîné a créé au fil des ans.

Le bassin, sous le timide soleil de ce matin d'avril, brille d'un bleu gris où ondulent de gros poissons rouges et des carpes ventrues et silencieuses. Les grenouilles se cachent près des scolopendres, parmi les herbes aquatiques ou sous les nénuphars. Patrick et Michel s'aventurent sur le petit pont de bois qui s'élance au-dessus de l'eau comme une jetée sur la mer. Un dauphin de mousse blanche émerge de sa cachette et se prépare pour le grand saut. Une lanterne japonaise en ferraille gris vert, plus grosse que le dauphin, enracinée sur une roche, comme une plante aquatique, est là pour éclairer le bassin les nuits sans lune. Un mannequin derrière nous, qui ressemble étrangement à Daniel, surveille les alentours. Ainsi, hérons et cormorans audacieux sauront que la pêche est interdite, le garde veille jour et nuit.

En remontant devant la maison, nous suivons un sentier de gravier, rustique et propre, bordé d'iris, où le dieu Priape dessine déjà son phallus, d'où jaillira bientôt la fleur mauve ou jaune. Là où la pente s'accentue, c'est un escalier naturel qui nous emmène devant une fontaine en pierre de taille. Une vieille dalle d'évier accueille une eau claire qui s'échappe aussitôt, dessinant une cascade qui s'effondre sur le gravier en bordure d'escalier. Elle ruisselle jusqu'au bassin, tombe sur un caillou, éclate puis pétille de mille perles blanches qui réveillent les poissons trop sages. Enfin le flot léger, du fond du bassin, poussé par la mécanique et purifié par des filtres invisibles, revient en cachette, du ventre de la terre, pour nous surprendre à nouveau, s'écoulant doucement en sortant de la gorge d'un démon de plastique.

Tout près du mur de la maison, fougères et genêts se querellent. Les cardes décoratives s'isolent et s'habillent de soies aux doux reflets orange, rouges et violets.

Notre flânerie se poursuit en traversant la terrasse pavée de grandes pierres plates, pour contourner une piscine vide et triste, qui aujourd'hui sèche ses larmes pour bientôt pleurer de joie. Le joli mois de mai nous épie déjà. Il étirera ses longues journées, et le soleil illuminera les boutiques Miss-Sea ou Banana Moon et chauffera le cœur des petits-neveux aux beaux rêves des jeux aquatiques. Des palmiers du Japon bordent la piscine, nous invitant déjà à l'oisiveté de l'été.

Plus bas, au bord d'une haie de lauriers du Portugal qui cache le voisinage, une femme nue, à la peau de pierre blanche et lisse, déesse romaine peut-être, la tête penchée, regarde le ciel et la terre, cherchant son passé lointain de ses yeux sans vie.

Au détour d'un saule pleureur tortueux, notre errance nous emmène derrière la maison où un potager à la française, découpé en carrés de terre, propres et rectilignes, séparés de petites haies de buis, attend les premiers semis du jardinier. Nicole a entretenu et soigné ce jardin pendant tant d'années, telle une femme qui préparait et espérait la fécondité. Daniel a semé et repiqué tant de fois. Il chatouillait de ses grandes mains le sein de la terre. Accroupi, ou parfois à quatre pattes, ses longues jambes chevauchant une touffe d'herbes soyeuses ou frôlant le ventre du labour, il engendrait au fil des saisons, son enfant, sorti des entrailles de la terre.

Un poulailler et un chenil, propres et ordonnés, jouxtent le jardin où se côtoient des poules naines colorées, un colvert désailé et un épagneul Pont Audemer à moitié cinglé. Plus loin encore, nous nous attardons dans un sous-bois où cyprès, thuyas, bruyères et lavandes nous accompagnent jusqu'au cimetière des chiens. Quelques épitaphes sobres nous questionnent sur tant d'amour et de fidélité.

Nous parvenons enfin parmi les roches qui bordent le côté du chemin d'accès au garage. Les petites plantes de rocaille ombrent nos pieds, mais laissent le soleil colorer nos visages souriants.

Le petit tour de la maison s'achève, la grande balade familiale de quatre jours aussi. Je jette un dernier regard autour de la maison où les fleurs de tamaris et de forsythias marient leurs couleurs tendres. Elles semblent m'appeler. Offertes, elles attendent que mon doux baiser vienne se mêler à la caresse du vent et respire leur fragile parfum. Depuis la terrasse de cette superbe propriété fichée en haut du Mont, je contemple le val Lamartine qui s'étale à mes pieds, puis mon regard s'enfuit au-delà du lac, du temps, des forêts obscures où j'irai un jour continuer ma route.

8 avril au 11 avril 2013

******

Il y a un an c'était le printemps, et je garde aujourd'hui le souvenir d'une marche joyeuse, sous la pluie, d'une bande de frangins plein d'humour et d'ironie légère, parmi des paysages agréables et verdoyants. Cette année, avril est radieux et le soleil s'engage à nous accompagner durant ces deux jours de balade, du moins c'est ce que nous dit le météorologue qui a pointé du doigt un grand cercle jaune sur une carte sans nuages, ce matin à la télévision.

Daniel, Alain et Nicole nous regardent partir depuis la terrasse. Il est prévu qu'ils nous retrouvent sur notre parcours pour le repas de midi. Il est huit heures et demie et le ciel est bleu. Nos premiers pas, dans la bonne humeur, sont rapides et décidés, d'autant que nous dévalons la pente en dessous de la maison pour rejoindre le val Lamartinien un kilomètre plus bas. Seul petit regret au départ de cette nouvelle marche : Nella, ma joyeuse épagneule, ne nous accompagne pas. Les nuits à l'hôtel ou chambre d'hôtes posaient trop de problèmes avec le gentil toutou. Il fait si doux que Michel est en short et en maillot à manches courtes, et moi en pantacourt et tee-shirt. Patrick a préféré passer un pantalon en coton et un maillot épais, car un gros rhume avec une toux tenace l'accompagne depuis le début de l'hiver. Une grosse écharpe autour de son cou parachève le rebelle.

Après une petite heure de marche dans les premières vignes du Mâconnais, Michel se penche devant une pancarte flèche : « *La Solitude de Lamartine - 300 m* ». Il se tourne vers nous.

— On va voir ?

Je m'approche de la pancarte et j'interroge :

— On va voir quoi ? Une maison, un arbre, une stèle ?

Sans attendre de réponse, je me décide à rejoindre la Solitude. Les deux frangins me suivent. Nous parvenons bientôt devant une bâtisse, d'aspect plus proche d'un petit monument que d'une maisonnette. Appuyés sur nos bâtons de marche au bord d'un chemin pierreux, nous contemplons ce refuge en bois, posé là sur une terrasse qui nous surplombe, soutenue par un grand mur de pierres taillées, fraîchement rénové. L'ossature de la maisonnette, faite de poutres rondes plantées debout, supporte un toit hexagonal et pointu où s'accrochent de petites tuiles couleurs Bordeaux. Adossée au mur, une inscription sur une dalle : « *Pavillon des Girondins – la Solitude de Lamartine* ». C'est religieusement que je regarde l'environnement de cette bâtisse, imaginant ce poète romantique glissant sa plume en ce lieu, appréciant ces mêmes paysages qui s'étalent aujourd'hui devant mes yeux. Je le vois écrire et décrire dans son œuvre « l'histoire des Girondins » cette révolution encore si proche, la capitale insurgée, tumultueuse, pourtant si loin. Je me prends à rêvasser encore quelques minutes, me laissant croire que je pose le pied sur un morceau de calcaire ou d'argile d'autrefois, de boue ancienne, un mélange de plumes, d'encres, de sueurs et de rêves Lamartinien.

En quittant le Pavillon des Girondins j'ai dû cheminer trop longtemps dans le siècle romantique, car me voilà à l'Ouest alors que je devrais me diriger Sud-Ouest.

— Hé, les gars ! On fait un détour, il faut au plus vite prendre un chemin à gauche.

— Qu'est qu'il y a ? Tu t'es encore gouré ? interroge Michel.

— Ah, ah ! s'exclame Patrick, on ne va quand même pas se perdre là, si près de chez Daniel. On dirait qu'on ne connaît pas la région ! En plus, ce n'est pas compliqué, regarde là, la roche de Solutré, elle est juste en face de nous.

Sur ces bonnes paroles, nous trouvons un embranchement de petites routes goudronnées. Nous prenons à gauche et parvenons à la départementale de Charnay-Lès-Mâcon. Après la traversée de cette grande route, nous voilà devant le supermarché de Prissé et nous décidons de faire quelques achats de nourriture pour midi. Inutile de trop charger nos sacs à dos, Alain et Daniel auront sûrement quelques provisions dans la voiture.

En parlant du loup, la meute sort du bois, ou plutôt du fond du magasin. Nicole, Daniel et Alain, postés devant le rayon de viande et de moutons, nous regardent venir, de larges sourires aux lèvres, montrant leurs dents rieuses qui ne ressemblent pas du tout aux crocs du méchant loup. Après une longue discussion familiale, comme si nous ne nous étions pas vus depuis six mois, nous voilà de nouveau tous trois dehors sous le soleil de Prissé. Nous traversons ce long village d'un pas rapide.

À la sortie de Prissé, nous coupons la nationale Mâcon Digoin et la ligne TGV contiguë. Nous voilà au beau milieu du vignoble de Bourgogne du sud en limite du Beaujolais. Des pancartes nous mettent l'eau à la bouche et nous rappellent surtout le vin en bouche : Fuissé, St-Vérand, St Amour, Fleurie, Morgon, Juliénas etc. On s'enfonce dans l'ivresse de la vigne comme on s'empiffre de grands vins, mais une vigne nue, sans feuilles, tout juste taillée, où les rameaux se courbent entre deux fils de fer, où les ceps ressemblent à du bois mort. De ce pas nous approchons de Davayé et nous venons de laisser derrière nous le célèbre village de Milly-Lamartine, et plus près, sur notre droite, le lac Saint-Point et le château du poète. Tout près de nous, un tracteur viticole diffuse un pesticide qui produira sûrement un raisin juteux. Aujourd'hui ce fongicide ou désherbant me laisse un goût amer et je crains qu'il ne m'apporte le vin mauvais. Le vent du sud pousse le nuage nocif au ras du sol, lequel passe la frontière entre Solutré et Davayé. Il n'imite

Un chemin trop fragile

donc pas son grand frère qui lui, paraît-il, s'arrêta au bord du Rhin. Voici bientôt la gerbe de poison sous notre nez.

— On va s'en prendre plein les poumons. Allez, on dégage d'ici, déclare Michel.

Nous contournons la parcelle en pressant le pas. Nous remarquons au passage que le viticulteur, assis sur son tracteur et enfermé à l'intérieur de sa cabine, négligeant les chauds rayons du soleil d'avril, oubliant la vraie vie, porte un masque façon Tchernobyl. Les premières maisons de Davayé sont bientôt là, où nous attend une jolie fontaine en pierre taillée, abritée par un toit aux tuiles bleutées. Il est onze heures passées et nous décidons donc de faire une petite halte bien méritée. Assis sur la margelle, Patrick et Michel, les têtes penchées sur la carte, sont en pleine conversation.

— Qu'est-ce que t'en pense Jean... on envisage de changer notre plan de route ?

— C'est-à-dire ?

— C'est-à-dire que l'on ne suivrait plus la route des vins pour aller à Beaujeu, mais que l'on pourrait rejoindre au plus vite le GR, qui longe la crête sur les monts du Beaujolais.

— Alors je me suis coltiné toute la préparation du parcours sur Géo portail la semaine dernière pour en arriver là ! Et le nouveau parcours, on ne le connaît pas.

— Bof, ce n'est pas grave, on n'a plus besoin de carte puisqu'on va suivre le GR jusqu'à Beaujeu.

— Fais voir la carte.

Je m'approche de mes deux frères et me penche sur la feuille que j'avais imprimée sur le site Géo portail où figure l'ensemble du circuit. Michel et Patrick regardent toujours d'un œil attentif.

— C'est vrai que le GR est parallèle à la route des vins et que ça ne nous fait pas plus de kilomètres, sauf qu'il faut grimper là-haut, dis-je en tournant la tête, le regard vers la crête des monts du Beaujolais. Et d'abord, pourquoi avez-vous changé d'avis ?

— Je n'ai rien dit ! s'insurge Patrick, le visage tout rouge mais le sourire grisant, moi, je trouve que c'est bien de continuer la route des vins.

— Y'en a marre de ne voir que des vignes, réplique Michel, ça va bien cinq minutes. Tu nous vois jusqu'à demain soir au milieu du vignoble, toujours entre routes goudronnées, pieds de vigne ou lotissements. Vous croyez qu'on ne serait pas mieux à marcher en pleine campagne ou dans les bois par ce beau soleil ?

Les mots « bois, campagne » résonnent par-delà les raisins, vignes et tonneaux, et c'est aussitôt le déclic dans l'imaginaire de trois passionnés de nature. Alors on se regarde, étonnés, amusés. D'accord pour bifurquer à droite, rejoindre Solutré et grimper ensuite tout là-haut, dans ces montagnes déjà imposantes, presque inquiétantes.

— Il faut appeler Alain ou Daniel pour leur expliquer que nous pique-niquerons du côté de la roche de Solutré.

Nous modifions donc notre route pour longer le lycée agricole et viticole de Davayé, puis nous approchons du cimetière adossé à flanc de coteau, comme une parcelle de vigne vers d'autres parcelles de vigne. Des vignes si belles qui côtoient la mort, comme la vie pleine d'ivresse frôle l'angoisse ! Mes frangins contournent le cimetière. Flairant une porte de sortie à l'autre bout, je décide de traverser au milieu des tombes. Une porte de sortie dans un cimetière, c'est plutôt rare, à part peut-être pour Jésus-Christ. Sous ce beau soleil, au milieu de ce vignoble plein de vie, je traverse ce cimetière lumineux, le cœur léger, indifférent à tous ces habitants inconnus, si près de mes pieds. Je passe dans cette allée, droite comme la raison, fragile comme l'émotion, respectueux de tous ces morts qui semblent si près de Dieu.

Il est bientôt midi et la longue marche vers le haut de la Roche de Solutré nous attend. L'image de François Mitterrand est dans nos esprits, mais comme ce n'est pas encore la Pentecôte, nous évitons l'ascension et, après une grimpée d'environ trois cents mètres, nous bifurquons à gauche pour contourner la roche et rejoindre au plus vite le bourg de Solutré.

C'est un joli village vigneron, et la rue principale qui monte vers l'église est un régal de couleurs pastel : des volets bleus et des murs de pierres taillées roses dorées par le soleil d'avril, une glycine précoce et sans feuillage d'un bleu tendre. Même les vieilles tuiles grises de l'abside de l'église se parent de pourpre et de vieux rose sous le ciel azur. Nous déambulons dans les rues du village et guettons régulièrement la sortie d'un virage d'où pourrait surgir la Citroën d'Alain, ou peut-être une place tranquille où nous attendraient l'assistance, et surtout le panier gourmand du supermarché de Prissé. Mais pour l'instant, rien de tout cela, et il est déjà plus de midi et demi. L'appétit colle au ventre, l'impatience est agréable.

Sans nouvelles des frangins et de la belle-sœur, nous quittons Solutré pour poursuivre notre route en direction des monts du Beaujolais. C'est avec un certain recul que je peux contempler le village de Solutré et ses maisons agenouillées au pied de l'église, le cimetière qui se détache plus loin dans le vignoble et tous ces morts qui dorment dans leur lie, levures et bactéries. Vins et défunts se mélangent à l'humus de leur sol nourricier, se confondent dans le cosmos, redeviennent poussière d'étoile. Michel, planté à côté de moi, médite aussi devant ce paysage mais reste plus attiré par la roche qui se dessine dans le ciel azuré, juste derrière le village de Solutré.

Un chemin trop fragile

— Vous ne le savez peut-être pas, mais la légende de la Roche est remise en question, déclare Michel.

— Quelle légende ? Celle où l'on raconte que les hommes préhistoriques chassaient les chevaux sauvages en les poussant au sommet du rocher et les forçaient à se précipiter dans le vide ?

— Tous ces ossements retrouvés au pied de la roche n'expliquent peut-être pas cette version. J'ai lu que l'ossuaire serait tout simplement des restes d'animaux mangés sur place, tout près de grottes situées là où vivaient ces hommes préhistoriques. Il n'y a d'ailleurs pas que des ossements de chevaux, on trouve aussi d'autres gibiers.

Tout en poursuivant mon chemin, je me dis que la seule bonne réponse est le doute, tout comme je m'interroge sur le cheval, le cerf, l'aurochs, le bison et l'ours entassés au pied de ce rocher et qui ressemblent aujourd'hui étrangement au vin et aux hommes de l'époque. Patrick me sort rapidement de mes réflexions en pointant du doigt une petite vigne en contrebas, à plus de trois cents mètres de nous.

— Regardez là-bas, les chevaux au milieu de la vigne, on se croirait au siècle passé, ils labourent entre les rangs avec une vieille charrue !

Tous trois en admiration devant ce spectacle atypique, les appareils photos sont de sortie. Surplombant ce décor médiéval, nous distinguons cinq paysans ou paysannes et deux gros chevaux comtois, tranquilles et sereins, tout comme les gens qui les entourent. Nous ne parvenons pas à discerner ce qui se passe vraiment, mais grâce au zoom de la caméra, Patrick nous confirme qu'il s'agit bien d'un labour à l'ancienne. Il y a là deux hommes qui poussent chacun une charrue à un socle derrière les chevaux comtois. La paysanne surveille les bêtes. Deux autres types se reposent, préparent le pique-nique. La terre de cette vigne est rouge, de cette terre fraîchement retournée qui nous abreuve déjà de la couleur, de l'odeur et de la saveur du bon vin. Du fond de ce vallon, un silence s'élève jusqu'à nous, et une image pure et sincère nous envahit. Quel contraste avec le bruyant tracteur de Davayé et du masque à gaz sinistre et effrayant !

L'image d'autrefois s'envole au bruit de la Citroën qui s'approche. Elle monte la petite route goudronnée qui dessert les dernières vignes de la commune. La portière claque, et Daniel sort.

— On n'essaie de vous joindre au téléphone depuis plus d'une heure !

— Nous aussi on essaie de vous joindre, où étiez-vous ?

— Ben, on vous cherchait de l'autre côté de la roche et puis on est revenu à Solutré, et c'est là qu'on vous a reconnus au loin. Trois gars avec casquettes et sacs à dos au milieu des vignes, ça ne pouvait être que vous !

— Comme il n'y a pas de réseau dans le coin, on a bien cru manger sans pain, sans vin et sans fromage.

Nicole et Alain sortent de la voiture et ouvrent aussitôt le coffre. Ils sortent la glacière et un sac de provisions. Alain s'approche et nous tend le cabas :

— On... se met où ?

— On est bien là, y a un mur, on va pouvoir s'asseoir et manger tranquille.

Et déployant mon bras qui balaie le paysage, je poursuis :

— Regardez le super cadre que l'on a trouvé : la roche de Solutré en face, le village à nos pieds, les vignes autour de nous, la montagne et la forêt dans notre dos. Elle n'est pas belle la vie !

On décide de s'asseoir sur un murger au bout d'une vigne. Les arbres qui bordent le chemin, tout près de nous, laissent filtrer les rayons du soleil à travers leurs branches où naissent de timides et frêles chatons, mélange d'or et de velours. On sera bien sur ce murger ensoleillé !

Mais voilà que Daniel fait des siennes. Plein d'entrain et de bonne humeur, il décide de déplacer quelques pierres, les plus plates possible, pour confectionner un banc de fortune. Du coup, tout le monde se met au boulot, à part Nicole qui part d'un grand éclat de rire. De nous voir tous à la manœuvre à s'affairer autour de jouets en pierre, elle nous prend pour de grands enfants en colonie de vacances. Le pire, c'est que Daniel, malgré ses presque soixante-dix ans, s'acharne sur une dalle bien trop lourde. À quatre pattes et ses deux mains sous la grosse pierre rectangulaire, déjà tout essoufflé de sa première tentative pour la soulever, il implore :

— Venez m'aider, elle va nous servir de table. Il faut la remonter sur le mur. Chacun, tenez un coin pour qu'on puisse la soulever et la déplacer.

Michel et moi venons en aide à Daniel. Même Alain, de son bras valide, soutient la dalle. Patrick reste debout près de Nicole, sort la caméra et, entre deux rires, filme les frangins au turbin.

— Ça y est, elle est bien, là, maintenant il faut la stabiliser, poursuit Daniel une fois la pierre amenée en haut du petit mur.

— Tu ne changeras pas, Daniel, une journée de repos et tu ne peux pas t'empêcher de bricoler, dit Nicole en souriant à son mari.

Daniel, maître d'œuvre et fier de l'être, s'installe le premier à table, le cul sur une pierre, les jambes dans les premières ronces qui serpentent au pied du murger. Le saucisson, les crudités, le fromage, le pain et le gros rouge sont sur la dalle. On s'assied bientôt tous sur le murger. Seul

Un chemin trop fragile

Patrick traîne un peu, le temps de ranger la caméra, mais aussi de préparer sa petite blague. Alors il s'approche de nous, son laguiole à la main :

— Vous avez bien fait d'installer cette dalle, parce que moi... j'ai la dalle.

S'ensuit un gros rire suivi de plein d'autres rires. Pour finir, on ne sait plus si l'on rit du jeu de mots ou de la communion des rires. Mais de tout le repas il y a plein de rires, beaucoup de rires.

Mais ce n'est pas le tout de rire, il faut bientôt penser à reprendre nos bâtons de pèlerins. Il reste encore du chemin si l'on veut rejoindre Beaujeu demain soir. Nicole, Daniel et Alain débarrassent la dalle, rangent les affaires. Michel, Patrick et moi préparons sacs à dos, casquettes et bâtons. Cette fois-ci, on attaque les collines du Mâconnais. C'est un dénivelé d'environ trois cents mètres qui nous attend.

Après une heure et demie d'ascension régulière, nous atteignons le GR76 à l'entrée du village de La Grange du Bois. Une petite pause nous permet d'admirer une dernière fois la roche de Solutré, maintenant à nos pieds, entre bocage et vignoble. À la sortie du village, nous continuons à grimper durant deux ou trois cents mètres pour rejoindre les bois de Cenves, sur la crête des Monts du Mâconnais. Le ciel est toujours aussi bleu et l'air presque chaud. Dans ce sentier, entre genêts, pins, sapins, frênes et foyards, les oiseaux nous accompagnent et les mésanges charbonnières, de leurs mélodies toniques, semblent nous chanter ''plus vite, plus vite''.

''Plus vite, plus vite''.... Je chante à mon tour. Patrick, derrière moi commence à tirer la patte et se demande pourquoi faut-il accélérer.

— On n'est pas en train de courir pour gagner, on se balade !

— Ce n'est pas moi qui dis d'aller plus vite, ce sont les mésanges, écoute-les.

Je m'arrête, Patrick fait de même, on écoute, on attend. Michel s'immobilise aussi, on écoute, on attend. On dirait que la mésange s'amuse et nous raille. Elle nous suivait, invisible, gaie, siffleuse et là, plus rien. À croire qu'elle joue avec nous, comme le coucou se plaît à narguer. C'est peut-être sa façon de nous chanter là que la forêt est son domaine, que nous ne sommes pas invités, qu'elle nous autorise juste à passer, et vite. Ou alors, tant que nous marchions, elle ne craignait pas notre indifférence, elle vivait sa vie et ses amours. Maintenant que nous sommes à l'affût, elle hésite entre fuite et mimétisme. Perchée sur ce hêtre ou sur ce pin, elle nous regarde, nous ne la voyons pas. Elle est chez elle derrière ses rideaux de noisetiers, nous sommes dans la rue devant ses yeux. Après une bonne minute d'attente, nous reprenons notre chemin, et la mésange reprend sa mélodie : « plus vite, plus vite ».

Le GR nous guide jusque devant l'ancien télégraphe de Cenves, puis presque aussitôt vers le nouveau pylône de télécommunications, moche mais efficace, planté au regard de tous : Bourguignons, vignerons, enfants de Lamartine. Le vieux télégraphe s'enfonce dans la terre du mont Rontélaval, et son fils regarde l'avenir du haut de son piédestal entre Roche Noire et Pierre Folle.

Il est bientôt seize heures trente, et au lieu-dit « Les grandes terres », nous décidons d'une halte. C'est un endroit agréable en bordure des grands bois de Cenves, entre vignoble et pâturages, entre Mâconnais et Charolais. Nous avalons chocolats et biscuits en moins de cinq minutes et reprenons notre route assez rapidement, car nous n'avons pas d'idée précise du chemin qu'il nous reste pour rejoindre Cenves. Le temps est si doux que nous ne gardons que notre tee-shirt sur le dos et Patrick a déroulé son écharpe. Nous marchons le long de la ligne de crête de ce mont du Mâconnais, sur un sentier assez plat entouré de sapins. On se croirait dans nos bois du Haut Doubs avec cette même obscurité, sous un beau soleil d'avril, cette même odeur d'humus mouillée et de mousse verte, laquelle jette sur le sol son habit de laine aiguilletée, parfois tissée, pour cacher l'humidité sans fin, comme l'on met la poussière sous le tapis.

Nous abordons une longue descente toujours à travers bois, mais sur un sentier de pierre. Nous perdons de l'altitude et nous perdons les sapins. C'est maintenant le domaine des foyards, chênes et charmilles, puis à la sortie du bois, dans le vallon qui nous laisse découvrir Cenves, nous sommes entourés de noisetiers, de frênes et de quelques acacias.

Nous voilà tout en bas de cette montagne du Mâconnais, où le village de Cenves se plaît à nous narguer du haut de sa colline. Pourquoi être descendu autant sur ce sacré chemin de pierres, où les chevilles risquaient à tout instant de se plier sous notre poids et sur le caillou indomptable, pour se rendre compte maintenant, qu'il faut se farcir à nouveau au moins cent mètres de dénivelé dans l'autre sens ? À voir toutes ses collines, certaines proches comme celle qui supporte Cenves, d'autres plus lointaines mais encore plus hautes, on imagine que les prochaines heures et toute la journée de demain nous condamneront à jouer au yoyo dans la difficulté.

Les pancartes du GR nous indiquent un passage étroit au pied du village. On doit franchement lever la tête pour apercevoir les premières maisons accrochées à flanc de coteau. La pente est tellement raide qu'il nous faut un bon quart d'heure pour atteindre la place centrale du village, laissant reposer notre souffle tous les cinquante mètres. Nous achevons notre montée par un long escalier qui fait la jonction entre notre sentier et la place du village. Là, quelle surprise ! En levant le nez entre deux courtes respirations, nous voyons, tout à coup, trois grands sourires qui nous regardent de haut.

— Alors, on en chie ! crient en chœur les deux rires masculins, alors que Nicole se contente d'un sourire plus élégant.

— Même pas, répond Michel.

Puis se tournant vers Patrick et moi, il poursuit :

— Eux oui, ils en chient, regardez-les ! C'est moi le plus vieux des trois et je suis frais comme un gardon, et eux, ils ne peuvent même plus souffler.

— Je ne sais pas si on est frais, dis-je en glissant un coup de coude sur le côté du ventre de Patrick, mais sûr, on va vite boire bien frais, hein, qu'est-ce t'en penses Patrick ?

Pour toute réponse, j'entends un souffle court, mais rieur.

— Si vous voulez boire frais, c'est... c'est pas gagné, s'exclame Alain du haut de l'escalier, la glacière est déjà tiède et le seul bar, hein, il est... est fermé.

Il est bientôt dix-huit heures, et si l'eau est tiède, l'air est presque chaud. Cenves est normalement notre lieu de repos pour la nuit, mais :

— Il est encore tôt pour s'arrêter, déclare tout à coup Michel, on peut encore marcher une heure.

Je me tourne vers Patrick :

— Moi je suis d'accord.

— Moi aussi, d'autant plus qu'à l'heure qu'il est, on ne sait pas encore où l'on va dormir.

— Si, intervient Alain, on a trou... vé un hôtel à Tramayes... hein, et même que... le patron... y peut nous faire à manger, wouii... hein ?

— Il faut être là-bas à quelle heure ? demande Michel.

— Je… je sais pas, dit Alain en haussant l'épaule, le regard entre Michel et Daniel.

— Vous pouvez rejoindre le col de Boubon, vous y serez dans une heure, intervient Daniel, sûr de lui, l'aplomb autoritaire de la moustache confirmant ses dires. Comme ça, vous serez au col vers dix-neuf heures et à table à l'hôtel à Tramayes avant vingt heures.

— J'irais bien marcher une heure avec eux, déclare tout à coup Nicole.

— Oui, c'est une bonne idée, répond Daniel, prend tes deux bâtons de marche dans le coffre et part avec eux. Alain et moi, on reprend la voiture et l'on vous retrouve au col.

— Bon, à tout à l'heure, dis-je en regardant partir les deux grands frères, rendez-vous au col de Boubon, on boira un whisky là-haut en guise d'apéritif.

Mon jeu de mots fait un flop, il faut croire que les frangins ne doivent sûrement boire que du scotch, et non pas du bourbon !

Après cette dernière plaisanterie, nous revoilà en marche avec un convive de plus, notre chère et gentille belle-sœur Nicole. Elle est plus âgée que nous. Elle est petite, mais elle tient bien la route et s'accroche à ses deux bâtons de marche, dont les pointes martèlent le sol dans un petit bruit régulier de fer sur l'asphalte. Ainsi, on sait toujours où la situer, impossible de la perdre. Trêve de plaisanterie, Nicole garde très bien la cadence, malgré la route qui s'élève, et nous marchons tous quatre de front sur ce chemin communal goudronné où, pour l'instant, aucune voiture ne circule. Le goudron s'efface bientôt pour laisser place aux gravillons puis le chemin se rétrécit, il devient mélange de pierres cabossées et de mauvaises herbes piétinées.

— Hé, regardez !

Patrick vient de découvrir quelque chose d'important, sûrement très important vu l'intonation vibrante et joyeuse du

frangin qui montre du doigt, planté là sur le tronc d'un grand bois mort, le premier logo de coquille Saint-Jacques trouvé sur notre chemin :
— Ah, ah, on est sur la bonne route !
— Pourquoi, tu en doutais ?
— Non, mais c'est bien de savoir qu'on est sur la bonne route, ironise Patrick.

C'est vrai que de voir une coquille de Saint Jacques de Compostelle sur notre parcours nous met du baume au cœur. D'un coup, nous avons l'impression d'approcher rapidement de Saint Jacques, pourtant...

Nous laissons derrière nous une dernière image du village de Cenves en contrebas, puis c'est un bois de pins tapissé de fougères qui nous accueille. Un quart d'heure plus tard, presque à la sortie de la forêt, nous voyons venir face à nous, Daniel et Alain, le nez par terre, l'index du grand frère touchant presque le sol.

— Qu'est-ce que vous avez trouvé ? dis-je en m'approchant des deux frères.
— Tu ne vois pas, là, devant tes pieds !
— Ah oui, des pas de sangliers. Oh, puis encore là, oh, puis là, puis là aussi.
— Ils sont tout frais.
— Ça doit être un bon territoire de chasse.
— Justement, crient en chœur Alain et Daniel, venez voir là, plus loin, on va vous montrer quelque chose.

Cent mètres plus loin, Daniel, retrouvant tout à coup ses quinze ans, s'élance à l'assaut d'un mirador de chasse. Et voilà le défilé de grands gamins, prêts pour un nouveau tir aux pigeons imaginaire. C'est l'aîné de soixante-dix ans, toujours partant, qui montre l'exemple. Alain, en raison de son handicap, et Nicole, par discrétion, restent spectateurs. Après ce petit moment de franche gaîté en famille, nous reprenons notre route tous ensemble pour retrouver, quelques centaines de mètres plus loin, le col de Boubon, fin de notre étape du jour. Après une rapide évaluation j'informe les frangins :

— Nous avons parcouru à peu près vingt-cinq kilomètres aujourd'hui. C'est bien, pour une première mise en jambes de l'année, d'autant que nous venons de nous farcir quelques belles grimpées : une partie de la montée de la Roche de Solutré, puis la première montée sur les monts du Mâconnais, ensuite, la grimpette pour rejoindre Cenves, et enfin, on vient de se taper le col de Boubon.

— On a… a bien mérité l'apéro à Tramayes, plaisante Alain.

Daniel et Nicole nous quittent ici pour rejoindre leur maison à La Roche Vineuse. Le reste de l'équipe s'engouffre dans la voiture d'Alain pour rejoindre l'hôtel de Tramayes, à quelque sept kilomètres de là. Il est dix-neuf heures, le ciel est bleu marine à l'est, orange à l'ouest, la bonne humeur toute rose, et la Citroën file sur la route, entre grosses Charolaises et grasses prairies.

C'est un joli petit hôtel sobre et rose aux volets blancs qui nous attend au centre du village de Tramayes. Le repas a lieu à vingt heures, et seul un autre couple vient s'attabler dans cette petite salle de restaurant, où l'on nous sert un bon menu du jour. Nous regagnons rapidement nos chambres et nos lits. À dix heures du soir, tout le monde dort.

****

Un chemin trop fragile

Ce matin le ciel est bleu, encore plus bleu que la veille, de ce bleu cristallin qui me laisse imaginer que la journée entière sera sans nuage, que les oiseaux chanteront à tue-tête du matin jusqu'au soir, que le vent n'existe plus, que la pluie non plus et que la vie est éternelle. On se lève tous de très belle humeur, et après un copieux petit-déjeuner, nous montons dans la Citroën pour rejoindre le sommet du col de Boubon. Il est huit heures et demie.

Arrivés en haut, nous reprenons sacs à dos et bâtons. Nous admirons le bocage du Charolais, où les collines boisées et verdoyantes s'évanouissent à l'Ouest. Plus au Sud, les montagnes du Lyonnais nous attendent et nous inquiètent. À quelques mètres de nous, dans une grande prairie qui dévale la pente, quelques moutons nous guettent derrière le grillage, prêts à déguerpir au moindre geste brusque. Un petit agneau se planque derrière une mangeoire en bois, ne montrant que le haut du crâne et les oreilles, comme un enfant qui joue à la cachette, immobile derrière un banc, persuadé de ne pas être repéré. Laissant derrière nous cette belle image pastorale, nous amorçons la descente sur Arroux par un chemin caillouteux, puis nous dévalons une forêt où les noisetiers et les taillis sont habillés de feuilles au vert tendre, où les chênes et les foyards tendent leurs bras encore nus vers le soleil déjà chaud. En approchant du village, nous retrouvons une route goudronnée. Michel et moi marchons côte à côte.

— Supprimer… suivant … suivant … supprimer…

Je me retourne. Patrick suit, le téléphone collé à l'oreille.

— Suivant… suivant.

— Mais qu'est-ce qu'y fait ?

Michel hausse les épaules :

— C'est son '' bordel'' de téléphone. Patrick garde et efface ses messages sans se servir du clavier.

Un chemin trop fragile

— En fait, il cause au téléphone ?
— Non, il cause avec le téléphone.
— Ben moi aussi quand je cause au téléphone je cause avec le téléphone.
— Non mais, tu le fais exprès !
— Oui, toi aussi.

Après cet échange de jeux de mots, Michel et moi poursuivons notre discussion sur l'utilité ou les méfaits de l'avancée des nouvelles technologies. Patrick, quelques mètres derrière nous, continue sa discussion avec son téléphone. La fraîcheur du matin glisse sur nos épaules et cette conversation entre Michel et moi nous anime et nous transporte alors que nous marchons d'un bon pas, en pleine nature, entourés de verdure et de senteurs sauvages. Pas sûr que le dialogue entre Patrick et sa machine soit aussi passionnant. Ce qui manque à Patrick, à cet instant précis, c'est le sourire et la bonne humeur de son interlocuteur.

Il est dix heures et nous sommes toujours sur le GR 76 qui doit rejoindre Beaujeu. Nous entrons dans le village d'Ouroux. Devant la première maison, une petite vieille se penche difficilement sur son lopin de terre, s'échinant sur quelques mauvaises herbes. Le pont à l'entrée du village se courbe pour laisser couler la Grosne orientale, avec son eau d'un bleu vif et remuant, si différent du bleu doux et paisible de ce ciel d'avril. Mais ce qui nous surprend, ce sont ces inscriptions à même le macadam à divers endroits des routes du village : *« NON A LA MÉTHANISATION... PAS D'USINE DE MÉTHANISATION PROCHE DE NOS MAISONS... etc. »*. Des banderoles qui se balancent au-dessus de la rue principale, affichent les mêmes revendications.

Nous retrouvons Alain, qui vient de sortir de son véhicule garé devant le café du village. Il est dix heures, nous entrons tous les quatre dans le bistrot. Nous nous asseyons à la première table, vers la porte d'entrée. Le patron est derrière son bar. Une dizaine de villageois, installés à table devant leurs verres de blanc, coupent leur conversation dès notre entrée, nous dévisagent. Nous sommes les étrangers, les intrus. Seul un gros chat roux, couché sur un tabouret de bar, la queue pendant dans le vide, les yeux mi-clos, semble nous accepter.

C'est le vrai bistrot de campagne comme il n'en reste plus guère, avec une peinture des années soixante. Il y a là un zinc en formica paré de plaintes plastifiées façon faux marbre, des tabourets de bar en simili bien trop brillants pour laisser croire au cuir, de nombreuses coupes sportives en alu trompant l'admirateur derrière l'improbable clinquant de l'argent, un tableau de liège où sont piquetés d'innombrables papiers de petites annonces, tellement jaunis qu'ils semblent de la même époque que le papier peint de ce café.

— Qu'est-ce que je vous sers ? dit enfin le patron, tout en faisant semblant d'essuyer le coin de son bar d'un torchon aussi gris que son maillot.

— Quatre cafés, s'il vous plaît.

Nous entamons alors une conversation entre nous quatre, à voix basse, se sentant épiés.

— Tu ne vois pas qu'ils nous prennent pour des techniciens qui sont venus dresser les plans de l'usine de Méthane ?

— Parle plus doucement, murmure Michel en se penchant vers moi, ils essaient d'écouter ce qu'on dit.

Patrick sourit, lorgnant du côté des tables où sont assis les villageois toujours silencieux. Alain rit aussi, cachant sa tête au ras de la table pour ne pas se trahir. Le patron pose les cafés sur notre table, nous regardant d'en haut, le visage rond et rouge, les yeux curieux se fixant tour à tour sur chacun d'entre nous. On a l'air de quatre écoliers, prêts pour une fugue, devant le maître d'école méfiant et sévère. Tout à coup Patrick se lève.

— Où est-ce que vous allez ? intervient le patron d'une voix forte et sévère, claquant son torchon gris sur son épaule.

— Je... je vais chercher des croissants à la boulangerie à côté.

Michel, Alain et moi baissons la tête pour ne pas montrer nos rires étouffés. Le maître de l'établissement vient d'engueuler franchement Patrick.

— Pour les croissants, faut passer par-là, indique le patron en pointant du doigt une porte intérieure à côté du bar, et toujours de cette voix imposante.

En fait, on vient de comprendre que la boulangerie contiguë fait partie du même établissement. Alors Patrick, tout penaud, passe devant le bar, devant le patron, devant les villageois attablés, et s'aventure dans la pièce d'à côté.

— Ce n'est pas la peine d'aller, poursuit le patron, fixant Patrick d'un œil méchant, je vais vous les apporter vos croissants, combien en voulez-vous.

— Comme les cafés, quatre, répond Patrick.

— Ben je ne peux pas deviner, insiste le patron.

Bien entendu, le fou rire discret se poursuit entre les frangins, d'autant que Patrick vient de nous rejoindre à table, l'air à demi rassuré.

— L'est pas commode le patron, nous murmure-t-il, secouant la main en signe de désaccord.

— Tiens, le voilà qui revient avec ses croissants, on dirait qu'ils sont brûlés, dis-je tout bas, sûr de ne pas être entendu du patron qui s'avance vers nous avec sa corbeille de viennoiseries.

— Comment ça, y sont brûlés mes croissants ?

— Non, non, ils sont beaux vos croissants, répondons-nous en chœur, un brin hypocrites.

Là-dessus, le patron pose gaillardement la corbeille sur notre table, laisse encore claquer son torchon sale sur son épaule et retourne aussitôt à son bar.

— T'es con Jean, murmure Michel, tu parlais trop fort, il t'a entendu. Encore un peu, et il nous foutait dehors.

— Le pire, dis-je, il va falloir bouffer ses croissants brûlés, sinon il va mal le prendre.

Et j'ajoute, tout en avalant ma tasse de café et mon croissant bien brun :

— J'ai envie de le brancher sur l'affaire de l'usine de méthanisation, je suis sûr que je vais l'énerver, on va encore bien rigoler.

— Moi, je n'essaierais pas, répond Alain, un sourire ironique au coin des lèvres.

Je regarde malicieusement le patron debout derrière son bar, qui essuie des verres de son torchon gris.

— C'est quoi toutes ces inscriptions à travers le village et qui parle d'une usine qui va s'implanter ici ?

— Tu parles des cons ! Ils ont décidé de faire une usine pour transformer la bouse de leurs vaches en méthane. En plus, les paysans, ce n'est même pas ceux du village. Y z'ont qu'à la garder chez eux, leur merde ! On va pas se laisser faire, hein Marcel ?

Mais le villageois interpellé ne répond rien. Il jette un œil sur nous, puis fourre le nez dans son verre de blanc. Le patron poursuit, le regard posé sur nous :

— Et vous les gars, qu'est-ce que vous en pensez ?

Dix secondes de réflexion s'imposent à nous. Soit nous approuvons le projet, nous ouvrons donc une polémique et nous nous attirons les foudres du patron et des villageois, dont le silence commence à peser. Ou alors, nous approuvons le patron et ses ouailles, jouant les hypocrites. Je décide de botter en touche :

— Pas facile de vous répondre, on ne connaît pas le projet.

— Eh bien, le projet, je viens de vous l'expliquer, renchérit à haute voix le patron, qu'est-ce que vous dites si je l'envoie chez vous, tout ce purin et ses odeurs ?

Puis il se tourne vers un de ses fidèles clients :

— Hein, qu'est-ce t'en pense Marcel ?

Mais Marcel garde le nez dans son verre, l'air désabusé, comme tous ces amis assis autour de la même table.

Afin d'éviter que la conversation ne tourne au vinaigre, je décide de me lever et m'approche du comptoir pour régler l'addition. Les frangins sortent déjà du bistrot, marmonnant un au revoir discret. Le patron tente de poursuivre son argumentation, mais j'évite soigneusement de ne plus répondre, et après avoir payé, je quitte le bistrot à mon tour.

Après cet étonnant moment passé dans ce village de discorde, je me dis qu'il est décidément agréable de traverser la France si lentement, calme et serein, d'apprécier d'être à l'écoute de l'autre, de sentir ses différences, ses envies, ses joies simples et ses soucis.

À la sortie du village d'Ouroux, mon pas trainant loin derrière mes frères, j'apprécie les bienfaits de la lenteur qui me rapprochent de l'instant présent. Alors mes pensées reviennent sur l'ambiance de ce vieux bistrot de campagne, l'agitation de ce patron contrastant avec le calme de ses clients perturbés dans leur quotidien par l'intrusion de ces quatre touristes, la quiétude du chat roux qui se fiche éperdument de l'odeur du purin et apprécie peut-être encore, à cette heure, couché en boule sur son tabouret, l'arôme du café chaud, du croissant brûlé, du blanc frais, du vieil anis et du tabac froid. Ma tête est pleine de cette contradiction : l'énergie dont notre société a tellement besoin doit-elle être propre, naturelle et économique ? Mais voilà, lorsque je croise sur ma route le concret, je vois des villageois qui ne reconnaissent la vraie et belle nature que lorsque l'on ne la défriche pas, que l'on garde leurs vieilles maisons de pierres, leurs charollais dans leurs prairies, leurs forêts vivantes et giboyeuses, et surtout nul besoin de trop d'énergie pour vivre heureux : le vin blanc, le café et la chaleur du bistrot suffisent pour faire vibrer les cœurs et les corps. Même la bouse de vache laissée là devant la porte du bistrot par quelques charollaises bien insouciantes, laisse traîner une douce odeur qui imprègne les gènes des villageois et nourrit leurs souvenirs.

Patrick et Michel ayant pris de l'avance, j'accélère l'allure dans une longue montée sur un chemin goudronné. Après quelques centaines de mètres, je rejoins les frangins à un carrefour au sommet de la colline. Nous admirons la vue sur le village d'Ouroux. Nous entrons ensuite dans une forêt de chênes et de fayards, sur un sentier de terre qui continue de grimper. Bientôt, nous croisons sur notre route deux hêtres enlacés. Ils restent debout, entremêlés, sans honte, leurs grandes jambes s'élevant parmi d'autres arbres qui les regardent s'embrasser. Mais à regarder de plus près, je vois plutôt une grande dame aux longues jambes lisses et sinueuses, au ventre creux, une tête proche de la jument, avec un œil de bois sombre et sévère. Elle tient un parasol de feuilles vertes d'une main, et de l'autre, une grande flèche de bois mort, m'indiquant la direction à suivre. Elle se laisse photographier, nous poursuivons notre route.

Au sommet de cette colline boisée, le chemin s'élargit puis rejoint la route goudronnée qui file sur le village d'Avenas, tout proche. Sur notre gauche, nous surplombons un magnifique château. Si l'architecture romane n'est pas surprenante, il est plus étonnant, et même plutôt rare, d'admirer un château de haut. Il faut croire que le maître des lieux, en son temps, avait envisagé une tactique bien innovante pour contrer l'ennemi.

La voiture d'Alain est là, au centre d'Avenas, devant la petite église romane du village. Un banc nous tend les bras, on sort le casse-croûte du coffre de la Citroën. Quel bon moment à contempler le paysage environnant, le jambon frais résiste mollement entre les dents et le fromage fond sur la langue. Proche de nous, l'église de pierres taillées surveille la campagne à ses pieds, tout en se laissant caresser par un superbe forsythia en fleurs. Les prairies vertes en contrebas s'étalent entre buissons boutonneux et platanes fraîchement taillés ressemblant à des statues de bois. Cependant, tous quatre assis sur ce banc de fortune à croquer notre plaisir, une note discordante se glisse à nos oreilles : des ouvriers sur le toit d'une maison contiguë à l'église, peut-être le presbytère, achèvent la pose de tuiles de rive dans un bruit désagréable de perceuse et de meuleuse. Après avoir avalé notre café, nous visitons tous les quatre l'église dont les portes sont ouvertes, ce qui nous surprend agréablement, car la chose est de plus en plus rare. En effet si la maison de Dieu est ouverte à tous, le bon curé ferme souvent la porte, contraint par une société dévoyée. L'intérieur est sombre comme le mystère, mais le décor est touchant comme la foi. C'est un mélange de bois sculpté : cette Vierge et l'Enfant Jésus dans ses bras, ces pierres ciselées avec le Christ, Saint Louis et les douze apôtres, modelés sur la face de l'autel. Il s'agit là d'une œuvre datant du XIIe. Ce n'est pas moi qui le dis, c'est écrit sur l'écriteau.

Nous reprenons notre route, encore barbouillés du repas froid et imprégnés de catéchisme. Le chemin de terre nous fait crapahuter en plein bois parmi les chênes dénudés et les pins parfumés. Après une heure de marche, nous parvenons au sommet du col de la Croix Callet à plus de huit cents mètres d'altitude. Le ciel est toujours aussi bleu, mais nos jambes de plus en plus lourdes. Une halte s'impose pour boire de l'eau, et encore de l'eau. Qu'il fait chaud en ce mois d'avril ! Une petite demi-heure plus tard, nous sortons du bois et découvrons un superbe panorama avec, au loin, les monts du Lyonnais et plus près, la vallée où la ville de Beaujeu se cache encore. On la devine là, si près, à nos pieds, mais il reste sûrement encore beaucoup de chemin avant d'aborder ses premiers quartiers.

— Hep les gars, Daniel vient de m'appeler, s'exclame tout à coup Michel, il a du mal à croire que l'on soit déjà près de Beaujeu !

Je fais la moue :

— Hum, t'as triché un peu… on n'est pas encore arrivé à Beaujeu.

— Oui mais on va bientôt voir la ville, alors je lui ai dit que l'on serait arrivé d'ici une bonne heure.

— Tu rigoles, t'as vu toute la descente qu'il nous reste à faire avant d'arriver !

— Bof, on s'en fout, il ne va pas venir vérifier.

Mais après encore une heure de marche, tantôt sur le plat, tantôt en descente, il n'y a toujours pas de Beaujeu en vue, et ce chemin qui paraît si long ! Nous avons côtoyé un centre équestre, caressé une jument et son poulain qui cherchaient dans notre main un vieux croûton de pain, effleuré des épines blanches, signe du printemps, apprécié la couleur des premiers cerisiers en fleurs et pendant tout ce temps, la plissure des champs et les grandes haies chargées de bourgeons nous cachaient l'horizon. Malicieusement, Beaujeu se dérobait toujours et prenait son temps.

On croit descendre régulièrement pour vite s'approcher de la ville, mais tout à coup, le GR oblique à droite et s'élève en bordure de rochers.

— On dirait qu'on se trompe de route ? interroge Patrick.

Michel et moi tournons la tête en direction de la vallée. Nous ne voyons pas d'autres chemins, et la pancarte indique bien le GR 76 sur la droite. Nous regardons la carte. Pas de doute, nous sommes sur la bonne route.

— On continue, décide Michel.

Michel a raison. Deux cents mètres plus loin, nous voilà de nouveau dans la descente, direction la vallée. Il semble que nous ne soyons plus très loin du lieu de rendez-vous avec Alain, c'est-à-dire au hameau « Médry ». Nous nous assoyons tous trois dans l'herbe en bordure du chemin et déplions la carte. En effet, encore deux ou trois cents mètres et nous serons au rendez-vous.

Nous repartons, l'enthousiasme en bandoulière, à la rencontre d'Alain et du casse-croûte des « quatre heures ». Au détour d'une haie, nous apercevons la ferme de Médry. Comme j'ouvre la marche, les deux frangins suivant à distance, c'est moi qui encaisse le choc. À l'angle de la ferme, dans un bruit de chaîne qui se déroule, une porte d'étable s'ouvre brusquement, poussée par les deux grosses pattes d'un chien noir et musclé, aux dents blanches et saillantes, qui s'élance sur moi en aboyant férocement. Miracle ! La chaîne résiste à la forte pression et retient le fauve, dont la voix s'étrangle sous le collier de cuir. Alors l'animal balance deux pattes dans le vide et le museau du molosse frôle ma cuisse. La scène fut si rapide que je n'ai pas eu le temps de crier, mais le cœur qui galope dans ma poitrine me rappelle ma peur et ma grande frayeur. Passé l'instant délicat, je me retourne pour voir la réaction des frangins. Le chien est là sur le chemin goudronné entre eux et moi et continue de japper. Cependant la surprise passée et constatant que l'animal reste bien attaché, j'invite Michel et Patrick à me rejoindre en contournant le chien. Les frangins restent paralysés et fixent désespérément la bête, persuadés que s'ils passent à côté de l'animal, celui-ci, agité et nerveux, pourrait casser sa chaîne.

Enfin ils se décident à avancer, rassurés par la présence de trois gaillards, sûrement les fermiers, cinquante mètres plus loin sur le chemin goudronné qui serpente entre deux corps de ferme. Rassurés, peut-être… mais il n'empêche qu'aucun des trois paysans n'a réagi lorsque le chien a surgi de l'étable pour me sauter dessus.

Passé le moment de frayeur, nous voilà au niveau des trois gaillards, la bonne soixantaine passée chacun. Le premier nous tourne le dos, penché sur un chevalet, la tronçonneuse à la main, le deuxième présente un morceau de bois sur le support afin de procéder à sa coupe, le dernier ramasse les morceaux de bois avec une fourche pour les déposer sur un petit chariot à quatre roues, gros comme un jouet d'enfant. Tous trois, déguisés en bûcherons, nous arrachent un sourire, tant la scène est ubuesque. Nous traversons rapidement le passage de ce corps de ferme, sans dire un mot aux paysans du fait du bruit infernal de la tronçonneuse. Alors nos émotions s'éloignent, comme le chemin derrière nous. Il vient de nous laisser une grande frayeur, mais c'est maintenant un immense rire.

— Ah, ah, tu as vu ! s'exclame Patrick, trois pour couper et ranger ces quelques morceaux de bois.

— T'as vu la charrette pour traîner le bois, ça doit être la carriole du petit-fils ! ajoute Michel.

— Avec un jouet comme ça, ils doivent faire un sacré paquet de voyages, répondis-je ? À peine ils peuvent mettre quatre bouts de bois dedans.

— Et puis une fourche pour ramasser les bûches, quelle idée !

Alors nous continuons d'avancer sur ce chemin, le rire sur notre visage, discutant toujours de cette scène comique des trois paysans bûcherons. Nous sommes peut-être moqueurs, mais là, pour le coup, le spectacle que nous venons de vivre valait vraiment un bon numéro de clown.

Nous avions prévu de retrouver Alain à Médry, mais le frangin n'est pas là. Impossible de le joindre sur son portable, ça ne répond pas. Alors nous continuons notre descente sur le chemin goudronné direction Beaujeu, qui ne doit plus être très loin. Brusquement, au détour du chemin, nous apercevons le vignoble du Beaujolais en contrebas et une grande route bordée des premières maisons de la ville.

En approchant de la vallée, les lilas en fleurs nous aguichent. Michel cueille une fleur mauve et la porte à son nez. J'imagine la douce sensation de respirer ce délicat parfum de printemps. Il passe la fleur à sa boutonnière puis poursuit son chemin en sifflotant. Sous ce beau soleil d'avril, je regarde mes deux frères, leurs mines épanouies, heureux de leur journée de marche sous ce soleil printanier. C'est avec une émotion agréable que je côtoie, en ces doux instants, mes deux frangins, en pensant que l'an dernier encore, j'envisageais de marcher seul sur les chemins de France et que, sans trop le vouloir, j'ai vu Patrick et Michel désireux de m'accompagner. Je ne regrette pas aujourd'hui d'avoir accepté, ils paraissent si heureux !

C'est maintenant la halte pour une dernière pause avant Beaujeu, dans un hameau qui surplombe la ville. Nous nous assoyons tous trois sur la margelle d'une fontaine et contemplons, en face de nous, une magnifique et grande maison bourgeoise, entre vignes et pelouses, avec ses quinze fenêtres bleutées flanquées de volets verts, qui surveillent piscine et bassins et contemplent la vallée. On dirait un hôtel, mais il n'y a pas d'enseigne.

— Non, ce n'est pas un hôtel, confirme le propriétaire des lieux qui se trouve là, et à qui je pose la question. C'est un lieu de réception où nous accueillons des groupes pour des séminaires, banquets, mariages, etc. et nous sollicitons les traiteurs de la région.

— Eh bien, ils en ont de la chance vos jeunes mariés, de venir faire la fête dans un coin aussi agréable !

Sur ce compliment de trop, voilà notre monsieur parti dans une conversation sur la beauté du site, l'intérêt de son affaire, et mille autres détails sur sa majestueuse maison. Ce long monologue nous permet d'achever notre goûter, puis de saluer noblement notre gentilhomme et de reprendre notre route.

— Allô, Alain, ah enfin !
— Oui, quoi ?
— On arrive bientôt à Beaujeu. On voit les maisons à nos pieds à environ deux kilomètres. On t'attendait à Médry mais on ne t'a pas vu.
— Vous... me faites rigoler ! Je ne pouvais pas monter. La route était trop étroite.
— Alors, on te retrouve où ?
— Je ne sais pas, je suis dans Beaujeu.
— Où ?
— Au centre.
— Mais la ville, vu d'ici, elle parait tout en longueur. Il est où, le centre ?
— Je ne sais pas, qu'est-ce que vous voulez que... je vous dise.

— Tu vois la grosse grue ? Est-ce que tu es loin. Elle est sur ta droite, sur ta gauche ?

— Ben je…e… la vois pas… la grue !

— Pourtant elle est grande, on ne peut pas la rater !

— Je te dis que je… la vois pas la grue !

— Bon, si on n'a pas de repaire pour se retrouver, on continue de descendre vers Beaujeu, on avisera en bas, Ok.

Mais je n'ai pas de réponse, car Alain a déjà raccroché. Je me tourne vers les frangins :

— Ben il n'a pas l'air content, Alain. On dirait qu'il fait la tronche.

Nous poursuivons notre route en continuant de dévaler la pente qui nous emmène aux premières maisons de Beaujeu. Arrivés dans la vallée, nous marchons sur un sentier bordé d'un mélange de grands buis et de genêts, sentier tellement étroit que nous devons marcher en file indienne et se laisser caresser par les branches basses, tandis que les feuilles hautes nous cachent le soleil déclinant.

Il est dix-sept heures et nous voilà dans un quartier de Beaujeu, tiens justement, au pied de cette grande grue que j'avais indiquée tout à l'heure à Alain. Mais pas d'Alain au pied de la grue. Nous continuons notre route et parvenons, sans trop le savoir, au centre du village et là, surprise ! Nous butons presque sur la Citroën du frangin, avec Alain qui ouvre déjà le coffre de la voiture, nous ayant repérés depuis quelques instants et nous invitant à déposer nos bagages à l'arrière du véhicule.

Mais je perçois cette froideur dans le regard distant, dans le mouvement hésitant, la parole vierge d'un Alain dont la posture ne triche pas. Et pourtant, je regarde le ciel bleu orange, image de douceur et de sérénité, qui nous invite à la joie de vivre. Ces gens de la ville, souriants, parfois sérieux, qui semblent aller. On dirait qu'ils tournent autour de nous, sautent d'un trottoir à l'autre. Deux vieilles debout devant une épicerie se racontent des histoires de vieux. La terrasse du bistrot d'en face est remplie de visages qui s'animent et de visages indifférents, de visages insouciants, d'hommes et de femmes fatigués de leur dure journée ; place à la détente du soir, la rêverie, la bonne humeur. Et nous, les frangins : la joie de vivre, la gaieté, c'était aujourd'hui. Ce soir, nous sommes là, comme trois cons, à se faire la gueule. Pourquoi ?

9 et 10 avril 2014

******

Pourquoi nous sommes-nous quittés fâchés l'an passé ? Sûrement ce contraste entre la solitude du frère handicapé, trop longtemps cloîtré dans son véhicule à l'arrêt au bout d'un chemin à imaginer notre parcours, à espérer que le temps ne sera pas trop long et, d'un autre côté, l'ambiance champêtre des trois autres frangins, toujours ensemble à marcher, tantôt de front, tantôt en file indienne mais toujours à avancer dans la bonne humeur, la gaieté, à s'amuser de rien, de tout, à rigoler des choses moches, à s'émouvoir des belles choses. Et pendant ce temps, Alain attend, Alain nous cherche, Alain organise, Alain finit par « péter les plombs ». Et pourtant cette année encore, il décide de nous accompagner, c'est génial ! L'esprit de famille reste le plus fort et c'est bien ainsi. Merci Alain, bravo Alain.

Nous partons en ce matin d'avril depuis chez Alain, pour rejoindre l'autoroute et parvenir à notre lieu de départ de randonnée à Beaujeu.

À peine arrivés sur place, sans descendre de la voiture, nous demandons à trois messieurs, chaussés de cuissardes, qui marchent en bordure de route, un endroit pour boire un café à la sortie de Beaujeu.

— Suivez-nous, on y va, on vient de lâcher des truites.

Nous accompagnons nos trois vieux pêcheurs, satisfaits de leur alevinage, et nous entrons bientôt dans un ancien bistrot marin, mélange de gris et de bleu, d'odeur de vase et de café. On est pourtant à Beaujeu, c'est la symbiose de nos régions, une parcelle de France marine qui s'invite en Beaujolais, pour apprécier le bon vin rouge et la douceur des collines boisées.

Mais comme il est déjà tard, nous avalons rapidement notre café et quittons le bistrot pour grimper dans la Citroën. Elle nous emmène rapidement vers les hauteurs de Beaujeu dans la commune de Tournissou. Et hop, nous gagnons quatre kilomètres de marche, et surtout nous évitons un dénivelé de trois cents mètres. Certes c'est de la triche, mais chut… personne ne le saura !

Il est dix-heures et nous sommes prêts pour une marche d'environ vingt kilomètres, notre point d'arrivée étant prévu à Chambost-Allières.

Avant de s'élancer sur le chemin, Michel prend le temps d'installer le GPS que nous utilisons habituellement pour repérer les chiens courants sur le territoire de chasse. Le récepteur restera dans les mains d'Alain, l'émetteur accroché au collier se range à l'intérieur du sac à dos de Michel, la courte antenne dépassant du barda. Ainsi, Michel jouera le rôle du chien égaré et Alain, sans fusil, pourra ainsi nous repérer facilement. On fait un essai du matériel. Tout semble OK, « le chien Michel » est à dix mètres.

Alain regarde partir ses trois frères avec leurs pantalons de toiles blancs, leurs polaires ouverts, leurs casquettes beiges identiques aux logos débiles. Il est dix heures trente, les nuages s'amusent à bousculer le ciel bleu. Beaux joueurs, ils se glissent bientôt derrière les collines, s'effilochent dans les branches de pins et de sapins et laissent jaillir de longs rayons de soleil jaunes et chauds.

Le sentier escarpé court à travers bois pour rejoindre le GR 76, qui se trouve au pied du mont Tournissou. Nous y voilà. C'est un croisement de chemin de bois. Nous prenons le GR à droite. Celui-ci longe la crête des Monts du Beaujolais. Après une longue marche sous les pins, sapins et feuillus sans feuilles, le chemin sort enfin du bois et nous laisse, sur la gauche, un paysage superbe. Nous dominons la vallée de la Saône et repérons facilement Belleville et Villefranche sur Saône. Nous devinons la rivière, lointaine, sage et discrète, qui se cache derrière les rideaux d'arbres en fleurs et coule sous les prés, comme des draps verts, telle une demoiselle pudique. Au loin, de gros nuages sombres détrônent la majesté des Alpes. Nous continuons de grimper parmi ce mélange de résineux et de feuillus et, à l'approche du col de la Croix Marchand, le sentier se fait de plus en plus raide. Il est midi et demi et nous arrivons enfin au sommet, sur la route goudronnée.

Le véhicule du frère aîné est là, au bord de la route, la voiture d'Alain également. Il était prévu que Daniel et Nicole viendraient nous retrouver pour le déjeuner du premier jour. Le coffre de la Citroën grand ouvert est une invite au repas. Alors que je suis encore à cinquante mètres des voitures, j'ouvre la conversation :

— Y a longtemps que vous attendez ?

— Eh oui, au moins vingt minutes, répond Daniel, debout devant sa voiture, les mains sur la fermeture éclair de son gilet afin d'ajuster celui-ci, car le vent souffle fort au sommet de ce col.

Alain est là, qui farfouille dans le coffre de sa voiture. Michel se tourne vers lui :

— C'est peut-être pas la peine de sortir le repas tout de suite, l'endroit ne casse rien et surtout il y a trop de vent, on serait mieux un peu plus loin.

— Moi je suis d'accord de continuer, dit Patrick.

Je m'adresse alors aux conducteurs :

— Le col de la Croix Rosier est à deux kilomètres d'ici, on se retrouve là-bas ? Vous pouvez vous y rendre, la départementale y passe.

Nous voilà tous trois à endosser nos sacs à dos et, courbés sur nos bâtons, nous repartons d'un bon pied. Il est pourtant déjà treize heures et le repas est encore loin. Alors nous accélérons l'allure et traversons rapidement la forêt par un sentier escarpé. Bientôt nous parvenons sur un sommet sauvage et rocailleux, où des genêts en fleurs se mêlent aux roches blanches et pointues, aux touffes de fougères encore jaunes. Depuis cet à-pic, la vue sur les montagnes du Beaujolais est splendide. Tant pis pour les autres frangins qui attendent, nous prenons le temps d'une petite pause, assis sur les roches, nos regards perdus vers le sud, les vallons, les vignes, la brume.

Après quelques instants de rêverie, et comme nous surplombons la route départementale du col de la Croix Rosier, nous descendons rejoindre les frangins qui nous attendent. Nous retrouvons bien vite Nicole, Daniel et Alain. L'air dépité, Alain lève son bâton pour nous montrer la direction d'un dépotoir à quelques dizaines de mètres de là. Mais ce que je prends pour un dépotoir est en fait un ancien camping désaffecté, envahi de broussailles et de jeunes arbres enchevêtrés. Parmi ces ruines s'entassent quelques carcasses de voitures mêlées à de vraies automobiles ; des éboulis de bâtiments se confondent à d'authentiques cahutes, laissant imaginer un hameau de gitans.

— On ne reste pas là, hein, qu'est-ce que vous en pensez ? interroge Alain.

— Oui, t'as raison.

Je suis d'accord de poursuivre notre chemin, le coin n'étant pas très appétissant pour notre déjeuner sur l'herbe. Alors, malgré l'heure tardive et la bonne bouffe si proche, nous continuons notre marche jusqu'au col de Montmain, traînant trois kilomètres de plus dans les jambes. Il est quatorze heures à notre arrivée et toute l'équipe s'affale sur des billes de sapins en bordure de route, les glacières à nos pieds.

Après un rapide repas, nous repartons tous les trois sur ce GR 76 qui continue de grimper, laissant Nicole, Daniel et Alain à la vaisselle.

— À tout à l'heure, on a au moins deux heures à travers bois. On vous retrouve du côté du Vanel. On a toujours notre collier émetteur, on compte donc sur Alain pour nous repérer, dis-je en rigolant.

Nous repartons sous un beau soleil, lequel nous autorise à retirer nos pulls, vite glissés dans les sacs à dos. Nous continuons sur le sentier entre l'ombre et la lumière dans un chemin de forêt doux et agréable, loin des routes fréquentées, en compagnie des mésanges, de leurs trilles entraînants, des pigeons ramiers qui réclament l'amour entre langue et palais, mais s'envolent dans un claquement d'ailes puissant à l'approche de nos pas barbares, du coucou qui chante et chante encore de sa musique d'horloger.

La traversée de la forêt de la Pyramide est mélodieuse et j'entends devant moi Michel siffler comme le passereau des beaux jours. Le col de la croix Desplaces est enfin atteint et il semble que ce soit le point culminant de notre parcours d'aujourd'hui, à environ huit cents mètres d'altitude. Là, une petite pause bien méritée est unanimement appréciée. Le coin est boisé, inutile donc d'apprécier la moindre vue depuis ce sommet. Tout ce que nous remarquons est cette fameuse croix en bois, toujours là, à chaque sommet de col. Quelques mètres plus loin, Michel pose son bâton de pèlerin et sa casquette dans l'herbe, se met à quatre pattes, la face contre une dalle fichée en terre et grosse comme un kilo de sucre de quinze kilos. Il essaie visiblement de déchiffrer une inscription illisible sur cette stèle et nous repartons subodorant une rafle de maquisard ou un accidenté des grands chemins.

Après avoir regardé notre carte nous quittons le GR en bifurquant à droite. Nous croyons avoir atteint le sommet, mais en fait, nous continuons de grimper durant deux ou trois cents mètres pour arriver sur un large layon où le soleil se fraye un passage dans une jeune sapinière et semble nous montrer le chemin. Mais bientôt, fouillant des yeux le taillis devant moi, je m'inquiète :

— Hé les gars, y a plus de chemin ! Puis je me retourne vers les deux frangins, les interrogeant du regard :

— On s'est gouré ? questionne Patrick.

À regarder Michel, celui-ci semble décontenancé aussi. Il reste sur place, les bras le long du corps, promenant son regard autour de lui, il finit par m'interpeller :

— Regarde voir ta carte, on ne doit pas être sur la bonne route.

Mais à bien examiner la carte, nous sommes sûrs de notre chemin. Sauf que, normalement, un sentier devrait se trouver là sur notre gauche. Mais après quelques allers et retours, il faut se rendre à l'évidence, il n'y a que de la bruyère, des petits sapins, des genêts et surtout, comble de tout, beaucoup de ronces.

— Tant pis, dis-je, on y va, on passe à travers le fourré, on va bien retrouver le sentier quelque part plus loin.

Alors nous amorçons sur notre gauche une descente prononcée à travers les ronciers qui, par endroits, arrivent à hauteur des cuisses. Il faut lever les pieds très hauts pour écraser les ronces à chacun de nos pas et notre balade se transforme vite en galère. Nous sommes constamment en déséquilibre entre ronces, branches mortes enchevêtrées, toujours sur une pente ardue, et nous manquons de tomber à chaque instant. Enfin, le dévers est moins prononcé et les ronces se font plus rares. Nous en profitons pour souffler un peu. Mais voilà de nouveau que la végétation se fait plus dense, la déclinaison du terrain plus dangereuse. Et maintenant les premières orties de l'année se mêlent aux vieilles ronces de l'hiver. Il ne manquait plus que ça ! Malgré les difficultés j'essaie d'accélérer l'allure pour me défaire au plus vite de ce mauvais pas, au risque d'une belle roulade dans les épines. Patrick, plus haut, loin derrière, joue la prudence. Michel, fidèle à son tempérament évite les excès et temporise.

Enfin je coupe un chemin blanc et j'en profite pour prendre une photo en attendant les deux frangins, histoire de me rappeler cet endroit infernal du parcours. Bientôt je vois arriver Michel, puis deux minutes plus tard Patrick se balançant sur du branchage souple, en déséquilibre, son bâton devant lui fiché en terre parmi les ronces, seul élément solide dans son entourage sur lequel il peut compter pour espérer éviter la culbute. Bravo ! Il a évité la chute et arrive aussitôt, tout sourire auprès de nous, content de retrouver la terre ferme et surtout un chemin libre et sans ennemi. Ayant retrouvé un passage, nous sommes bien décidés à ne plus le quitter. Néanmoins, nous jetons un coup d'œil sur notre position.

— Vous avez vu ? dis-je en regardant la carte. Le chemin à droite remonte d'où l'on vient en faisant un grand lacet et, à gauche, il part dans le massif forestier et rejoint Le Vanel en faisant un autre lacet de plus de deux kilomètres. Si l'on continue de descendre tout droit à travers le bois, il ne reste que quelques centaines de mètres pour rejoindre Le Vanel.

— Mais il est fou ! s'exclame Patrick interrogeant Michel du regard.

— Il est fou, mais il a raison, on va gagner beaucoup de temps.

— D'accord, mais vous descendez devant moi et vous écrasez les ronces pour que j'aie un beau sentier, ah ! ah ! raille Patrick.

Là-dessus nous repartons dans notre folle descente, infirmes sur les branchages, myopes dans les fourrés, cascadeurs vers les fossés, râleurs dans les ronces. Même lors de nos parties de chasse, nous n'oserions pas un tel supplice et si nous flairions un quelconque gibier dans un tel endroit, on y enverrait les chiens qui comprendraient, mieux que nous, qu'il est inutile de s'aventurer dans un tel traquenard. Après une vingtaine de minutes de dingue, nous voilà enfin délivrés de ce piège et nous retrouvons notre chemin blanc qui, pendant que nous combattions la forêt, contournait très habilement la nature sauvage et traçait quelques lacets pour s'approcher enfin de nos pas. Il nous invite maintenant à l'accompagner jusqu'à la civilisation. Nous continuons donc à descendre ce chemin, plus optimistes et plus souriants.

Un chemin trop fragile

Il est dix-sept heures et nous apercevons enfin la maison forestière. Le temps est radieux, tout comme Nicole, Daniel et Alain, qui nous regardent descendre le chemin. Ils nous attendent en effet au bon endroit, au bon moment, aidé par leur récepteur GPS puisque Michel porte toujours son collier de chasse émetteur dans son sac à dos. Nous venons d'effectuer un dénivelé de plus de trois cent cinquante mètres sur un bon kilomètre de distance, ce qui donne une idée de la descente affolante que nous venons d'achever.

— Vous auriez vu où l'on vient de descendre ! m'écriai-je, secouant la main droite en signe de scoop.

— Je venais justement de dire à Alain que vous étiez cinglés de descendre là, répond Daniel en nous regardant d'un air moqueur.

— Bon, allez ! Depuis l'temps qu'on attend, dis Alain, on va faire « les quatre heures ».

— Tu crois que ça vaut l'coup, dis-je à Michel et Patrick, en regardant l'heure sur mon portable, dans une heure nous serons à Chambost-Allières. Si on s'arrête pour manger, on risque d'arriver tard pour la chambre d'hôte.

— Oui t'as raison, réponds Patrick, et puis d'abord je n'ai pas faim.

— On continue, conclut Michel.

Le reste de l'équipe remonte dans la voiture et nous donne rendez-vous à Chambost-Allières. Alors, sous un ciel agréable et un temps presque chaud, nous poursuivons notre route sur une voie communale jusqu'au lieu-dit Les Eversins, côtoyant les prés de pissenlits en fleurs. La départementale 504 nous emmène en bordure de bois, jusqu'à Chambost-Allières.

Nicole, Daniel et Alain, tous souriants, nous attendent, assis à la terrasse d'un hôtel à la sortie du village.

— Vous en avez mis du temps pour arriver, s'exclame Daniel.

— T'es marrant, dis-je en m'approchant de la terrasse, une bretelle du sac à dos déjà hors de l'épaule, en fin de journée on ne marche pas si vite et puis, les quatre kilomètres qui restaient, c'était plutôt six avec cette sacrée route en lacets à l'entrée du village.

Je pose mon sac sur la table où sont installés les frangins en poussant un grand « ouf » puis m'écroule sur une chaise.

— Mais depuis une demi-heure vous n'avancez pas, insiste Daniel, on a bien vu sur le GPS !

— C'est normal, confirme Michel en s'installant également autour de la table, votre GPS calcule la distance en ligne droite, alors, on était peut-être à un kilomètre de vous, mais avec tous ces lacets, y avait bien trois ou quatre kilomètres à marcher.

— En tout cas, on attend depuis un sacré moment, continue Daniel, on a failli partir à votre rencontre.

Il est dix-huit heures trente et la température commence à se rafraîchir. Nous commandons des bières et la discussion s'anime à propos de notre aventure de la journée, avec la folle épopée de la scabreuse descente dans les ronces, puis nous abordons le sujet du dîner.

— On pourrait manger là ce soir, envisage Alain, nous interrogeant tous du regard.

— Ils font à manger, ce soir ?

— Ben oui, regarde, ajoute Alain, y… y a une affiche sur la porte avec le prix du menu du jour.

— Oui, mais ils ne le proposent peut-être pas le soir, faudrait demander.

— Non ce n'est pas la peine de demander, intervient Daniel, on pense rentrer maintenant car il y a encore de la route, et Nicole est fatiguée. Mais vous pouvez dîner là sans nous si vous voulez.

Mais nous ne voulons pas manger là si nous ne sommes pas tous ensemble. En effet, Daniel et Nicole partis, il manque du monde pour une ambiance de fête, alors nous décidons tous les trois de monter dans la voiture d'Alain, qui nous accompagne comme prévu jusqu'à Grandis, petite ville tout près de là, où nous avions réservé depuis quelques jours notre chambre d'hôtes. Daniel et Nicole partent en direction de La Roche Vineuse.

Très vite, nous repérons la maison d'hôtes grâce au GPS du véhicule. Un couple, la cinquantaine, nous accueille avec courtoisie et nous fait visiter les lieux. Après un rapide coup d'œil à la salle à manger et cuisine, nous devons traverser un jardin en terrasse puis une petite cour avec Jacuzzi extérieur. Tout près de là, se dresse un petit chalet en bois. L'intérieur est coquet, tout en pin, sauf peut-être les draps de coton et les couvertures de laine.

Après notre installation, nous reprenons la voiture pour un dîner froid à quelques centaines de mètres de là, sur une aire de pique-nique situé tout en haut du bourg. De là, la vue est agréable et nous dominons l'ensemble du village et du vallon. Assis sur nos bancs, le trognon de pain et la tranche de jambon entre les dents, nous remarquons notre maison d'hôtes en contrebas. Alors nous plaisantons et sourions à l'idée que les propriétaires nous épient peut-être, nous classant dans la catégorie « gros radins », puisque nous leur avons fait faux bond pour la table d'hôte du soir. Il fallait pourtant bien vider notre glacière et éviter de perdre trop de nourriture. Il fait froid dans ce crépuscule, alors après ce rapide repas sur ce banc, nous retournons vite dans notre chambre et nous nous couchons sans regarder ni télé ni livres, silencieux, fatigués, satisfaits. Il est vingt et une heures.

Un chemin trop fragile

******

Après notre petit-déjeuner chez l'habitant, comme Grandis est excentré par rapport à notre chemin de randonnée, Alain nous emmène à la sortie de Chambost-Allières et nous dépose au lieu-dit Longeval. Ce matin, il fait doux et le temps est nuageux. Il est neuf heures quinze et nous marchons, aux dires d'une pancarte, sur la vieille route. C'est la route forestière du Pully et nous avançons donc en forêt. Mais le long de cette voie, ce qui nous surprend, ce sont ces vieilles maisons mal entretenues avec, souvent, des carcasses de voitures aux abords, des vélos abandonnés, des brouettes cassées plantées là à l'endroit même où la roue a dû lâcher, et encore des herses rouillées, tantôt des faneuses disloquées ou des tonneaux d'huile percés.

Après une heure de route à travers bois, au détour du chemin, nous sommes étonnés de voir dans une petite clairière en contrebas, un étalage de couleurs mal assorties avec la nature, des palettes qui se chevauchent, des barricades en forme de u, un ou deux sapins isolés, des tonneaux en ferraille aux couleurs criardes.

— Qu'est que ça peut bien être ?

Michel fait la moue, Patrick aussi, puis ce dernier se lâche, les yeux fixés sur ce décor atypique :

— En tout cas, ça ressemble bien au style des maisons vues tout à l'heure.

— Mouais ! Je verrais bien un terrain d'entraînement pour des farfelus ou apprentis djihadistes, planqué là en pleine forêt.

Un chemin trop fragile

— Il a peut-être raison, ajoute Michel d'un air malicieux, et vous voyez la disposition des palettes ? Les gars doivent se planquer derrière pour éviter les balles.

— Eh bien, les gars, vu le manque d'impact de balles dans les planches, ils tirent mal, faut encore qu'ils s'entraînent ! ajoute Patrick dans un bel éclat de rire.

Sur cette dernière réflexion, nous reprenons notre chemin. Après notre halte dans ce curieux endroit, presque louche, nous attaquons un fort dénivelé. En pleine forêt, nous parvenons à un col non indiqué sur notre chemin. Là, une petite pause est bienvenue, et Michel en profite pour déplier la carte afin de vérifier notre route. A priori, pas d'erreur de parcours, alors nous continuons sur ce sombre sentier, qui débouche enfin en pleine clarté. Il est près de onze heures et nous n'avons pas quitté la forêt depuis notre départ. Nous profitons donc, dans cette clairière au sommet de la montagne, d'un magnifique panorama. Ce département du Rhône est décidément surprenant, fait de vallons verdoyants et de montagnes boisées, mélange de feuillus encore déshabillés, de jeunes arbres revêtus d'une robe d'un vert tendre, de sapins emmaillotés dans des habits sombres, presque noirs, de fruitiers gorgés de sève et éclatants de beautés roses et blanches. Loin de moi l'image de Lyon avec ses quartiers, ses rues, ses faubourgs tentaculaires qui, dans mon imaginaire, envahissaient l'ensemble du département du Rhône. Cette région est jolie et j'apprécie tout ce qui n'est pas connu de ce département, et là où le chemin de Compostelle m'emmène, je ne verrai ni la capitale des Gaules ni ce fleuve furieux, bien que je traverse le Rhône dans toute sa longueur.

Nous parvenons bientôt sur les hauteurs et traversons le village de Chamelet d'un pas soutenu puis le hameau de Bergeron tout aussi vite. Quelques centaines de mètres plus loin, sur une petite route goudronnée, nous longeons une belle maison isolée faite de magnifiques pierres taillées, d'un toit neuf aux petites tuiles d'ardoises coquettes, aux chéneaux de cuivre, entourée d'un mur de pierre aux joints d'un crépi jaune d'or, tout aussi somptueux que cette résidence de vacances. Côté route, une dalle sur deux pieds de marbre est flanquée contre le mur.

La curiosité de Michel et la mienne se rejoignent et nous sautons d'un même élan sur ce banc de pierre pour guetter ce qui se cache derrière ce mur de riche. Nos têtes dépassent juste de l'enceinte, malgré notre échafaudage de luxe, et nous devons appuyer nos avant-bras sur le bord du mur pour se soulever un peu afin de mieux voir. En effet, les abords de la propriété confirment le faste de la maison : piscine démesurée, table de ping-pong sous abris, barbecue géant, tout est prêt pour un week-end de rêve. Mais ce que nous n'avons pas remarqué, ce sont les caméras de sécurité, et nous étions encore à commenter le luxe et la beauté de l'habitation lorsqu'une Kangoo arrive en trombe et s'arrête près de nous. Le bruit désagréable de l'intrus nous laisse le temps de sauter du banc. Un homme sort de la voiture et s'engage rapidement dans la propriété. À travers le portail nous remarquons qu'il prend le temps d'inspecter les lieux. Nous restons là, quelque peu embarrassés, à attendre la suite des évènements.

— Tu crois qu'on a déclenché les caméras en sautant contre le mur ? dis-je, planté là au milieu de la route.

— Sûrement, sinon pourquoi le gars serait là, à tout vérifier, réponds Patrick l'air inquiet, les deux mains posées sur son bâton de pèlerin.

— D'autant qu'il est arrivé à toute vitesse, la maison doit être équipée d'une alarme à distance, ajoute Michel, tout sourire.

C'est vrai que la situation est cocasse, c'est vrai aussi que nous n'avons rien à nous reprocher, et d'ailleurs ce gardien venu de nulle part ne nous questionne même pas et remonte bientôt dans sa voiture, l'air toutefois méfiant.

— Si l'on reste vers cette maison, le gars, il va revenir, il n'est pas rassuré, ajoute Michel.

— On s'en fout, on n'a rien fait de mal.

— Ah, ah, le mec, on l'a dérangé pour rien, y doit être en colère, déclare Patrick.

— Tu crois qu'il est payé à l'intervention ? insinue Michel en souriant.

— Y a qu'à sauter à nouveau sur le mur pour voir s'il revient. Et tous trois à rire, fiers de notre drôle de farce.

Après ce divertissement, nous poursuivons notre route jusqu'au Gutty au pied du col de la croix de Thel. Il est midi lorsque nous arrivons au sommet. Une pancarte nous attend « altitude, six cent cinquante mètres ». De grosses montbéliardes paissent à nos côtés dans un grand champ à l'herbe déjà grasse, en bordure de plantations de jeunes sapins. On se croirait à notre point de départ dans notre Franche-Comté natale, vers nos douces montagnes jurassiennes. Même le ciel gris garde la couleur de nos journées pluvieuses dans le Haut-Doubs. Après une petite pause, les yeux pleins de paysages colorés de fleurs jaunes de pissenlits et de vallons parsemés de sapins majestueux, nous commençons notre descente sur Dième. Le village est bientôt là et la pluie aussi, une pluie fine et douce, presque agréable. Le temps de traverser le village et il ne pleut déjà plus.

Entre deux maisons, nous surprenons un jeune adolescent au garde à vous, tenue militaire complète, mitraillette au poing et dont aucun mouvement ne trahit son impassibilité. Que fait-il là ? Pourquoi cette tenue ? Et malgré notre passage à côté de lui, comment se fait-il qu'il garde tant de calme et de froideur au point de nous mettre mal à l'aise tous trois ? Entre frangins, personne ne dit mot de crainte d'une mauvaise remarque de l'ado, voire d'un geste inattendu. C'est quelque deux cents mètres plus loin que Michel rompt le silence :

— Qu'est-ce qu'il faisait là, ce taré ?

— Sais pas, on dirait une manœuvre militaire, mais c'est bizarre, tout seul et si jeune !

— Un gamin qui passe son temps comme ça, c'est vraiment bizarre, ou alors c'est un détraqué lâché dans la nature, ajoute Patrick.

— Mais est-ce qu'il n'y aurait pas un jeu de bidasses que les jeunes organisent parfois ? Il paraît que c'est la mode en ce moment. C'est peut-être ça, explique Michel.

Nous restons perplexes d'autant que, presque aussitôt, en passant devant un hangar agricole une sirène vomit son cri angoissant et continu. Cela dure et dure encore et nous l'entendons sur plus d'un kilomètre. Y a-t-il un rapport entre la sirène, le drôle de bidasse, l'appel infernal ?

Un coup de téléphone d'Alain : il dit qu'il nous retrouvera le long de la départementale 106, un peu plus loin que Dième. Trois kilomètres après la sortie du village et un ventre qui commence à se plaindre, nous découvrons la voiture du frangin garée sur une place à bois, le long de la départementale. Il est presque quatorze heures, c'est largement l'heure de la pause déjeuner, ouf !

Le repas est rapide, à peine prend-on le temps de s'asseoir sur des billes de bois flanquées là le long de la route, et encore, en ce qui me concerne, je reste debout pour grignoter mon sandwich. Alain ne dit rien, la tête ailleurs, sûrement ce trop long moment seul dans sa voiture à nous attendre. Depuis ce matin il n'a pas vu âmes qui vivent, il doit donc déjà gamberger quant à la longue semaine qui l'attend. Regrette-t-il de nous avoir accompagnés ? Personne n'ose poser la question.

Après une petite demi-heure de récupération, nous repartons tous trois, bien accrochés à nos bâtons de pèlerin. La montée semble rude pour rejoindre les hauteurs des monts du Lyonnais. Malgré la température douce, le temps est incertain, nous avons donc enfilé les vestes de pluie. Puis c'est la grimpée à travers des coupes de bois. Elles nous laissent profiter d'un agréable paysage composé de monts, vallons et fermes isolées, que l'on devine entre forêt d'épicéas au loin et bosquets de genêts plus près de nous.

Après une demi-heure de marche, nous parvenons au sommet et quittons les coupes de bois, pour déboucher sur un champ vallonné dont nous suivons la crête. En contrebas, quelques hameaux dispersés s'accroupissent au pied de plantations de résineux et s'effacent sous un ciel devenu brusquement menaçant. De gros nuages noirs s'avancent au-dessus de nos têtes et semblent se croiser. On craint qu'ils ne s'entrechoquent et que l'étincelle de la collision ne nous tombe sur la tête. Le grondement de l'orage ne nous rassure pas, mais il ne pleut toujours pas. Nous cherchons désespérément un abri au milieu de ce grand champ, car quelques gouttes de pluie commencent à tomber. Mais nous n'aimons surtout pas la ligne à haute tension, que nous suivons depuis quelques centaines de mètres. C'était notre guide depuis plusieurs minutes, car notre chemin ne semblait plus très sûr, et comme cette ligne électrique figurait sur notre carte topographique, cela nous permettait de bien se situer. Voilà donc que notre guide et ami se transforme tout à coup en dangereux ennemi. En effet, le feu du ciel n'aime pas se marier au courant de la terre. Nous accélérons donc l'allure, accompagnés d'une petite crainte dans chacune de nos têtes. Mais le dieu du ciel est gentil, car très rapidement le tonnerre se calme et l'orage file aussi vite que l'éclair. Même pas de pluie sur nos vêtements, juste les restes d'un frisson d'inquiétude qui glisse sur nos corps.

 Il est seize heures et nous parvenons en bas du vallon à Saint-Clément sur Valsonne. Alain est là au centre du village. Il a garé la Citroën devant un restaurant bar épicerie. Nous entrons tous quatre à l'intérieur et commandons chacun une bière. C'est le cadeau du pèlerin, elle est là sur notre table, elle s'offre à nous, suave, fraîche, savoureuse, appréciée, méritée.

 Nous repartons sans plus tarder, car il reste environ quatre kilomètres avant d'arriver à Tarare, notre étape du soir, mais aussi une dernière difficulté à franchir, le col de la Croix Paquet. Après la traversée de Saint-Clément sur Valsonne, nous poursuivons notre route sur la départementale quelques centaines de mètres, puis nous bifurquons à droite sur un sentier escarpé, qui doit nous emmener par le chemin le plus court en haut du col. Comme nous marchons dans un endroit dégagé, nous pouvons tout à la fois admirer et craindre le sommet de la Croix Paquet. Le haut de cette colline paraît si près, mais si haut qu'il fait peur à nos jambes, à notre souffle, à notre moral.

 Et nous avions raison de craindre cette montée. Après vingt kilomètres dans les jambes depuis ce matin, et plus d'une heure de calvaire dans ce col pour à peine un kilomètre de parcours, nous n'avons toujours pas atteint le sommet. Une pause entre deux souffles, un chemin plus pentu à l'approche du but, il semble que nous n'atteindrons jamais le sommet. Nous promenons de temps à autre notre regard, pour admirer les monts du Beaujolais qui nous entourent et envier les vaches charolaises, à nos côtés, qui broutent sereinement l'herbe de la montagne et crapahutent, indifférentes, de leurs jambes musclées, parmi ces prairies si escarpées, mais si douces à leurs yeux.

Victoire ! Le sommet est enfin là, Alain aussi. On est fatigué. Mais à peine avons-nous rejoint la départementale au col de La Croix Paquet, que nous quittons déjà la route goudronnée pour prendre un chemin sur la gauche. Il redescend sur le vallon de Tarare. Il ne nous reste que trois kilomètres et très peu d'énergie. Heureusement, il n'y a qu'à se laisser descendre. Quoique descendre ne soit pas toujours aisé, car d'autres muscles au repos jusque-là, se réveillent douloureusement, maintenant que la pente s'inverse.

Après un kilomètre, le chemin se perd aux abords d'une ferme, où, bien sûr, un chien nous informe de nos futurs désagréments. Tellement fatigués, nous ne cherchons même pas à éviter, ni ferme ni chien, et passons rapidement entre deux bâtiments agricoles, la peur au ventre et un gros chien berger à notre rencontre. Je prépare ma bombe anti-agression. Elle n'est pas nécessaire et c'est tant mieux. Le chien nous renifle. Ni Michel, ni Patrick, ni moi-même nous ne disons mot. Et le gentil chien, pas plus rassuré que nous d'ailleurs, décide de nous suivre et nous accompagne jusqu'à la sortie du hameau, Patrick se surprenant même à caresser la tête du toutou.

Cent mètres après cette ferme, nous continuons à travers les champs verts et jaunes, mélange d'herbes à vache, de fleurs de coucou, de pissenlits et de boutons d'or. Il nous faut un dernier effort pour traverser une barrière à mouton. Nous approchons enfin des faubourgs de Tarare. Je décroche mon portable :

— Allô, Alain ? On est arrivé, tu es où ?

— En plein centre-ville vers la cathédrale. Vous pou… vez me retrouver ?

— Oui, de là on repère la cathédrale. Elle n'est pas très loin de nous. On sera vers toi dans un bon quart d'heure.

— Je vous attends.

Il est dix-huit heures trente et nous entrons dans la ville de Tarare. Le ciel cherche ses couleurs de nuit, le soleil s'incline, la température est agréable.

— D'après Napoléon Bonaparte, Tarare, c'est le « pot de chambre de la France », déclare Michel en nous regardant.

— Ah bon ! Et pourquoi a-t-il dit ça ?

— Sais pas ! ajoute Michel en haussant les épaules.

— Vu de là-haut, le vallon de Tarare ressemble peut-être à un pot de chambre, propose Patrick.

— Ça dépend. Est-ce qu'il parlait d'un pot de chambre vide, ou d'un pot de chambre plein ?

Patrick esquisse un sourire acide, Michel ne veut pas réagir, moi-même je ne sais plus quel sens donner à cette allusion.

Debout sur ce « pot de chambre », on décide de s'asseoir ; Alain peut bien attendre quelques minutes de plus. Mais la fatigue aidant, nous décidons vite de nous relever pour achever ces quelques centaines de mètres qui nous séparent de la cathédrale.

— Dépêcher vous, hein, nous crie Alain, le curé va bientôt fermer.

— Pourquoi est-ce qu'il veut fermer l'église ?

— Ben, je viens de le voir, j'ai... demandé si on pouvait visiter... il m'a dit qu'il fermait dans cinq minutes.

— Il ferme à sept heures ! Il ferme bien tôt, m'écriai-je.

— Ben oui, il a dit que... y... faut qu'on se dépêche.

Alors nous nous engouffrons tous les quatre dans l'église déjà bien obscure. Seule une lumière rouge près de l'autel, présence de Dieu, et quelques cierges allumés au pied de la chaire, présence de la Vierge, apportent les lumières du ciel dans ce silence sombre. De peur d'offenser le prêtre, qui piaffe au seuil de la grande porte d'entrée, par nos prières trop longues au pied des statues de Saint Joseph et Sainte Bernadette, nous marchons ou plutôt trottons vers la sortie, jetant un rapide regard autour de nous, tentant de reconnaître des sculptures de marbre ou de plâtre, des Saints ou des esprits.

De retour à la vie réelle, nous nous engouffrons dans un bar bien éclairé. Ici la sagesse, recherchée tout à l'heure dans les yeux des saints de l'église, fait place au désir d'une ambiance de fête et l'envie d'une bonne mousse.

Après un bon moment de détente dans un café plein de vie, nous partons déambuler dans le centre-ville, essayant d'imiter le lèche-vitrines de ces dames. Très vite mal à l'aise par notre manque de savoir-faire, on s'attarde plutôt à lire les cartes de restaurant. Nous les connaissons bientôt par cœur, à force de tourner et retourner de l'une à l'autre. Tout cela pour finir dans la pizzeria qui jouxte le bar où nous prenions l'apéritif tout à l'heure.

Il est vingt-deux heures et nous récupérons la Citroën pour rejoindre Grandis, notre lieu de villégiature et notre chambre d'hôte de la veille. Alain roule vite, très vite. Il semble nerveux, très nerveux. Étonnant, lui qui était si plein de joie tout à l'heure au restaurant. Personne dans le véhicule n'ose poser de question, il faut que le frangin reste concentré sur son volant.

La voiture, pour gagner du temps, grimpe les virages de la côte de Grandis en danseuse, ça ressemble à la 2CV pour le plaisir du balancé, au doux chant de l'Alfa Roméo pour apprécier la musique d'accompagnement. Est-ce déjà l'appréhension de la journée du lendemain, journée d'attente qui sera trop longue au goût d'Alain ? Allez, n'y pensons plus ; j'ose espérer que demain, Alain se lèvera plein d'entrain et de bonne humeur.

*****

Le lendemain le retour vers Tarare est plus cool et Alain nous emmène à notre lieu de départ, en laissant glisser sa voiture sur une route agréable aux virages plus souples. Il est déjà neuf heures et demie lorsque la voiture s'arrête en ville. Nous voilà tous les trois au milieu d'une grande place, à regarder vers les hauteurs, histoire de repérer les collines qu'il nous faudra bientôt escalader. Le temps est gris et frais, mais il ne pleut pas.

— On se retrouve pour le repas de midi du côté d'Affoux, dis-je en regardant Alain déjà prêt à reprendre le véhicule.

— Ok, répond-il, on s'appelle dans la matinée.

Nous regardons la voiture s'éloigner, puis je jette un œil sur ma carte IGN.

— Il faut prendre le GR 76, dit Michel en pointant son doigt sur la carte et montrant le lieu-dit « Le Moncet ».

— Alors c'est par là, dis-je, sûr de moi, montrant la direction du Viaduc, on doit passer sous ce pont, le GR est un peu plus loin.

Après un kilomètre de marche dans la ville, ma certitude de tout à l'heure se transforme en gros doute. J'en parle aux frangins, jouant quelque peu l'indifférence.

— C'est bizarre, on est sous le viaduc et on entre dans une zone industrielle. Il semblerait plutôt que l'on devrait sortir de cette zone. Quand on est arrivé ce matin, on a dû s'arrêter du mauvais côté du viaduc.

Pour toute réponse mes deux frères se regardent, puis tournent leurs têtes vers moi, puis vers le haut des collines.

— Faut retourner au point de départ, décide Patrick, vérifiant lui-même la carte.

— Oui c'est ça, confirme Michel, on va vers la zone industrielle, on devrait faire l'inverse.

J'approuve et nous faisons demi-tour. Après encore une bonne demi-heure de marche inutile, nous nous retrouvons au point de départ. En avançant d'une cinquantaine de mètres, nous repérons le panneau « GR 76 ». En fait Alain nous avait déposés au pied du GR 76 et personne d'entre nous ne le savait. Nous voilà donc vite à la sortie de la ville sur ce fameux GR, que nous avions quitté avant-hier du côté de la croix Montmain, et commençons l'ascension du bois de « La Bussière », qui s'élève à presque sept cents mètres. Encore frais et dispos, nous avançons vite, et si en bas de la côte nous côtoyons les cerisiers en fleurs et les charmilles aux bourgeons gorgés de sève, vers le sommet, nous sommes en compagnie des épicéas vert tendre et des foyards encore nus. En haut du bois, nous atteignons une patte d'oie. Une petite halte s'impose, le temps de vérifier la bonne route à prendre. D'un commun accord nous envisageons de prendre volontairement la mauvaise route qui tourne à droite car il semble que ce soit un raccourci de près de deux kilomètres au vu de notre carte.

— Impeccable, m'écriai-je, de quoi récupérer les deux kilomètres perdus dans les rues de Tarare ce matin !

Sauf que nous avons un tout petit doute et craignons que ce chemin ne finisse dans la broussaille et les ronces.

Un chemin trop fragile

— Tant pis, on tente le coup, décide Michel.

On avance sur ce sentier bien dessiné et parvenons après une dizaine de minutes sur une route goudronnée. Vérifications faites, nous sommes sur le bon raccourci et nous voilà très vite au lieudit « Le Loup ». C'est l'heure du casse-croûte. Installés sur un banc posé là pour nous, nous admirons le paysage. Nous reprenons nos bâtons, et quelques minutes plus tard voilà la croix de Rosières où, avec la fin du raccourci, nous retrouvons le GR 76. Puis c'est une longue descente jusqu'au hameau « Gonnard de Ronzière ».

Le village d'Affoux se situe sur une hauteur. Il nous faut donc continuer ce mouvement qui ressemble tant aux chevaux de bois sur les manèges des fêtes foraines : on monte, on descend, on monte, on descend. Ce fut le cas durant toute la traversée des monts du Beaujolais. Comme nous avons décroché le pompon, c'est maintenant un tour de manège gratuit dans les monts du Lyonnais. En admirant ces superbes collines et vallons qui se chevauchent devant nous, la fête doit durer encore quelques jours.

Nous traversons maintenant une forêt qui longe le pied du mont Crépier puis nous entrons dans le village d'Affoux, lieu de rendez-vous avec Alain pour le repas de midi. Pas de frangin au rendez-vous et impossible de joindre celui-ci au téléphone, car nous sommes en zone de téléphonie jachère. Patrick se laisse distancer dans le village pendant que Michel et moi poursuivons notre route en sortant d'Affoux. Quelques minutes plus tard, la voiture d'Alain nous klaxonne et nous remarquons Patrick à l'intérieur de celle-ci. Bien sûr, je sors rapidement mon appareil photo et flashe aussitôt le frangin bien installé à l'arrière du véhicule, histoire de faire croire, plus tard en famille, que le jeune frère triche sur le parcours de Compostelle. Alors Patrick, même pas surpris, éclate de rire, d'un rire franc et sincère, laissant mon ironie sans défense.

Il est presque quatorze heures et il nous faut manger. Nous trouvons un petit coin agréable en bas du village, au bord d'un grand bois. Depuis la sortie d'Affoux, nous voilà sur le GR 7 et après un rapide repas arrosé d'un rouge de Bourgogne, nous grimpons le bois d'Azole puis le bois de Montchervet, qui nous élève à près de huit cents mètres. C'est le domaine des chênes, des sapins et des châtaigniers. Nous arrivons à la croix de Signy, à l'intersection de deux départementales, en milieu d'après-midi, sous le soleil. Il y a là une très jolie bâtisse en pierre de taille. C'est l'auberge du Signy qui nous appelle pour un petit rafraîchissement. Raté ! L'auberge est fermée, mais en face, sur une place ombragée, Alain nous attend, la bouteille de soda à la main. Nous partageons ce petit moment de détente ensemble, mais je constate, une fois de plus, qu'Alain n'est pas très souriant ni très causant. On sent bien que la journée est trop longue pour lui. Déjà au repas de midi vers Affoux, le frangin n'était pas dans son assiette. Dommage, tout cela gâche un peu la fête.

Il nous reste encore dizaine de kilomètres avant notre point de chute situé à Essertines-en-Donzy. Nous reprenons donc notre marche, direction la ville de Panissières, en suivant la ligne de crête du bois de Montchervet. Le soleil est maintenant bien présent sur notre parcours et Michel a retiré son polaire. Moi-même je me suis allégé de mon pull et de mon blouson. Patrick fait de même et nous voilà tous les trois avec nos petits sacs à dos ayant doublé de volume, affublés chacun d'une belle épaisseur de tissus, coincée entre les bretelles du sac et notre dos.

Nous quittons le GR 7 après seulement un kilomètre passé sur celui-ci. À chaque croisement de chemins, de sentiers, il nous faut maintenant vérifier sur la carte si nous suivons la bonne route. Tantôt assis, tantôt à genoux, souvent debout, les jambes devenant moins flexibles, nous inspectons cette carte qui nous emmène, après une longue descente, à l'entrée de Panissières. Nous laissons la ville sur la droite et nous nous arrêtons au lieudit « la grange » pour la pause des « quatre heures ». Assis sur le socle d'une vielle croix de pierre, nous croquons du pain, du chocolat et des pommes. Michel est en admiration devant ce petit monument.

— Regardez donc cette croix, s'exclame Michel, les yeux levés vers Jésus, elle est vieille, très vieille, elle date au moins du XIe siècle.

— À quoi tu le vois ? dis-je en levant la tête et en tordant le cou pour mieux voir le haut de la stèle.

— Parce qu'elle est vieille, très vieille, ajoute Patrick pour apporter un peu d'humour, ses yeux tournés aussi vers le haut de la croix.

— Vous n'y connaissez rien, conclut Michel en haussant les épaules, doutant peut-être de sa certitude.

Après la levée difficile de nos corps pour reprendre la route, Michel se plaint :

— J'ai les jambes en compote !

Alors je me tourne vers lui et tout sourire je lui réponds :

— C'est normal, tu viens de manger des pommes.

Patrick éclate de rire, Michel esquisse un sourire de politesse. Alain n'est pas de la partie pour cette pause casse-croûte, pourtant il sait à peu près où nous sommes puisque, depuis notre départ avant-hier, il dispose du GPS, Michel gardant toujours précieusement l'émetteur, l'antenne de celui-ci pointant son nez entre polaire et sac à dos. Nous continuons notre route, tous trois de front, sur cette portion de route goudronnée où il ne passe aucun véhicule.

— Tu crois qu'il est passé où, Alain ? interroge Patrick, continuant sa marche soutenue.

— Je pense qu'il doit être à la recherche de notre gîte de ce soir, réponds Michel.

— Mois je pense qu'il a trouvé depuis longtemps. Si ça s'trouve, il prend le café chez eux ou même peut-être l'apéro, dis-je avec un sourire ironique.

— Ah, ah, ça c'est sûr, confirme Patrick, accompagné de son rire gorgé. Le problème, c'est qu'on risque de l'attendre un moment à notre arrivée à Essertines-en-Donzy.

— D'autant plus qu'on ne sait pas où est le gîte, répond Michel.

— De toute façon, notre parcours s'arrête à Essertines machin et la chambre d'hôte est à St-Barthélemy quatre ou cinq kilomètres plus loin, alors merci, moi je ne fais pas les cinq kilomètres en plus, dis-je en blaguant.

— Ne vous inquiétez pas, Alain sera là à Essertines, vous verrez.

Sur ces paroles rassurantes de Michel, qui n'avait d'ailleurs pas besoin de nous rassurer puisque nous ne prenions pas cette conversation au sérieux, nous voilà au bout de notre route goudronnée, et suivons maintenant un chemin de terre mal entretenu. C'est bientôt un tracé de roues de tracteurs dans un champ de fleurs de pissenlits. Les traces nous emmènent vers une ferme puis nous retrouvons enfin un chemin blanc.

— Regardez devant, dis-je en pointant du doigt un coq faisan.

Michel et Patrick regardent le faisan et s'étonnent, tout comme moi, de rencontrer du gibier sur notre chemin, celui-ci ne montrant pas le bout de son nez depuis plusieurs jours.

— Prends-le en vidéo avec ta caméra.

Un chemin trop fragile

Patrick, le dos courbé et les jambes à demi pliées, laissant croire qu'il passe inaperçu, prend la tête de notre équipe et commence à filmer. Mais le faisan se débine en courant devant nous, le long du chemin. Nous courons aussi. La caméra gambade aussi vite que nous. Le coq faisan, de son beau plumage éclatant, se repère facilement, d'autant qu'il ne cherche même pas à se cacher sur les bas-côtés, et continue sa folle chevauchée sur le chemin, tantôt absent au détour d'un virage, tantôt piétant dans une ligne droite. Après ce parcours, l'oiseau s'enfonce dans l'herbe haute aux abords d'une ferme.

— Fais voir ce que ça donne à l'écran ? demande Michel.

Patrick rembobine le numérique et fait dérouler l'image. Gros fous rires de tous trois lorsque nous découvrons, penchés sur l'écran, un mélange haletant et hoquetant de grandes herbes, de fossé, de ciel et même de morceaux de chaussures courant sur le chemin. Mais du faisan, que nenni !

Après cet instant de chasse et de bonne humeur, nous parvenons à l'entrée d'Essertines-en-Donzy, fin de notre étape du jour. À l'entrée du village, nous nous asseyons sur le parapet d'un pont fait de pierres taillées de la largeur de nos fesses, laissant couler l'eau claire du Rau dans notre dos, le regard tourné vers une scierie. Alain, plus loin sur la route, la voiture garée sur le parking de la scierie, s'approche de nous, clopinant, aidé de son précieux et inséparable bâton de marche. Il semble las, comme souvent à chaque fin de parcours. La journée doit être longue, très longue, à discuter entre lui et lui.

— Tu as trouvé notre gîte ?

— Oui, heu… je vous expliquerai, mais venez, je vous emmène voir une église, elle est chouette… woui, hein… vous verrez.

Nous montons dans la C4 et rejoignons l'église plantée sur une butte au sommet du village. De l'extérieur nous remarquons une belle architecture romane. C'est une église très grande. Étonnant pour un si petit village ! Il semble bien que ce soit la particularité de la région. Ici les églises sont immenses, très hautes, avec deux flèches comme les cathédrales. Il me tarde de voir l'intérieur, que j'imagine tout aussi grandiose. Nous grimpons les quelques marches, mais les grandes portes sont désespérément fermées. Nous pouvons toujours secouer, branler la porte, rien n'y fait. Mais sacré Bon Dieu, pourquoi n'apportes-tu pas plus de morale dans notre société, pour que nous puissions entrer dans tes palais sans que tu craignes le vandalisme ?

Il est dix-neuf heures lorsque la C4 d'Alain nous amène au gîte « Les uns les hôtes » à St-Barthélémy-Lestra.

— Vous verrez, nous avait prévenus Alain qui était venu en visite de repérage dans l'après-midi, l'endroit ne paraît pas très accueillant, mais la mai… maison est correcte et les loueurs sympa… thiques.

En effet, les deux cents derniers mètres avant d'arriver à notre chambre d'hôte semblent quelque peu inhospitaliers. À gauche, nous longeons une ferme avec des abords tout en désordre, mélange de machines agricoles d'un autre âge et d'engins de chantier plutôt rouillés, et à droite une petite zone artisanale avec des bâtiments industriels neufs côtoyant des hangars inachevés. La voiture s'enfile dans un étroit chemin mal goudronné, entres deux murs de vielles maisons, et qui se rétrécit encore, la terre et l'herbe remplaçant le vieux goudron, laissant juste le passage d'une voiture pas plus large que la nôtre, pour achever sa route devant la cour d'une jolie bâtisse aux volets bleus, encastrée entre deux grosses maisons aux façades de pierres taillées. Ce côté-là est très agréable, la vue n'est plus la même qu'à l'opposé. Notre regard découvre prés, moutons, jardins, fleurs et vallons verdoyants.

Nous entrons sous la véranda, où de nombreux sabots posés à terre nous racontent la vie de la campagne, et leurs museaux pointés en direction de l'intérieur du gîte, nous invitent à les suivre. Nous nous déchaussons donc pour enfiler chacun une paire de sabots, nos chaussures sales posées sur les marches extérieures. À l'intérieur, c'est un petit hall qui nous accueille, mais toujours pas de propriétaires. Après quelques minutes d'attente, je passe la tête par la porte d'une pièce attenante, en ayant au préalable frappé poliment. J'espère découvrir nos hôtes, c'est le silence de la maison et la douce odeur de la cuisine campagnarde qui me répondent. Mais presque aussitôt une dame, la cinquantaine, peut-être plus, je ne sais pas trop, je préfère rester poli, une dame donc, les cheveux abondants, blonds ou assimilés, longs mais sans plus, des lunettes montrant des yeux vifs, le visage rose et rond, vient à notre rencontre du fond de sa maison, avec un large sourire.

— Bonjour, je me présente, Marie-Christine, je m'excuse, je ne vous ai pas entendus arriver, j'étais dans les pièces derrière, vous avez fait bonne route ? Vous n'êtes pas trop fatigués ?

Nous nous présentons à notre tour. Le mari, cheveux épais et grisonnants, arrive à son tour. Il est grand et ses lunettes associées à un sourire entre finesse et ironie lui donnent une attitude d'intello ou de jeune retraité branché. Les présentations faites, nous passons au salon pour une dégustation de vins et liqueurs fabriqués à la maison. Le mari, Johnny, est plutôt bavard et, grâce à cette qualité, ou à cause de ce petit défaut, nous apprenons bien vite toute l'histoire de la région en dégustant du vin d'orange et de la liqueur de gentiane. Nous découvrons nos hôtes et leur vif intérêt pour le profond respect de la nature et des valeurs traditionnelles. Nous sommes à une table d'hôte au label « accueil paysan ».

Après notre installation dans nos chambres respectives, nous passons à table. C'est une cuisine gourmande et copieuse qui nous attend en compagnie de nos hôtes : soupe de légumes maison puis quiche accompagnée de salade verte. Croyant le repas achevé, nous sommes surpris de voir arriver un délicieux sauté de porc dans sa marmite suivi d'un grand plat de gratin de côtes de bettes du jardin. Et comme tout cela ne semble pas suffire, nous avons droit au fromage blanc en faisselle du berger du coin puis à un bon gâteau aux poires ''maison'' sur un lit de crème pâtissière. Alors l'infusion au tilleul s'impose, puis nous regagnons tous les quatre nos deux chambres, après avoir mille fois remercié Johnny et Marie-Christine.

******

Ce matin, jour de mon anniversaire, nous partons à huit heures trente du gîte pour notre quatrième journée de marche depuis Beaujeu. Alain nous dépose en haut de St-Barthélémy-Lestra. Nous avons salué nos hôtes avant de partir, sachant que nous les retrouverons ce soir puisque nous avons loué la chambre d'hôte pour deux nuits. Notre parcours du jour doit s'achever à Craintilleux sur les bords de la Loire à environ vingt-cinq kilomètres d'ici. Après dix minutes de marche, nous longeons une prairie où broutent quelques génisses aux couleurs originales. Une robe brun noir cendré avec une ou deux grandes taches claires presque blanches donne un aspect de vaches brûlées :

— Mais elles ont pris feu ! s'exclame Patrick, tout sourire.

— Bizarre, la couleur, ça mérite une photo, dis-je en m'avançant vers le troupeau.

C'est vrai que ces taches claires, qui ressemblent à la chair, laissent croire que le cuir a brûlé par endroits sur le dos de la bête et que la fumée a couru sur le reste de la robe, pour donner cette couleur cendre et feu. Ces vaches ne sont pas très jolies, mais c'est original. Elles restent, malgré tout, de calmes et gentilles génisses qui nous regardent passer, puis baissent à nouveau la tête pour savourer l'herbe tendre.

— Regardez là-bas, un lièvre ! s'exclame Michel, pointant du doigt une touffe d'herbe dans le lointain du champ voisin.

— Ce n'est pas un lièvre, ça ressemble plus à une touffe d'herbe.

— Tu crois ? t'as peut-être raison, ça ne bouge pas.

— Si, ça bouge ! dit tout à coup Patrick, je vous dis que ça bouge.

— Bof, ça fait pareil à la chasse, on croit que ça bouge, puis en fait c'est une illusion d'optique, ajoute Michel, à force de fixer un point précis, y a comme un flottement.

Tout à coup la touffe d'herbe détale.

— T'as vu comme il flotte ton lièvre, dis-je, en m'adressant à Michel.

Et nous regardons tous trois le lièvre courir à travers le pré, sans trop presser le pas.

— Sors vite ton caméscope, dit Michel.

Un chemin trop fragile

Patrick prépare le caméscope et commence à filmer. Le lièvre semble attendre pour la pose, puis s'éloigne et court enfin pour disparaître bientôt derrière un mamelon herbeux.

— Viens voir ton film, dis-je à Patrick, me tournant vers l'écran de son appareil.

Nous regardons tous trois, tantôt le ciel, tantôt la terre, tantôt les pieds de Patrick, mais comme pour la scène du faisan d'hier, toujours pas de gibier à l'écran.

— Ça va trop vite, et puis il était bien trop loin, réponds Patrick.

Un nouveau sourire complice entre nous trois et nous poursuivons notre chemin sous un ciel gris, mais sans pluie. Il fait froid et nous supportons nos polaires et nos pantalons en toile épaisse. Quelques minutes passent, et à la sortie d'une courbe du chemin :

— Oh, encore un lièvre, m'écriai-je en regardant s'éloigner un capucin énorme qui ne ménage pas sa course.

— C'est dingue de voir des lièvres comme ça en plein jour, ajoute Patrick, regardant s'éloigner le gibier.

— Faut prendre une action de chasse dans la région, ironise Michel.

Nous n'avons pas marché cent mètres :

— Hé les gars, chuchotai-je pour ne pas effrayer le gibier, regardez sur votre gauche, dans le champ d'herbes grasses, à cinquante mètres, il y a encore un lièvre qui essaie de se cacher.

— Où ? Je ne vois pas, me souffle Patrick qui est tout à côté de moi.

— Si, regarde bien, là, on voit le dos et ses grandes oreilles rabattues.

— Non, je ne vois rien, t'as rêvé, poursuit Patrick, en continuant néanmoins à me parler doucement.

— Moi non plus je ne vois rien, murmure Michel.

— Ne bougez pas, je vais faire le tour de la haie pour rabattre le lièvre vers vous et là, vous le verrez bien. Préparez appareil photo et caméscope.

Mais à peine ai-je fait un pas, que le lièvre déguerpit puis file en contrebas et échappe de nouveau à l'écran. Décidément, ces sacrés animaux, ils ne savent pas jouer la comédie et refusent d'être stars ou vedettes !

— T'avais raison, y avait bien encore un lièvre, se récrie Patrick, étonné.

— C'est fou tout ce qu'il y a comme lièvres dans la région, dit Michel.

Frou… frou… frou… Un couple de perdrix rouges se lève du champ et prend la même direction que le capucin.

— C'est dingue, on a jamais tant vu de gibier dans la nature en si peu de temps !

Les frangins sont émerveillés, tout comme moi, et c'est complètement excités que nous continuons notre chemin, direction le village de Valeille, sur une route goudronnée où passent très peu de voitures. Nous sommes sur une petite hauteur, d'où nous regardons la plaine du Forez qui s'étale à nos pieds. À deux kilomètres en contrebas, nous remarquons l'étang de Sury et un grand bois contigu.

— Ce serait bien de casser la croûte au bord de l'étang.

— Il y en a pour combien de temps ?

— Je ne sais pas, peut-être une grosse demi-heure. Une heure au plus.

Tous d'accord pour une petite pause au bord l'étang, nous poursuivons notre route en amorçant notre descente sur la plaine, après avoir donné rendez-vous à Alain. Le frangin nous trouvera facilement puisqu'il a toujours la réception du GPS de chasse, qui ne le quitte pas depuis Beaujeu. Nous avons donc maintenant moins de contacts avec Alain car le

Un chemin trop fragile

frangin nous repère toujours facilement. Vive la technologie ! Mais n'est-ce pas justement un moyen supplémentaire de laisser Alain encore plus seul, même s'il flaire en permanence notre présence ?

Trois quarts d'heure plus tard nous voilà dans le grand bois de Sury qui longe l'étang. Depuis dix minutes, nous sommes dans ce bois, quand je pose une question dérangeante :

— Comment se fait-il que nous soyons au plein milieu du bois alors que nous devrions juste longer ce bois ? Nous devions d'ailleurs voir presqu'aussitôt l'étang.

Les deux frangins se regardent puis demandent à voir la carte. Nous déplions l'IGN. Montrant du doigt le lieu-dit « Le Rompet » sur la carte je m'exclame :

— Là, nous sommes allés tout droit et il aurait fallu tourner à droite, l'étang était à peine à trois cents mètres de là.

— Je sais pourquoi, insinue Patrick, nous étions en grande discussion en passant devant la ferme du Rompet. Vous vous rappelez ? À cause du chien ! On était inquiet, on n'arrêtait pas de regarder vers la ferme de peur que le chien nous saute dessus.

— Ah oui, du coup, on n'a pas vu le chemin sur la droite. Alors qu'est-ce qu'on fait maintenant ? Demi-tour ou bien l'on coupe à travers bois en suivant les lignes ?

C'est au tour de Michel de pointer le doigt sur la carte :

— Si l'on prend la prochaine ligne à droite, on arrive direct sur l'étang.

— Hé, regardez, s'écrie brusquement Patrick, là-bas tout au fond de l'allée, un cerf qui traverse.

Un chemin trop fragile

Les yeux écarquillés, nous regardons tous trois la bête qui bientôt s'échappent à l'intérieur des fourrés. Elle est passée à plus de quatre cents mètres de nous.

— On va voir ?

Tout le monde est d'accord, l'âme du chasseur toujours au top. Alors nous avançons dans cette ligne, que dis-je, nous trottinons pour bientôt arriver aux environs du lieu du passage du cerf. Et nous voilà à examiner la moindre trace, écouter le moindre bruit, espérer le moindre retour de la bête sauvage, ou peut-être le passage de la biche. Mais nous avons beau essayer de nous faire discret, attendre patiemment comme un chasseur à son poste, rien n'y fait. Il faut se résoudre à poursuivre notre route, bredouille. Toutefois, cet épisode du cerf, s'il nous fût agréable, nous a complètement paumés. Nous regardons à nouveau la carte, cherchons désespérément le soleil pour nous orienter, nous nous engueulons avant de nous décider enfin à prendre une direction, n'importe laquelle, pourvu qu'elle nous fasse sortir de ce grand bois, sans être d'ailleurs d'accord entre nous. La seule option intelligente que nous décidons de prendre, c'est de garder une direction, de rester en ligne droite et ne plus en changer, même si chacun croit connaître le bon chemin pour approcher l'étang. Après un gros quart d'heure de marche dans ce grand bois, nous apercevons de la clarté devant nous, signe que la lisière est proche. Mais cette clarté n'est pas l'étang. À l'approche de la lisière, nous remarquons même, par-delà les grands arbres, des toits de maisons. Alors Patrick interroge :

— C'est quoi ces maisons ?

Je déplie à nouveau ma carte pour essayer de me repérer, retrouver un hameau ou un village sur le papier.

— Des hameaux tout près du bois, dis-je en regardant la carte, il n'y en a pas trente-six, seulement deux : « Le

Un chemin trop fragile

Fenel » et « le Renard » et ils sont tous deux à l'Ouest du bois. L'étang est au nord. Il est donc loin de nous.

— Il est trop tard, on ne retourne pas là-bas, dit Michel, en plus Alain doit commencer à s'inquiéter et nous chercher.

Je consulte encore la carte.

— Il y a une route qui passe par les hameaux et qui rejoint St-Cyr-les-Vignes, à environ deux kilomètres. Là on aura retrouvé notre chemin. On peut appeler Alain pour qu'il nous attende à St-Cyr et nous casserons la croûte là-bas.

Sur ces paroles nous sortons du bois, non sans difficulté puisqu'il nous faut franchir un fossé avec quarante centimètres d'eau, puis patauger dans des marais sur encore deux ou trois cents mètres, avant de crapahuter sur de solides barrières de barbelés difficiles d'accès, parce que perchées en haut de fossés. Après bien des efforts, nous arrivons au lieu-dit « Le Fenel » puis au « Renard » et bientôt à l'entrée de St-Cyr-les-Vignes. Alain nous retrouve sans difficulté devant l'église du village puisqu'il flaire notre parcours grâce à son récepteur GPS, impossible pour lui de nous perdre. Le monument étant haut perché, nous devons grimper une vingtaine de marches. Il faut franchement plier la nuque en arrière pour admirer le clocher planté sur le toit de l'église déjà bien haut, laquelle est bâtie en grosses pierres de taille sur un promontoire, ce qui donne à l'ensemble un aspect de grandeur et impose le respect. Nous mangeons un morceau de pain, un peu de charcuterie et quelques fruits sur le parvis de ce joli monument. De là nous admirons la plaine du Forez.

Nous reprenons notre route sous un ciel plus clair, mais le fond de l'air est frais. D'ailleurs, fait rare, j'ai gardé mon pull sous ma veste. Alain est reparti de son côté avec la Citroën et il est midi lorsque nous sortons de St-Cyr-les-Vignes. Au niveau de la pancarte routière qui indique la sortie du village, les deux frangins imaginent une de leurs petites fantaisies.

— Jean, tu veux bien nous prendre en photo vers la pancarte, demande Michel.

Patrick sourit déjà et poursuit :

— On va s'installer là sur le côté de la pancarte pour planquer une partie du nom du village. On ne va laisser que « St Cyr », hé, hé.

— Comme ça, poursuit Michel, on va envoyer la photo à Daniel avec un message.

Alors je les aide à s'installer correctement devant l'écriteau, afin de bien cacher la deuxième partie du nom du village, et je me recule pour prendre la photo. Sur le cliché, sur la gauche, on voit bien St Cyr, et sur la droite, on remarque nos deux zouaves qui posent tout sourire. Alors Michel me dicte le petit message que l'on poste en dessous de la photo pour adresser le MMS au frère aîné : « On sort de St Cyr ».

Après le village, nous marchons sur de petits chemins goudronnés, mais fort heureusement très peu fréquentés par les automobiles. Il y a sur le bord de route des fruitiers aux fleurs roses, beaucoup de pissenlits jaunes et quelques épines blanches. Ce chemin colore mon cœur parce que j'apprécie cette nature si belle et, si les collines laissées derrière moi avaient un charme exceptionnel, la plaine m'enchante tout autant. Peut-être suis-je plus disposé à accepter tant de belles choses parce que le terrain est plat, et que ce chemin m'accompagne avec bienveillance ? Nous quittons la petite route goudronnée pour continuer sur un chemin blanc, bien indiqué sur notre carte. Mais bientôt, nous retrouvons une route goudronnée, qui elle, n'est pas prévue sur notre route. Nous nous arrêtons quelques minutes et regardons minutieusement aux alentours. Contrairement à la montagne, ici dans la plaine tout se confond et se ressemble avec peu de points de repère pour bien se guider. Alors j'épluche ma carte et reste perplexe, puis me tournant vers les deux frères :

— Je ne vois pas où l'on est ! Il semble que l'on ait raté un chemin à droite mais, étonnamment, nous n'avons pas vu d'autres chemins que celui-ci où nous sommes. Tant pis, dis-je, on doit continuer.

Mais bien vite, il faut se rendre à l'évidence, nous ne sommes plus sur de petites routes, mais sur une départementale. Je me replonge donc dans ma documentation et, levant le nez et voyant le gros bourg qui se profile devant nous, un peu sur notre gauche, j'informe les frangins :

— Hé, on est en train de faire un détour. On part droit sur Bellegarde en Forez. On n'est plus en direction de Saint-André.

— C'est un grand détour ? questionne Michel.

— Oui, bien assez.

Patrick souffle, Michel fixe l'horizon, et moi je m'en veux d'avoir raté la bonne route. Patrick regarde sa montre :

— Il est bientôt quatorze heures et Alain, où est-il ?

— On va l'appeler, dit Michel, il faut qu'il vienne nous chercher et qu'il nous pose sur la bonne route à Saint-André.

— Oui d'accord, répond Patrick qui commence à avoir faim.

J'appelle Alain. Dix minutes plus tard la C4 nous emmène à la sortie de Saint-André pour un pique-nique bien mérité. La voiture s'arrête au bord de l'Anzieux, petite rivière calme qui s'élargit devant nous pour former un étang aux allures de marécage. Nous mangeons rapidement. Alain et moi, nous restons carrément debout tout au long du repas. Il faut dire qu'il fait froid, et l'immobilité, ce n'est pas très bon de ce temps-là. Alors je fais les cent pas, d'autant que

Un chemin trop fragile

l'ambiance n'est pas au beau fixe. Personne dans l'équipe ne parle vraiment. J'essaie d'ouvrir une conversation, mais les réponses sont brèves : oui... peut-être... sais pas. Je n'ai pas d'explications à ces sautes d'humeur alors, après un rapide café sorti de la thermos, je propose de poursuivre notre chemin.

Alain part de son côté et nous récupérera en fin de journée sur le Pont de la Loire à Craintilleux. Nous reprenons notre route sur des portions goudronnées, mais très calmes, toujours bien emmitouflés à cause de cette bise froide. Après une petite heure de marche, la Citroën d'Alain s'arrête à notre hauteur. Patrick s'approche de la vitre entrouverte puis engage la conversation avec le chauffeur. Planté sur la route à quelques mètres de là, je n'entends rien de ce qui se dit, mais les visages sont graves. Je demande à Michel, plus proche de moi :

— Qu'est-ce qu'il se passe ?
— Alain a perdu le GPS.
— Y a longtemps ?
— Sais pas, faut lui demander.

Nous voilà tous trois à entourer Alain.

Le grand frère nous raconte que le GPS est perdu depuis midi. Il a déjà beaucoup cherché vers l'endroit où il pense l'avoir oublié, un petit coin où il se reposait en fin de matinée aux alentours du village de Saint-André, le long d'un chemin quasi-désert. Inquiet, il ajoute :

— Faudrait qu'un de vous monte... euh... dans la voiture pour m'aider... euh... à chercher. Je retourne là-bas...

— Je viens avec toi, dit Michel.

Et les voilà donc partis à la recherche de ce fameux GPS, que Christophe a bien voulu nous prêter pour notre sortie. C'est un objet de valeur, et surtout, Christophe en a besoin cet automne, car c'est la saison de la chasse. Alors je m'implique dans cette histoire et je m'adresse à Patrick qui poursuit le chemin avec moi :

— Ce n'était pas une bonne idée de prendre ce GPS, je l'avais dit à Michel avant le départ. C'est un appareil qui coûte cher et si on le casse ou si on le perd, il faudra payer.

— Ah moi, je ne m'en suis pas mêlé !

— Je sais bien que tu ne t'en es pas mêlé, moi non plus, mais avoue que c'est emmerdant. Je comprends mieux pourquoi Alain était grincheux tout à l'heure au pique-nique, il savait déjà que son GPS était perdu.

Patrick, admirant un gros pêcher aux magnifiques fleurs roses, s'arrête un instant, puis se tourne vers moi :

— Faudrait qu'il cherche peut-être plus loin, qu'il reprenne tout son parcours, il ne l'a peut-être pas perdu là où il croit.

— Bof, il sait mieux que nous. Je pense plutôt que si le GPS est resté au bord de la route quelqu'un l'aura déjà fauché. Un appareil électronique dans l'herbe, ça aiguise l'appétit.

Les nuages se dispersent quelque peu et laissent passer un rayon de soleil. Nous en avons bien besoin, tant pour la chaleur de notre corps que pour le moral. Ce GPS perdu, ce n'est pas une catastrophe, soit nous le retrouverons et tout est pour le mieux, soit il est définitivement perdu et nous continuerons de vivre, avec six cents euros de moins. N'en parlons plus et laissons faire. Profitons donc de ce rayon de soleil, comme un appel à la bonne humeur, d'autant qu'aujourd'hui, c'est mon anniversaire.

Après une heure de marche en compagnie de Patrick, à l'entrée de Cuzieu, voilà la C4 qui se range sur le côté près de nous. Alain garde sa tête des mauvais jours. Visiblement, les deux frangins n'ont pas retrouvé le GPS.

— Tant pis !

— Non, on va continuer de chercher, insiste Alain.

— Patrick, tu me remplaces, ajoute Michel, tu vas avec Alain et je continue de marcher avec Jean.

Patrick s'engouffre dans la voiture. La Citroën fait demi-tour et repart vers le Nord.

Le temps reste froid, mais les éclaircies sont de plus en plus fréquentes. Cela fait du bien et nous sommes tous deux de bonne humeur pour poursuivre cette route, qui nous emmène sur un terrain facile, dans cette plaine du Forez, jusqu'au bord de la Loire. Nous y sommes vers seize heures trente. Je découvre ce fleuve, et c'est pour moi un beau cadeau d'anniversaire. Les seules images de ce cours d'eau me ramènent à ma jeunesse. Je vois encore les dessins et croquis esquissés sur un coin de ma table d'école avec un crayon bleu pour dessiner la Loire, longue et sinueuse, quelques points au crayon rouge pour situer Nevers, Orléans, Blois, Tours, Nantes, et Saint-Nazaire. Enfin une tache beige, couleur de la terre, pour indiquer le Mont Gerbier de Jonc. À l'époque je ne savais pas que la couleur du Mont était plus proche du blanc de la roche. Durant les longes soirées d'hiver, bien au chaud dans ma chambre à Besançon au retour de l'école, j'appréciais mes devoirs lorsqu'on parlait géographie. La Loire était dans ma tête, lointaine et dangereuse, belle et sauvage, capricieuse et dangereuse. Près de cinquante ans plus tard, je goûte enfin l'atmosphère du fleuve, je respire le parfum insaisissable de sa végétation et j'écoute le frémissement de la faune cachée. Parfois, le claquement des ailes d'un colvert crève le murmure du fleuve. D'un vol sûr et rapide, les oiseaux s'élancent dans le bleu gris du ciel, leur cou pareil au fuselage d'un Boeing. L'appareil photo à la main, je reste de longues minutes à regarder ce fleuve mystérieux, tel que je l'ai toujours imaginé et rêvé.

Après cet instant enthousiaste j'invite Michel, qui lui aussi rêve devant le fleuve, à poursuivre notre chemin, car le ciel s'assombrit et je crains la pluie avant notre arrivée au Pont de Craintilleux. Il reste un kilomètre de sentier le long de la Loire pour achever notre parcours.

Il est dix-sept heures trente, Alain et Patrick nous attendent. L'endroit est joli, c'est un parc de loisirs de pêche. La pluie commence à tomber et nous nous engouffrons à l'intérieur d'une baraque avec comptoir de vente et grand auvent, tables et chaises de brasserie. C'est le grand confort, nous avons même frigo et congélateur à notre disposition, et j'invite alors les frangins à boire un coup à la santé de la société de pêche. Je me tourne vers Patrick, proche du frigo.

— Jette un coup d'œil, y a peut-être des canettes.

— Ah, ah, y manquerait plus que ça ! répond Patrick, très satisfait de ma demande.

Il ouvre la porte du frigo, lequel est complètement vide :

— Fallait pas rêver, d'ailleurs, t'as vu, y a pas d'électricité, sont pas fous, les gars.

— Je trouve qu'ils n'ont pas peur, les gars, de laisser leur matériel en pleine nature, ajoute Michel.

— D'ailleurs, le matériel, il a l'air tout neuf.

Et concluant sur ces paroles, je sors les provisions du coffre de la C4 et je les pose sur la table de brasserie. Je me tourne vers Alain et Patrick :

— Alors, ce GPS, vous l'avez retrouvé ?

Le regard d'Alain donne la réponse. Patrick ajoute :

— On est passé et repassé plusieurs fois à l'endroit où Alain l'aurait perdu. Rien, rien, rien. Alors on a questionné les gens aux alentours. On ne sait jamais, quelqu'un aurait pu voir et ramasser l'appareil.

— Vous avez laissé notre numéro de téléphone en mairie au cas où ? questionne Michel.

— Oui, c'est fait, répond Patrick.

Alain hausse les épaules, histoire de conclure l'affaire sur le ton de l'indifférence. N'empêche, nous savons tous qu'Alain est embêté. Il faut prévenir Christophe que son GPS est perdu, et surtout lui retrouver un appareil neuf avant l'ouverture de la chasse, puis passer à la caisse. Tant pis, plaie d'argent n'est pas mortelle et nous ne tomberons pas malade pour un chèque de six cents euros.

Après cette journée fatigante, nerveusement et physiquement, la C4 nous transporte jusqu'à Saint-Barthélémy-Lestra dans une ambiance détendue. Alain a retrouvé le sourire et les deux autres frères jacassent avec moi dans la voiture jusqu'à notre arrivée auprès de nos hôtes Johny et Marie-Christine.

Champagne ! C'est sur la table dès notre arrivée au gîte. Tout ça pour mon anniversaire, et c'est offert par les frangins. Merci les gars ! Alors en compagnie de nos hôtes, nous trinquons pour mes soixante et un ans en dégustant de bons petits fours chauds, sortis tout droit du four chaud. La soirée est chaleureuse. J'en oublie la fatigue et toute mon attention est tournée vers ce délicieux repas d'anniversaire. Tout est régional ce soir : saucisson de Lyon, sauce Forésienne au babeurre épicé, après avoir savouré une soupe de céleri et une immense salade verte. Pour terminer le repas : fromage blanc en faisselle et, bien sûr, le fameux gâteau d'anniversaire et, puisque ce soir c'est fête, une bonne goutte du pays conclut le festin. Comme le champagne n'a pas suffi, il a fallu arroser le repas de vins rouges bien gouleyants. Enfin, nous terminons sur une petite tisane, histoire de traîner encore à table et de rire de nos histoires dont Johny est particulièrement friand. Je pars au lit le premier, le ventre lourd et la tête pleine de vapeurs.

******

Réveil à six heures trente. En effet il y a beaucoup de route pour retrouver notre point de départ sur le pont de la Loire à Craintilleux. Après un super petit-déjeuner où rien ne manque et une longue séance photos sur la terrasse, histoire d'immortaliser une nouvelle amitié, nous quittons avec regrets Johny et Marie-Christine, promettant de se revoir. Notre voiture s'éloigne sur le chemin de gravier, laissant derrière nous cette jolie barrière bleue et ce panneau sur lequel est inscrit « accueil paysan », avec cette subtile invitation « Les uns les hôtes ».

Nous retrouvons la Loire après une demi-heure de route, laissant Alain dans sa solitude. Encore quelques photos du fleuve pour garder un peu de fraîcheur dans nos souvenirs et rêver, demain, de brumes et de nostalgie. À la sortie de Craintilleux, nos cœurs frissonnent en regardant une petite affiche bleue clouée sur un arbre, où est dessinée une coquille jaune : « Vous êtes sur un chemin vers Compostelle ».

— Vous avez vu, on est sur la bonne route et on approche de Saint Jacques de Compostelle, dis-je avec ironie.

N'empêche ! Rien que cette petite indication, et nous voilà tous ragaillardis pour marcher d'un bon pas sous le soleil printanier. C'est donc très vite que nous passons près de l'étang de la Ronze. Des pancartes administratives nous interpellent *« MINISTÈRE DE L'ENVIRONNEMENT – ÉTANG DE LA RONZE – PROTECTION DE BIOTOPE »*. Un poste d'observation planté là nous invite à regarder par de petites ouvertures, afin de ne pas déranger les oiseaux. Des panneaux touristiques nous expliquent ce lieu : « Ici vit et niche une colonie de mouettes rieuses ». Aux dires de l'écriteau il s'agirait de la plus grosse colonie de mouettes d'Europe. Nous apprécions ce vacarme, les cris aigus des mouettes rieuses parmi les roseaux, qui s'étalent comme des îles au milieu de l'eau. Les oiseaux, maîtres des lieux, batifolent en paix. Ils sont des centaines, des milliers dans les airs, à ras du sol, posés sur l'eau, et tous ceux peut-être encore plus nombreux, cachés dans les ajoncs et les roseaux, leurs œufs bien aux chauds sous le cul maternel. Ceux-là couvent pour que l'automne prochain les éclats de joies des mouettes rieuses, toujours plus nombreuses, assomment toute la contrée de ce tintamarre aigre-doux.

On dit que ces mouettes sont si nombreuses que les nichées n'ont pas de prédateurs. Ceux-ci, impressionnés par le nombre et le vacarme, préfère battre en retraite. Alors certains oiseaux, comme le grèbe noir, élisent domicile dans cet étang, protégés par cette immense colonie de mouettes rieuses.

Nous poursuivons notre route et enjambons rapidement le pont de l'autoroute. Quelle autoroute ? Sais pas et l'on s'en fiche : peut-être Lyon – Clermont-Ferrand, ou Saint-Étienne ou… sans importance ! Elles peuvent courir où elles veulent toutes ces voitures, de notre côté nous marchons, tranquillement, vers le Sud.

Nous voilà de nouveau en pleine nature après avoir franchi la Loire et l'autoroute, quittant des routes départementales bien trop fréquentées. C'est maintenant le royaume des bougainvillées, des forsythias, des lilas, des magnolias, poiriers, pommiers, cerisiers et, dès que nous suivons une bordure de forêt, les aspérules blanches et odorantes couvrent le sous-bois. C'est toute une symphonie de couleurs, un artifice de jaune d'or, de rouges tendres, de mauves, de blancs purs, de pastels ou d'éclats vifs.

Deux lièvres dans une friche voisine semblent nous ignorer. Pour nous, les frangins, c'est le branle-bas de combat. Aux jumelles, à l'appareil photo, tout est bon pour pister le gibier qui, à force d'être agacé, finit par déguerpir. Mais à peine les lièvres disparaissent, qu'un couple de perdrix rouges se lève au bord du chemin à moins d'un mètre de moi. Quelle émotion ! Et toujours pas de fusils et c'est tant mieux, je préfère mon bâton de pèlerin. Décidément cette plaine du Forez est giboyeuse.

Il est onze heures, et nous sommes sur un chemin gravillonné en bordure de la ville de Sury-le-Comtal.

— Merde ! Nous ne sommes plus sur la bonne route, m'écriai-je en regardant la carte.

— Fais voir, répond Michel qui me tend la main pour que je lui donne le plan.

— On est où ?

— Là, au niveau de Sury-le-comtal, dis-je en m'approchant de la carte que Michel tente d'étudier. Tu vois, là, on est sur ce chemin. C'est bien ce chemin parce qu'on est en train de passer à côté de cette station de pompage qui figure sur la carte, là. J'insiste en appuyant mon doigt sur le point précis.

— Et d'abord, on va où ? persiste Michel, visiblement agacé. Et puis on ne regarde pas une carte comme ça, on la met dans le sens où l'on va.

Voilà donc le frangin retournant la carte pour mieux se repérer.

— Moi, je lis toujours une carte dans le sens de l'écriture, dis-je d'un ton rageur.

— Je ne sais pas comment tu fais pour lire une carte, répond Michel, frondeur, toujours est-il qu'on n'est pas sur le bon chemin.

Je reprends ma carte d'un air mauvais :

— Jusqu'à maintenant je vous ai toujours amenés à bon port et sans faire spécialement de détour. Et puis, t'affole pas, on n'est pas perdus. D'ici un kilomètre, on reprend à droite et on doit retrouver la bonne route. Dans quelques centaines de mètres on va croiser la voie de chemin de fer. Ça confirmera que nous sommes sur la bonne route.

Pendant cet échange un peu musclé, Patrick n'a dit mot, lançant juste un regard interrogateur en direction de ses deux frères.

Après quelques centaines de mètres, nous franchissons un pont qui surplombe une voie ferrée. Nous regardons tous trois cette longue ligne droite, les coudes sur la barrière, histoire de reprendre notre souffle, puis nous poursuivons notre route. Personne n'ose proposer la pause casse-croûte, et il est pourtant déjà tard. Visant une énorme pierre plate en bordure de chemin, je m'empresse de m'asseoir sur celle-ci et de sortir le pain, le chocolat et les oranges. Les frangins me suivent. Patrick reste debout sur le chemin pour manger son morceau de pain, et Michel s'assoit carrément par terre. Le casse-croûte est rapide et silencieux. J'esquisse une question banale, histoire d'engager la conversation, mais je n'ai pas de réponse. Alors, je n'insiste pas et mets fin à la pause en reprenant mon bâton. Les deux frangins suivent.

Tout en marchant, j'ai les yeux rivés sur ma carte. C'est que, depuis quelques instants, je rumine une idée que j'aimerais bien proposer à mes deux frères. Alors je me lance et interpelle les frangins malgré l'ambiance plutôt froide :

— Ce soir, Alain doit nous emmener au gîte à Meyrieux après nous avoir récupérés à notre fin de parcours, à Geneviecq. Je suis en train de regarder la carte et je me dis que, plutôt que de rejoindre bêtement Geneviecq, nous pourrions regagner notre chambre d'hôtes à Meyrieux en y allant à pied.

— Oui, mais ça fait plus loin ? questionne Michel.

— Il y a exactement le même nombre de kilomètres, environ une dizaine dans les deux cas de figure.

— Mais Alain n'est pas au courant, intervient Patrick.

— On va l'appeler et lui dire ce qu'on a prévu.

— D'accord, mais il faut lui trouver un point de rendez-vous sur cette nouvelle route pour le repas de midi, poursuit Patrick.

Sur ce, j'appelle Alain. On se donne rendez-vous à hauteur de Saint-Marcellin-en-Forez, juste à l'endroit où nous avons prévu de bifurquer. C'est à deux kilomètres de là.

C'est entre la station d'épuration et la station de pompage du village qu'Alain nous a retrouvés. Sa voiture est garée là en bordure du chemin de terre, qui mène à ce drôle d'endroit pas très accueillant. Alors je ne peux pas m'empêcher de m'exclamer :

— C'est tout ce que tu as trouvé comme endroit pour le repas ?

— C'est pas facile euh, tu sais, réponds Alain, je… trouve rien, pas de parking, pas de prés.

Puis il s'appuie, le dos contre sa voiture et attend. Patrick ne dit rien et, à l'unisson avec Alain, il reste planté à côté de son frère, les traits tirés, maussade.

Je pars en direction de la station et cherche un coin un peu plus agréable pour le repas. Je contourne un petit bois.

Un chemin trop fragile

Michel me suit sans rien dire et semble chercher également un endroit plus reposant. Mais rien à faire, partout où mes yeux se tournent je ne vois que de la terre sèche, des friches inaccessibles, de l'eau sale. Je fais demi-tour pour rejoindre la voiture et comprends vite que nous devrons quand même manger dans ce triste endroit.

Nous restons tous debout pendant ce repas morose, et je fais même quelques allers-retours le long du chemin de terre, croquant dans mon sandwich au fromage. Patrick s'approche de moi et, désignant du doigt une masse sombre dans la haie qui borde le chemin, dit :

— T'as vu, c'est un sanglier crevé ! Puis regardant toujours la charogne il poursuit :

— Une voiture a dû le taper sur la grande route, qui est juste à cinquante mètres d'ici. Il est venu mourir là.

— Je me disais aussi que ça puait par ici.

Le cœur serré, je songe à cette pourriture qui nous empoisonne, et ça n'aide pas à améliorer l'atmosphère du repas.

Nous reprenons donc notre marche après une seule demi-heure d'arrêt dans cet endroit pitoyable. Il est presque quatorze heures et le soleil réchauffe enfin notre balade. L'ambiance se détend quelque peu. Patrick et Michel marchent ensemble devant moi, et discutent continuellement. J'admire le paysage en rêvassant. Je garde cependant le cœur lourd car j'en veux aux frangins de ne pas vouloir soigner l'amusement des premiers jours. J'y suis peut-être pour quelque chose, mais quoi ?

En passant au lieu-dit « La Maison Blanche », un immense graffiti évoquant le récent massacre à *Charlie Hebdo* invente une sombre poésie, d'une peinture fraîche et vivante. Je ne peux pas m'empêcher de penser qu'en réveillant un tel drame, tant de deuils et de douleurs, une journée telle que je la vis aujourd'hui, par comparaison, devrait être pleine de joie et d'allégresse, et non pas de déception et de découragement.

    Traversant un pont qui enjambe un petit ruisseau entre roches et cresson, au lieu-dit « Bessette », je regarde se désaltérer quatre beaux étalons noirs dont je ne connais pas la race, laissant toujours les deux frangins quelques dizaines de mètres devant moi. Un rayon de soleil embellit la campagne. C'est tant mieux car je n'imaginais pas traverser un si bel endroit au doux nom de Chantegrillet sans l'image du printemps.

    Du ruisseau de Bessette jusqu'à Chantegrillet la route s'élève et nous quittons la plaine du Forez. Depuis notre départ après le repas de midi nous suivons une petite route goudronnée où ne passe quasiment aucune voiture. À la sortie de Chantegrillet, un tracteur agricole stationne au milieu de la route, une balle ronde de foin calée sur la fourche avant du tracteur. À côté de l'engin agricole, un véhicule Renault Express campe également là, une mini-bétaillère accrochée à l'arrière du véhicule. Dans le champ voisin, six ou sept Montbéliardes paissent dans l'herbe grasse. Cependant, une vache bretonne à la belle robe noire, égarée parmi ce troupeau de rouges et blanches, meugle. Elle suit, toujours en braillant, dans une course rapide, deux paysans se sauvant devant elle avec un petit veau sous le bras. Ceux-ci passent la barrière en se penchant sous le barbelé et réussissent à soulever le petit veau qui se débat. En quelques secondes le petit animal se retrouve prisonnier derrière les barreaux de la remorque. La vache continue de beugler et le petit veau, séparé de sa mère, se met à brailler. Les frangins se sont arrêtés et j'arrive à leur hauteur. Tous trois, nous regardons le spectacle, une scène douloureuse que nous ressentons, figés là sur cette route à regarder la mère impuissante et l'enfant innocent. La mère regarde partir le convoi, mais ne verse pas de larmes. Est-ce là la différence entre l'homme et la bête ?

Après une courte descente nous parvenons au hameau « Le Bled », et cet avant-goût d'Afrique du Nord nous permet d'oublier le récent épisode désagréable que nous venons de connaître. Le Bled est rapidement franchi, sans sable et sans palmier, et nous voici bientôt dans une longue montée bordée de pins, de frênes et de genêts en fleurs. La colline se dessine devant nous, ronde comme une miche de pain, la croûte vert pâle. Comme chaque fois que le chemin s'élève, Michel, le plus âgé de nous trois, marche devant et prend de l'avance. On dirait que la montée le stimule, mais pour Patrick et moi, elle nous essouffle.

Comme nous avons quitté le GR depuis bien longtemps, je vérifie souvent la carte et c'est à ce moment-là de la montée que je conseille aux frangins de couper à travers bois, par un sentier qui permet d'éviter les nombreux lacets qui accompagnent la route goudronnée. Ok, me disent les deux frangins, pensant néanmoins qu'ils prennent le risque de se retrouver de nouveau parmi des fourrés quasi impénétrables. Là, cependant, le sentier semble bien dessiné, et la forêt paraît propre et sans branchages bas, ronces ou épines noires. En effet c'est bien vite parmi les genets en fleurs et les pins majestueux, que nous parvenons en haut du bois et retrouvons la route goudronnée.

Il est dix-sept heures et l'ambiance semble plus détendue. Nous décidons de goûter au bord de cette route où ne passe aucun véhicule. Michel, vainqueur en haut de la côte, s'avachit sur une roche en forme de divan et s'installe comme s'il regardait la télé, les jambes allongées, une grosse pierre plate légèrement penchée en arrière et constituant un dossier luxueux. Les fleurs jaunes lui caressent la nuque, comme la lumière de l'abat-jour du salon. Patrick est à genoux, les fesses sur ces talons, installé comme un ado ou un scout. Moi, je reste debout et je prends des photos et des oranges.

Nous espérions retrouver Alain pour le casse-croûte, mais comme il n'y a pas de réseau, nous ne pouvons pas le joindre. Nous reprenons donc notre chemin sans avoir revu Alain, mais il ne nous reste guère plus de trois kilomètres pour rejoindre notre gîte à Meyrieux. Nous devrions donc arriver dans une petite heure.

Mais c'est après encore une grosse heure de marche que nous parvenons à l'entrée du village, accompagné par une pluie fine. La fatigue de fin de journée aidant, il a encore fallu accepter une petite pause de dix minutes à moins d'un kilomètre du but. Meyrieux est situé sur une hauteur et nous pouvons donc admirer sur la gauche en contrebas les agglomérations qui bordent la Loire, sans cependant apercevoir le fleuve caché par le versant de la colline. J'essaie de situer les villes sans y parvenir : Firminy ? Unieux ? Saint-Paul-en-Cornillon ? Ou, plus proche de nous, Chambles ?

Il est un peu plus de dix-sept heures lorsque nous arrivons devant un grand mur de pierres taillées aux joints bien dessinés à la chaux. Un immense portail en vieux chêne est moulé entre voûte et pierres d'angles taillées. Sur une grande planche de bois, coupée à la hache et incrustée dans le mur, je lis cette belle inscription : « La Grange aux Hirondelles ».

— C'est là ! dis-je avec un soupir de soulagement.
— Alain n'est pas là, s'inquiète Patrick.
— Il est peut-être chez les gens et il aura garé sa voiture plus loin, s'interroge Michel.

Je m'avance vers le portail.
— Merde, c'est fermé, y a personne.
On se regarde tous trois, interrogateurs.

— T'es sûr d'avoir bien réservé ? questionne Michel.
— Évidemment !

Je hausse les épaules pour montrer ma certitude puis je me retourne au bruit d'un moteur. C'est Alain, il s'arrête à notre hauteur et entrouvre sa vitre :

— Qu'est-ce que vous faites ? Je vous emmène … par… parce que c'est loin…

— Comment ça, c'est loin ? « La Grange aux Hirondelles » c'est là ! Et je pointe du doigt l'inscription sur la planche de bois fichée au mur.

— Hein… je vous dis de ve… nir, poursuit Alain, bougon.

Alors Patrick insiste :

— On ne comprend pas ce que tu veux, tu vois bien que le gîte est ici, où veux-tu aller ?

— Non, c'est pas là, montez.

Mais là, plus personne n'écoute. Michel retourne au portail, la serrure cède. Nous entrons tous trois dans une cour intérieure. En regardant à travers les carreaux de l'habitation attenante, tout semble en travaux à l'intérieur de celle-ci. Nous ressortons bien vite et retrouvons Alain, qui est resté dans sa voiture à nous attendre, et s'explique enfin :

— Là, heu… c'est pas le gîte, c'est une annexe. Ce sont les ouvriers qui font des travaux qui dorment là, woui.

— À bon !

Si Alain nous avait expliqué plus tôt, nous l'aurions suivi sans discuter mais là, il y avait de quoi en perdre son latin.

Nous montons donc tous trois dans la voiture, qui nous conduit un kilomètre plus loin, au centre du village, devant une superbe ferme entièrement rénovée et de bon goût, mélange de chêne et de pierre taillée. Le cadre est somptueux, du gazon parfaitement tondu à l'entrée du gîte, des allées dallées et bien entretenues aux bordures de fleurs printanières, un escalier de pierre, propre et lessivé. Cette maison à l'architecture locale et paysanne impose le respect :

« Je suis la plus belle et la plus grande du village, regardez-moi, admirez-moi. Parlez de moi autour de vous, car je vous tape dans l'œil, et je suis l'ambassadrice du bon accueil régional. D'ailleurs, entrez, entrez donc et voyez sur la grande baie vitrée toute la belle publicité qui parle de moi et de mes hôtes (Le guide du routard 2006, 2007, 2010, 2012, 2013), et tant d'autres labels qui me mettent en avant, je suis la plus belle, vous dis-je ! Et vous n'avez encore rien vu ! Regardez par la baie vitrée et admirez l'intérieur ! Entrez dans ma demeure sans hésiter car vous m'aimez déjà ! »

En effet, en regardant à l'intérieur, notre nez collé à la vitre, c'est encore plus joli : mobilier ancien et parfaitement protégé à l'encaustique, où l'odeur de la cire se devine, immense table de chêne où je m'invente des petits-déjeuners copieux, plantes vertes et divers objets d'art placés avec bon goût, tout est là pour nous inviter au bien-être d'une bonne maison.

Alors nous nous engageons dans l'entrée du château de la belle au bois dormant. La reine nous attend sûrement. Mais oh ! Surprise ! La demeure est fermée. Où sont nos hôtes ? Où se cache la reine ? Nous espérions un bel accueil à la hauteur de la beauté de la bâtisse, mais nous avons beau insister, la porte reste désespérément close.

— Tu avais donné une heure d'arrivée ? me questionne Michel.

— Oui, entre dix-sept et dix-huit heures.

Après plusieurs tentatives pour joindre au téléphone la propriétaire des lieux, je montre un visage sombre, tout comme les frangins. J'ai une sale tronche, mais c'est plus à cause de l'ambiance de la journée que de ce contretemps.

— On a plus qu'à attendre, la propriétaire ne doit pas être bien loin puisqu'elle sait qu'elle a des clients pour ce soir, dis-je.

Joignant le geste à la parole je m'assieds sur une bordure de trottoir en face de « La Grange aux hirondelles ». Après quelques minutes d'attente, je vois Patrick en grande discussion avec une dame du village qui vient de traverser la place. Puis il s'approche de moi :

— La bonne femme, là, elle me dit que la propriétaire qui gère ce gîte aide son mari, paysan, le soir pour la traite, et qu'à cette heure-ci, elle doit bientôt avoir fini. La ferme est à l'extérieur du village. On va attendre encore un peu.

— On attend, on n'a pas le choix.

Je dévisage Patrick dans l'espoir d'entrevoir un peu de bonne humeur à laquelle je répondrais volontiers... ou pas. Mais et lui, et moi, décidons de rester boudeurs.

Un border collie s'approche de moi, la queue haute et en mouvement, il ne me veut donc pas de mal, plutôt s'amuser. Ouf ! Un peu de gaîté en cette fin de journée. Le jeune chien, un petit ballon en plastique dans la gueule, me fait vite comprendre qu'il veut jouer avec moi. Est-ce qu'il m'a senti triste, lui qui ne connaît pas l'animosité ? Ce chien intelligent voudrait-il attrouper tous les frangins auprès de lui, comme il le ferait si bien avec les moutons ? Ce serait merveilleux, une fable, là, si près du château de la belle au bois dormant ! Mais je suis bien seul à m'amuser avec cet animal. Alors je lui tire le ballon de la gueule et il fait semblant de le retenir, puis la balle roule sur cette route en pente. Le jouet prend de la vitesse, aidé par l'effort de mon avant-bras. Le chien laisse la balle s'éloigner un peu pour mieux savourer sa prochaine victoire, puis il s'élance et gobe le ballon après quelques secondes. Il ne faut pas longtemps pour que le jouet et le chien soient bientôt à mes pieds. Le manège dure longtemps car je ne me lasse pas de la joie de vivre du border collie, j'ai tant besoin de la partager !

Le jeu dure plus d'une demi-heure et je pensais que le chien abandonnerait. Eh bien non, c'est bibi qui abandonne, bien que je n'aie rien d'autre à faire puisque nous attendons toujours patiemment nos hôtes.

Bientôt une heure trente que nous attendons devant la porte du gîte et toujours personne pour nous recevoir, malgré l'échange de mails de réservation de ma part la semaine précédente et de la confirmation écrite de nos hôtes.

Je pars aux nouvelles auprès des frangins. Patrick et Michel, silencieux, déambulent devant « La Grange aux hirondelles ». Alain reste près de sa voiture. L'ambiance est toujours aussi morose, voire pire. Alors me vient une idée. Je m'approche de Patrick et Michel :

— Vu que les propriétaires de ce gîte nous prennent pour des cons, je propose que nous partions sans plus attendre et allions dormir chez « Les uns, les hôtes », là au moins, nous serons bien reçus. Et puis, vu l'ambiance de la journée, je pense que cinq jours de balade, ça suffit. Alain est à cran, je suis sûr que si l'on rentre à la maison un jour plus tôt, il sera d'accord. Tant pis pour la dernière étape de demain. Vous en pensez quoi ?

— Moi je suis d'accord, répond Patrick.

— Oui, mais faudrait savoir si Johny et Marie-Christine peuvent nous recevoir, et il est déjà tard, ajoute Michel.

— Justement, il ne faut pas perdre de temps car il y a quatre-vingts kilomètres pour rejoindre Saint-Barthélémy-Lestra. On n'arrivera pas avant vingt heures trente.

— Mais demain, on rentre donc à Chantrans ? questionne Patrick.

— Ben oui, on rentre à la maison. Je n'ai pas envie de faire une journée de plus avec Alain qui trouve le temps trop long, seul, toute la journée. D'ailleurs c'est pratique de coucher à Saint-Barthélémy-Lestra, car demain ça nous fera quatre-vingts kilomètres de moins pour rentrer à Chantrans, puisque c'est sur la route du retour. Ça nous fera une coupure.

Les deux frères semblent emballés par ma proposition, contents certainement d'arrêter l'aventure un jour plus tôt, vu l'état d'esprit de l'équipe. Mais ils sont très certainement heureux aussi à l'idée de passer une nouvelle soirée chez Johny et Marie-Christine.

Le temps d'achever ma conversation avec Patrick, que Michel a déjà appelé le gîte « les Uns les Hôtes » :

— Je viens d'avoir Johny au téléphone. Ils ne sont pas là ce soir. Ils vont à une soirée chez des amis. Johny dit de s'installer quand même, et ils laissent la clé de la porte d'entrée dans un sabot sous la véranda. Il y a pas mal de restes dans le frigo et il faut que l'on se serve. On peut même cuisiner. La maison est à nous pour la soirée. On reprend les mêmes chambres.

— En plus, dis-je, ils n'ont pas besoin de changer les draps puisque nous reprenons nos chambres d'hier soir.

— Si, ils ont dit que les draps étaient changés. Ils ne pouvaient pas deviner que nous passerions ce soir, ajoute Michel.

— Ils sont super ! s'exclame Patrick, ils nous font vraiment confiance.

— C'est vrai, dis-je, ça nous change de ces crétins de « La grange aux Hirondelles ».

— En rentrant, il faudra leur torcher un courrier, intervient Michel, l'œil mauvais. Je t'en ficherais de leur belle pub ! Et puis, le guide du routard... s'il savait le genre d'accueil qu'il y a vraiment à « La Grange aux hirondelles » ?

— A ça, pour le tape à l'œil, ils sont forts !

Sur ces dernières paroles de Patrick, je m'empresse de prévenir Alain de notre décision. Sans surprise le grand frère est très satisfait de mon idée, et nous décidons donc de partir au plus vite. En effet, nous avons maintenant la crainte que la propriétaire du gîte arrive et nous serions bien embarrassés pour lui expliquer notre revirement.

Nous sommes donc rapidement sur la route du retour. Assis à l'arrière de la Citroën je me retourne et regarde une dernière fois cette belle demeure qui me laissait espérer une douce nuit au château de la belle au bois dormant. Mais la reine, perfide, ne nous a pas laissé les clefs.

La route pour rejoindre Saint-Barthélémy-Lestra est pleine de bonne humeur. Les frangins sont visiblement enchantés de rentrer au bercail en faisant une pause cette nuit au gîte « Les Uns les Hôtes ». Je suis le seul dans la voiture à garder le silence. Malgré mon souhait de rentrer plus tôt à la maison, je suis en colère à cause d'une ambiance plombée qui achève si brutalement cette semaine de randonnée. J'avais la fierté de réaliser ce parcours de Compostelle dans les deux ou trois années à venir, mais c'est mal parti. Les frangins, visiblement, envisagent une autre voie : celle de l'insouciance, des vacances, du temps libre.

Il fait nuit lorsque nous parvenons au gîte. Comme prévu, la maison est fermée mais ouverte. Patrick trouve rapidement la clé à l'endroit indiqué, et nous nous installons tous quatre dans la cuisine où, hier soir encore, nous fêtions mon anniversaire dans la gaieté, autour de cette grande table ovale à la toile cirée aux petites fleurs bleues, aux grosses fleurs jaunes.

Décidément, ce soir les frangins montrent des frimousses rayonnantes, l'inverse de nos faciès de la journée. C'est si enthousiasmant que ça devient contagieux, et je me laisse gagner par la bonne humeur ambiante. Alors nous voilà tous quatre en pleine déconne et c'est à qui sort les plus belles plaisanteries. Les ingrédients malheureux de la journée avaient laissé bouillir, tout au long du chemin, une mauvaise soupe à la grimace et ce soir le couvercle saute. Alors, tous les petits démons s'envolent dans la vapeur du soir, aidés par l'ivresse du bon vin de Johny. L'amertume et l'acidité du bouillon s'évanouissent dans l'air pur de l'accueil paysan, et je suis émerveillé de voir que l'infect potage se transforme en un superbe velouté de pâtes fraîches à la tomate et au basilic, réalisé par le chef Patrick. Le dessert onctueux adoucit nos cœurs et le café du soir excite nos esprits.

Il est vingt-trois heures et Michel prend le temps de réaliser un petit film avec le caméscope du frangin. Acteur principal, Patrick, scénario : le jeune frère, le plus réservé de l'équipe, mais ce soir le plus dévergondé, est le maître de maison. Il court de la gazinière au frigo, de la machine à café aux meubles de cuisine. Tout est inspecté, déniché, posé sur la table. Patrick sert le vin et les boissons chaudes. Il oriente la conversation, donne le ton de la soirée. Ces yeux roulent aux quatre coins de la pièce pour vérifier que rien n'est oublié. C'est le héros, celui qui ose tout, mais dans le respect de la maison d'accueil. Le repas de Patrick, c'est la communion de tous les frères, et nous sommes maintenant prêts à introniser nos hôtes : « Marie-Christine et Johny, entrez donc dans votre maison et devenez nos amis ! »

C'est l'heure choisie par nos hôtes pour rejoindre leur demeure.

J'entends la voix monocorde de Johny depuis mon lit où je viens de partir m'allonger, plein de contradictions dans la tête. Dans mon demi-sommeil, me parvient la voix douce de Marie-Christine, entrecoupée d'éclats de rire masculins. Les frangins continuent la fête. Je suis fatigué, je m'endors au-dessus du murmure, qui valse autour de la grande table ovale à la toile cirée fleurie. C'est un mélange de petites fleurs d'anges et de grosses fleurs endiablées qui s'étiolent puis s'évanouissent dans mes draps blancs.

******

Il fait doux, il fait chaud dans mes draps blancs, mais je me lève tôt, très tôt. Tout le monde dort dans la maison. Il n'est pas encore sept heures. Je m'habille, je sors, le jour pointe à peine, le ciel est clair, il fera beau aujourd'hui, le temps est froid. Je remonte mon col et tire mon bonnet sur mes oreilles.

Il me faut marcher, marcher encore. Comme une drogue, comme une envie, comme le plaisir, j'ai besoin d'avancer, d'être seul, de respirer l'odeur du petit matin, de goûter la liberté d'un jour nouveau. Mes pas me portent vers l'ancien chemin si giboyeux où tant de lièvres se sauvaient devant nos silhouettes de marcheurs, trois jours en arrière, ces si belles journées où la gaîté familiale dansait dans nos têtes.

À peine un quart d'heure de marche et voilà un gros lièvre qui détale en bordure du chemin, tout près de moi. Un kilomètre plus loin, encore un lièvre, puis un couple de perdrix rouges me narguent dans un champ voisin.

Le cœur un peu gros de ne pas pouvoir partager ces joies cynégétiques si rares avec les frangins, je poursuis ma route en effectuant une grande boucle par le village voisin pour rejoindre Saint-Barthélémy-Lestra par le sud. Je me dirige vers le centre du village, accompagné d'une grosse envie de nostalgie. Je me plante au milieu de la place. L'église et l'hôtel de ville, face à moi, semblent vouloir se marier. Les époux sont beaux. Lui s'affiche avec sa boutonnière bleu-blanc-rouge, légèrement excentrée sur son col de pierre. Elle, grande, montre sa taille mince qui s'élève vers le ciel. Sa longue traîne pastel cache toute la grande nef. Je souris aux mariés.

 Je m'attarde encore sur cette grande place, un peu comme les invités de la noce qui traînent et jacassent sur le parvis de l'église en attendant l'heure de l'apéro. Mais c'est l'heure de retrouver la famille et je me décide à rejoindre le gîte et les frangins. À défaut d'apéritif, c'est un bon petit déjeuner qui m'attend en compagnie de mes frères et de nos hôtes. On papote, on rit, on raconte des histoires, on se goinfre mais… un brin d'amertume reste là.

 Neuf heures trente du matin et la Citroën se glisse lentement dans l'étroit chemin caressé par les corps de fermes voisins. Je regarde par la vitre arrière s'éloigner « Les uns les hôtes », et le sourire des autres. Les mains s'agitent vers le ciel, puis bientôt il ne reste que le ciel, le ciel bleu de la Loire.

16/17/18/19 et 20 avril 2015

*****

 Ce matin, la voiture roule vite sur cette route du Jura presque déserte. C'est qu'il nous faut être à l'heure au rendez-vous, là-bas, du côté de Saint-Etienne. À la fraîcheur de l'aube, la lune va bientôt nous quitter derrière les sapins. Elle est blonde, elle est grosse, elle ressemble au soleil, mais ne brûle pas, alors je peux la regarder dans les yeux, la voir s'endormir, accrochée aux branches d'un épicéa, comme une chouette à la pointe du jour. Cette nuit d'automne était une nuit d'éclipse totale, mais je n'ai pas eu le courage de sortir du lit pour quelques photos. Pour me justifier, j'ai pensé que bien des gens se lèveraient à ma place et posteraient plein de belles images sur la toile.

Nous arrivons vers onze heures dans la banlieue de Saint-Etienne pour prendre possession d'un camping-car en location. Cette année, changement de programme. Alain ne fait plus partie de l'équipe et nous n'avons donc plus de voiture d'accompagnement. Le grand frère et sa Citroën, c'était bien pratique pour rejoindre chaque soir notre lieu de repos. Ainsi nous n'avions nul besoin de sacs à dos encombrants à trimballer en journée. Et comme ce petit confort nous allait bien, cette année nous avons imaginé une solution tout aussi pratique. En effet, nous poursuivons le chemin de Compostelle tous trois en camping-car et... à pied. Les étapes que j'ai organisées compteront environ trente kilomètres par jour, mais chacun d'entre nous ne marchera que vingt kilomètres puisque nous allons, à tour de rôle, conduire le camping-car. Deux d'entre nous marcheront pendant que le troisième déplacera le véhicule. Bien sûr nous trichons un peu puisque nous ne marcherons chacun que sur les deux tiers du parcours. Le but n'est pas l'exploit de réaliser parfaitement la route de Compostelle mais de marcher, voyager, aimer le chemin.

Il est midi et le volant du camping-car est entre mes mains. Vite il faut rejoindre notre point de départ de l'étape du jour. Nous avons pris du retard.

L'ambiance est gaie dans notre petite maison roulante, comme à chaque début de semaine de balade sur notre route vers Saint-Jacques de Compostelle. Le malheur, c'est qu'à part la première étape à notre arrivée à La Roche Vineuse chez Daniel et Nicole, nos fins de balades se sont transformées en comédies familiales, querelles et bouderies

Un chemin trop fragile

ridicules. Prions qu'enfin il n'en sera plus ainsi ! L'absence d'Alain évitera à celui-ci de ruminer. J'appréciais pourtant sa présence. C'est un frère, il est gentil, généreux, mais son travail d'assistant, ça va bien sur une journée, au-delà, c'est l'ennui. Peut-être le regret lancinant de ne pas pouvoir marcher avec nous ? Pourtant une entente parfaite en famille serait si bien. Mais la vie est faite d'erreurs, de contradictions. Ah, qu'il serait bon de tout accepter ! Quelques saints, quelques moines, quelques bonnes sœurs en sont capables, Saint-Jacques peut-il m'aider sur ce chemin ?

Le soleil cogne derrière le pare-brise. Les frangins et moi bavardons et le camping-car file à belle allure sur la nationale 88.

— Mais on va bien trop loin ! dis-je tout à coup, levant le pied de l'accélérateur.

Patrick, à la place du passager, m'interroge du regard, puis se tourne vers Michel qui est attablé derrière moi, les coudes sur le meuble.

— C'est toi qui as la carte, Patrick, tu peux la regarder ?

Pendant que le frangin se repère sur la carte, je décide de prendre la première sortie qui indique Monistrol-sur-Loire puis arrête le véhicule sur le bas-côté.

Nous épluchons la carte tous les deux, laissant Michel à ses rêveries. Glissant mon index sur la carte, je repère Bas-en-Basset, La Combe, Valprivas, Chanteboule, toutes des agglomérations qui jalonnent le circuit que j'ai tracé.

— Là, c'est là qu'il faut se rendre, à Chanteboule.

— Ça fait vachement loin de Geneviecq, me répond Patrick.

— Oui, peut-être, mais c'est compliqué de remonter jusqu'à notre point de départ à Geneviecq. On a pris beaucoup de retard et surtout il n'y a que des petites routes de montagne. Il faut au moins deux heures pour retourner là-bas. Nous sommes descendus beaucoup trop bas avec le camping-car. Quand on roulait sur la nationale, on rigolait, on déconnait et du coup…

— Bon ! Alors on fait quoi ? intervient Michel.

— Si on rejoint Chanteboule, dis-je en continuant de consulter l'atlas, on peut être là-bas dans une demi-heure. Juste l'heure pour manger, puis on a tout l'après-midi pour marcher. Ainsi on aura rattrapé notre retard. De Geneviecq à Chanteboule, c'était le circuit de ce matin et j'avais justement prévu le repas de midi à Chanteboule.

— On va là-bas, déclare Patrick.

Le silence de Michel semble une réponse positive. Alors je reprends le camping-car en main et je commence à me familiariser avec ce véhicule quelque peu encombrant. C'est vrai que, sur la grande nationale à quatre voies, le camping-car ne posait aucun problème, mais pour un néophyte, les petites routes départementales semblent plus compliquées.

À la sortie de Bas-en-Basset, j'entame la montée de Thézenac sur la départementale 12.

— T'es sûr que c'est la bonne route ? demande Patrick, quelque peu inquiet.

— Pourquoi tu dis ça ?

— C'est bien étroit comme route.

— C'est normal, on passe dans la montagne et on doit avoir un dénivelé de près de trois cents mètres.

— On dirait un cul-de-sac, intervient Michel, toujours assis à l'arrière, les coudes sur la table, la tête presque à la hauteur de mon épaule pour ne rien perdre des zigzags de la départementale.

— Si jamais on croise une voiture ou pire, un camion, ça ne passe pas, ajoute Patrick, l'air vraiment inquiet.

Je ne dis rien et toute mon attention est à la route. Effectivement le chemin est scabreux pour le passage d'un véhicule comme le nôtre, d'autant que je maîtrise encore mal le gabarit. Et plus nous avançons, et plus nous montons, et plus la route se rétrécit. Si les frères sont inquiets et surveillent autant la chaussée que moi, je reconnais que je ne suis pas fier et il me tarde de parvenir au sommet où la route sera sûrement plus hospitalière. Sur la droite, trop souvent les rochers m'obligent à garder le centre de la voie, pour ne pas risquer de frotter avec le toit du camping-car. À gauche, le précipice mal protégé ne nous rassure pas. Et, bien sûr, voilà une camionnette à notre rencontre.

— Ah, là, ça ne passe pas ! s'écrie Patrick, carrément angoissé.

— Qu'est-ce que tu vas faire ? demande Michel tout aussi anxieux.

Inquiet, je ne réponds rien, ralentis le véhicule et me serre au maximum à droite.

— Fais gaffe ! s'inquiète Michel, ne va pas trop sur le bord.

La camionnette s'arrête presque en face de nous. C'est une chance qu'à une vingtaine de mètres en arrière de la fourgonnette, une petite place permette au véhicule de reculer pour laisser juste le passage de notre camping-car.

— Vous avez vu, il y a toujours une solution !

— Fais le malin, me répond Michel, on n'est pas encore arrivés en haut.

C'est vrai que cette route est une catastrophe et il me tarde d'être en haut de la côte. Mais le chemin est interminable. Les épicéas, les roches, les cascades nous accompagnent. Notre véhicule frôle les parapets où la

Un chemin trop fragile

chaussée se rétrécit encore. Les panneaux routiers qui préviennent du risque d'éboulement jalonnent régulièrement notre montée et ne rassurent pas. Vivement le sommet !

Après dix minutes de montée sans rencontrer de nouveaux véhicules, ''ouf'', nous sortons de la forêt et parvenons sur le plateau. Au lieu-dit « L'Epicerie » voilà une intersection qui nous emmène, à droite vers Saint-Bonnet-le-Château, à gauche vers Valprivas.

— Je ne sais plus où nous sommes ! dis-je, garant le véhicule sur le bas-côté.

Je consulte la carte et j'avoue mon erreur :

— Je n'ai pas pris la bonne route à la sortie de « Bas en Basset ». Je croyais être sur la départementale 12, direction Chanteboule, mais nous sommes sur la départementale 42.

— Bravo ! s'exclame Patrick, pas étonnant que la route soit si pourrie.

— Tu vois bien qu'on a failli partir dans un cul-de-sac, ajoute Michel.

— Bon ! Ce n'est pas grave. Nous sommes entiers, le camping-car aussi, et d'après la carte, en prenant la direction de Valprivas nous retrouverons Chanteboule. C'est sur le même plateau que celui où nous sommes. C'est à environ cinq kilomètres d'ici.

En quelques minutes, nous parvenons au lieu prévu, avec juste une petite place pour garer le camping-car, en face d'une ferme. C'est enfin notre pause déjeuner avant notre grande randonnée de cinq jours. Il fait doux et avec ce temps ensoleillé nous hésitons à sortir la table de camping pour déjeuner dehors. En fait, comme nous sommes pressés de reprendre nos bâtons de pèlerins, nous décidons de manger au plus vite à l'intérieur de l'habitacle. Puis vient l'heure de l'organisation, alors je questionne :

— Qui c'est qui conduit le camping-car en premier ?

Aucune réponse. J'insiste :

— Moi je marche, j'ai suffisamment conduit depuis Saint-Etienne. Je propose donc de partager l'après-midi en deux. Je marche jusqu'à ce soir et vous, vous prenez le camping-car chacun à votre tour. Qui commence ?

Les deux frangins semblent hésiter. Conduire un engin pareil, ce n'est pas évident, pensent-ils. Bof ! Je l'ai bien fait, et il n'y a pas eu de drames !

Tout à coup, sans prévenir, Michel s'installe au volant, décidé.

Patrick et moi préparons en toute hâte nos quelques affaires de marche. On donne rendez-vous à Michel aux environs de Châles pour le changement de conducteur, vers le milieu de l'après-midi.

Comme il fait beau et doux, Patrick est en bras de chemise. Je suis en pantacourt, mais je garde un polaire sur le dos. Nous avons toujours nos casquettes identiques, comme l'an passé, histoire de justifier notre confrérie.

C'est l'automne. Habituellement notre randonnée se pratique au printemps, mais nous avons convenu que maintenant ce serait deux fois l'an si l'on veut parvenir à Saint Jacques avant de mourir. Cette initiative nous apportera un autre décor. Ainsi nous rencontrerons une flore différente et abondante, des arbres virils aux feuilles épanouies, des fruits frais à marauder, des chaumes dorés, des tournesols en or et encore plein d'autres belles et bonnes choses d'arrière-saison.

C'est le départ, Patrick donne l'allure, direction Valprivas situé à trois petits kilomètres de là. Après un quart d'heure de marche sous le soleil sur un chemin de terre, je repasse devant pour, tout simplement me gourer de route. En effet, tout à coup, plus de chemin, alors j'improvise et, flairant la grande route de Valprivas là tout près de nous, je m'enfonce dans un pré bois encombré d'herbes sèches très épaisses, puis je rencontre bientôt une petite forêt qui ressemble plutôt à une friche. Patrick suit, surpris par un départ aussi fracassant.

— Je sais, Patrick, ce n'est pas facile de marcher dans cette brousse, mais on n'a pas le choix parce qu'il n'y avait plus de chemin. Et plutôt que de faire demi-tour, si on marche droit devant nous, on devrait croiser la grande route dans très peu de temps.

— Oui, mais t'as vu le bourbier où l'on est !

Et comme pour bien se faire comprendre, Patrick implore ses pieds tout en écrasant les grandes herbes pleines d'épines cachées dans de traîtresses fougères rousses, qui nous grimpent jusqu'au genou. Il joue des mains pour écarter les branches basses qui nous fouettent le visage. Et plus nous avançons et plus la végétation s'épaissit. Je regarde de tous côtés pour envisager la meilleure solution qui nous sortira de ce guêpier mais, à gauche, derrière, devant, à droite, ce sont toujours les mêmes insupportables fourrés.

— Putain ! Mais ce n'est pas vrai, ça ne va pas recommencer !

Là, Patrick n'est vraiment pas content. Il fait visiblement allusion à notre mémorable descente sur Chambost-Allières ce printemps dernier parmi les ronces, les orties et les épines.

— Ça va, ça va, on va bientôt sortir de là.

Je rassure Patrick comme je peux. Je suis sûr que la grande route n'est pas loin, mais dans ce taillis, le temps paraît long. Nous avançons à la vitesse d'aventuriers en pleine brousse qui tracent leur chemin à la serpe. Sauf que nous ne sommes pas des aventuriers, ça se saurait et nous n'avons pas de serpe. C'est vrai que je prends cette petite complication avec bonne humeur parmi cette végétation hostile. Mais cette nature est si réelle et si belle que c'est mon amie, et je ne peux pas lui en vouloir.

— J'en ai marre. À peine on commence à marcher et c'est la galère.

Alors que le frangin s'emporte, je remarque un champ sur notre gauche.

— Ça y est, Patrick ! Suis-moi, on va enfin sortir de là.

Dans ce pré d'un vert tendre parsemé de soucis jaunes entourés de bosquets d'épicéas, nous gambadons comme deux gamins. Ça fait du bien de sautiller sur le velours de la campagne après la traversée dans les épines du diable. La bonne humeur des champs remplace la sauvagerie des fougères et nous conduit vite sur le bord de la départementale.

— On continue par-là ? dis-je en montrant du doigt un semblant de sentier indiqué sur la carte et qui doit nous emmener par un raccourci à Valprivas.

— Non, je ne suis pas d'accord. On va encore tomber dans un traquenard. On devrait suivre la route goudronnée. D'ailleurs il ne passe personne sur cette route, on sera tranquille.

J'ai envie de convaincre Patrick à prendre le raccourci prévu :

— Pourtant, il y a bien un chemin, là, en face !

— Tu passes par là si tu veux, moi, je reste sur la route.

Plutôt que de séparer, je me décide à suivre mon frère et nous empruntons cette départementale où, effectivement, il ne passe quasiment aucun véhicule.

À quinze heures nous parvenons sur la place de la mairie de Valprivas. Surprise ! Michel est là, tout souriant sous le chaud soleil de septembre. Il porte un pantalon en tergal, des chaussures noires vernies, une chemise à manches longues, et tient une tablette informatique sous le bras. Pas vraiment le style du randonneur, plutôt un vacancier qui flâne dans un beau village de Haute-Loire. Nous visitons tous les trois ce superbe endroit et prenons des photos du château de Valprivas.

— On se retrouve à Châles, déclare Michel.

— Ok, il y a environ cinq à six kilomètres. On sera donc là-bas vers dix-sept heures. Patrick reprendra le camping-car là-bas.

Et nous voilà sur le chemin, Patrick et moi, bien accrochés à nos bâtons. À la sortie du village une inscription nous fait chaud au cœur : « Vous êtes sur le chemin de Compostelle », puis cent mètres plus loin un panneau indique « Vous êtes sur le chemin de Saint-Jacques-de-Compostelle, de Cluny au Puy-en-Velay ».

— T'as vu Patrick, on est sur la bonne route.

— Pourquoi, tu en doutais ? Ah ah !

— Non, mais je me sens tout à coup plus pèlerin.

Après quelques minutes de marche, voilà une bifurcation.

Qu'est-ce que t'en penses, Patrick ? À droite il y a le sigle d'un chemin de randonnée. À gauche, il n'y a rien d'indiqué.

— Je ne sais pas, réponds le frangin, dubitatif.

Je m'assieds dans l'herbe et prends le temps de vérifier sur la carte.

— Normalement, il y a bien une bifurcation, mais le chemin de gauche part trop sur l'est. Le chemin de droite part en direction du Sud, donc c'est bon et puis, surtout, il y a bien cette indication du chemin de randonnée, et d'après la carte on doit suivre le GR 3, dis-je en continuant d'inspecter tour à tour la carte et la croisée des chemins.

— C'est bizarre, répond Patrick, sur le panneau, il y a bien le sigle du chemin de randonnée, mais pas celui du GR.

— Oui, mais sur l'autre chemin, rien n'est indiqué, donc ça ne peut être que le GR, non ?

— Bon, va pour la droite, on verra bien, conclut Patrick.

Après quelques minutes de descente, et longeant une longue prairie en coteau, Patrick prend plaisir à photographier un paysan qui coupe l'herbe à l'ancienne, la grande faux bien en mains et brillant au soleil, la pierre à aiguiser accrochée à la ceinture tel le couteau du chasseur.

Nous continuons notre descente sur un chemin caillouteux où nous repérons régulièrement les indications du chemin de randonnée sur les troncs d'arbres.

— C'est bizarre, dit Patrick en regardant sa boussole, on se dirige vers le nord-ouest. T'es sûr qu'on est sur la bonne route ?

Je regarde le ciel et repère le soleil qui effectivement est légèrement sur notre gauche. Tout en marchant je consulte la carte :

— C'est normal que l'on marche direction Nord-Ouest parce que nous sommes dans une longue descente où le chemin fait des lacets. Bientôt nous devrions tourner à gauche et ainsi nous retrouverons le sud.

Patrick me regarde, interrogateur :

— Hum ! Ça fait un moment que l'on va plutôt au Nord. On ne tourne pas souvent vers le sud.

Je ne réponds rien, sûr de moi, car en visualisant une nouvelle fois la carte, je ne vois pas d'autres chemins à suivre. Et puis, nous sommes dans une longue descente qui nous emmène sûrement à Gaillard, et nous devrons vraisemblablement bientôt franchir un ruisseau qui se trouve dans le vallon, puis le village sera là, cinq à six cents mètres plus loin.

Après encore une bonne demi-heure, nous parvenons enfin au fond du vallon boisé, ombragé, frais. Nous découvrons un pont pour piétons, fait de bois, fraîchement construit, posé sur deux gros piliers de pierre et qui enjambe un joli ruisseau. Il est seize heures quinze, et après quelques photos de cet agréable endroit, il nous faut se taper la montée qui, d'après les informations de la carte, est raide mais assez courte. En effet, le chemin grimpe fortement, mais la progression est plus longue que prévu, beaucoup plus longue, et la distance pour atteindre le sommet me paraît interminable.

Enfin c'est la sortie de la forêt et nous sommes heureux de retrouver la clarté de cette belle journée de soleil. C'est l'heure du casse-croûte, et ça tombe bien, il y a justement là un empilement de billes de pins où nous pouvons nous asseoir et profiter de la douceur du temps.

Patrick, bien installé sur son bois, un biscuit entre les dents, les bras croisés, ne regarde rien, l'air grave. Assis à côté de lui et, malgré l'instant de bien-être, je ne peux pas m'empêcher de gamberger. Je regarde à nouveau ma carte puis autour de moi. Je vois bien ces quelques maisons, là, dans mon dos, trois cents mètres plus haut, et j'essaie de comprendre pourquoi le village de Gaillard se trouve à cet endroit. Il devrait être devant nous et non pas dans notre dos. Et puis il me parait loin du ruisseau que nous avons traversé tout à l'heure. J'en parle à Patrick et, comme moi, le frangin est de plus en plus persuadé que nous nous sommes égarés.

— Viens Patrick, on reprend la route. Il est tard, et à cette heure nous devrions déjà être vers Michel. Il faut rejoindre les maisons que l'on voit plus haut, et voir vers quel village nous sommes.

Patrick me regarde, de plus en plus inquiet, comprenant que son frère Jean commence aussi à douter.

— Tu vois, ce que je disais tout à l'heure, on est parti trop au Nord, on a dû se perdre, confirme Patrick, l'air réprobateur.

— Il me tarde de savoir vers quel village nous sommes, dis-je, un peu honteux.

Et nous voilà à l'assaut des maisons, trois cents mètres plus haut. À l'approche des premières demeures il n'y a aucune indication. C'est normal puisque nous entrons dans le village par un chemin de bois. Très vite nous remarquons une vieille dame, courbée dans son jardin devant sa maison :

— Bonjour Madame, pourriez-vous nous indiquer dans quel village nous sommes ?

— Hein ? Moi, je sais pas...

— Mais, Madame, vous êtes bien du pays ?

— Hein ? Oh moi je connais tout ici. Même les autres... oh c'est pas toujours facile...

Devant la difficulté de communication avec cette pauvre vieille, j'insiste :

— Vous pouvez nous dire comment s'appelle le village où vous habitez ? Quelle est la ville la plus proche d'ici ?

— Tu ne devrais pas poser plusieurs questions à la fois, me chuchote Patrick, elle ne comprend déjà rien !

— Hein ? Quelle ville qu'il y a ? Bégaie la vieille, les yeux penchés sur ses légumes.

— On est où, là ?

— À Faye.

— Comment vous dites ?

— À Faye.

— Merci Madame, au revoir.

La petite vieille ne répond pas à notre politesse, de nouveau courbée sur sa terre.

— Tu as entendu ? Elle est complètement à l'ouest. Elle raconte n'importe quoi. D'ailleurs, je n'ai pas vu ce village sur la carte. Elle a sûrement l'Alzheimer.

— Pourtant, elle a bien dit le nom de son village, répond Patrick en haussant les épaules. Elle sait quand même bien où elle habite.

Toujours persuadé que nous sommes à Gaillard ou tout à côté, je ne peux m'empêcher de penser que la vieille déconne complètement.

— Le mieux, dis-je, c'est de traverser le village et de reprendre la route goudronnée pour voir la pancarte de cette commune.

Après quelques minutes, nous sortons de ce petit village et trouvons effectivement la pancarte : « La Faye ».

— Tu vois ! s'exclame le frangin, la vieille n'était pas si cinglée que ça !

Inquiet, je reprends ma carte, et plus j'épluche celle-ci, et moins je trouve la commune de La Faye.

— On doit être vachement loin de Gaillard et surtout de Châles, si La Faye n'est même pas sur ma carte, dis-je, regardant, incrédule, tour à tour Patrick, la carte et la pancarte. On ne peut même pas se repérer, puisque la carte que je tiens ne nous donne plus d'indications.

Puis je reprends l'initiative :

— Allô, Michel ? Voilà. Nous nous sommes perdus, nous sommes à La Faye. Peux-tu regarder sur l'Atlas qui est dans le camping-car où se trouve ce village, car je n'ai pas moyen de vérifier sur ma carte.

— Vous êtes perdus où ? répond Michel, abasourdi, persuadé que nous allions bientôt le retrouver à Châles. Je ne vois pas où est La Faye. Ne bougez pas, je vous rappelle dès que j'ai trouvé.

Après une longue attente, Michel rappelle.

— En effet, vous êtes vraiment paumés ! La Faye, c'est carrément à l'opposé. Vous êtes loin de Châles. Mais qu'est-ce que vous avez fait pour vous perdre comme ça ?

— Je crois qu'on n'a pas le choix. Il faut que tu viennes nous chercher, sinon nous ne serons pas vers toi avant la nuit, dis-je.

— J'arrive, mais je vous préviens, j'en ai bien pour une demi-heure parce que ce n'est pas la porte à côté.

— Bon, on continue de marcher à ta rencontre. Vers quel village devons-nous aller ?

— Est-ce que vous voyez des pancartes ? Est-ce que vous voyez Tirange ?

— On ne voit rien du tout. On est dans le trou du cul du monde. On va essayer de trouver quelqu'un pour nous renseigner, puis on ira à ta rencontre vers Tirange.

Et, la chance aidant, nous rencontrons rapidement un brave paysan qui nous renseigne sur notre localisation et surtout nous guide sur la bonne route pour rejoindre Tirange.

— Eh bien, messieurs, c'est encore loin, Tirange. Je vous souhaite bien du courage.

Du courage, nous en avons, mais nous partageons, Patrick et moi, beaucoup de déception et de regrets à cause de ce si grand détour à la con, dont je me sens seul coupable. Je marche vite sur cette petite route goudronnée, comme pour compenser cette perte de temps dû à mon erreur. Je suis vexé, moi qui suis habituellement très fier de mon bon sens de l'orientation. Je me sens d'autant plus impardonnable que le soleil est au rendez-vous aujourd'hui et que, justement, d'habitude, l'astre me sert toujours de guide. Il me tarde de regarder la carte de la région pour comprendre d'où vient ma bourde.

Il est bien tard lorsque nous retrouvons enfin le camping-car garé à l'entrée de Tirange. Alors Michel questionne encore :

— Mais comment est-ce possible de vous trouver ici, si loin de Châles ?

— C'est Jean ! répond Patrick.

Michel me dévisage :

— Mais qu'est-ce que tu as foutu ?

— Je ne comprends rien ! Il faut que je regarde la carte qui est dans le camping-car.

Sur ces mots je m'engouffre à l'intérieur du véhicule pendant que les deux frangins continuent d'épiloguer sur mon erreur.

— Ça y est, j'ai compris.

Je parle tout seul mais si fort que les frangins s'approchent.

— Lorsque nous sommes sortis de Valprivas, nous avons hésité à la fourche où le chemin de randonnée était indiqué. Nous avons pris ce chemin, persuadé d'être sur le GR3, et en fait nous étions sur un chemin de randonnée de liaison. Le GR3 que nous devions prendre bifurquait environ cent mètres plus loin.

— Mais ils auraient pu noter le GR3 dès la première bifurcation, on ne se serait pas planté ! s'exclame Patrick.

— C'est vrai, mais on aurait pu vérifier à la deuxième bifurcation.

— N'empêche qu'ils auraient pu noter le GR3, insiste Patrick.

— Bon, on ne va pas perdre de temps ici, dit Michel, est-ce que vous voulez manger quelque chose avant de partir.

— Non, nous venons de casser la croûte il y a une demi-heure.

Michel reprend le volant et nous emmène au lieu de rendez-vous manqué.

Il est déjà dix-huit heures quinze lorsque nous arrivons enfin à Châles, et il est donc temps pour Patrick de prendre le volant.

— Rendez-vous à Sarlange pour ce soir, comme prévu, nous crie Patrick, passant la tête par la fenêtre, tandis que le camping-car dévale déjà la route communale, qui s'enfonce dans le bas du village.

— Et ne vous gourez pas de chemin parce que, vu l'heure qu'il est, vous passerez la nuit dehors, hein Jean !

Pas besoin de répliquer à sa plaisanterie, le véhicule est déjà trop loin. Mais c'est vrai qu'il reste encore un peu de chemin avant Sarlange, environ quatre kilomètres, alors nous reprenons le GR3 d'une bonne allure. Cette fois-ci, les pancartes du GR nous informent régulièrement et nous arrivons donc rapidement à Goutenoire. Je croyais, ayant regardé la carte tout à l'heure, que Goutenoire était un village, mais je cherche désespérément les maisons et ne vois que trois ou quatre bicoques en ruine.

— Tu vois, ça, c'est Goutenoire.

Visiblement Michel ne m'a pas cru et se contente de poursuivre son chemin. Nous voilà maintenant le long d'une grande descente sur un chemin raviné et caillouteux, qui nous tord les chevilles. Il doit nous emmener dans la vallée de l'Ance. Nous atteignons la rivière à dix-neuf heures trente. Le soleil commence à fatiguer et il envisag sérieusement de se coucher. Mais d'après la carte, il ne reste qu'un kilomètre et demi pour rejoindre la fin de notre étape. Nous arriverons donc vers Patrick avant la nuit. Sauf que j'ai beau chercher, il n'y a aucun pont à cet endroit pour traverser l'Ance. Michel et moi, en vérifiant notre carte, sommes persuadés qu'il y a une route là, à cet endroit précis.

— Regarde là, derrière les arbres de l'autre côté de la rivière, il y a une énorme maison, on doit pouvoir y accéder ! dis-je en pointant du doigt la grosse bâtisse.

— C'est un moulin, répond Michel. Y a sûrement un moyen d'accéder à ce moulin, un promontoire, une digue aménagée, ou quelque chose comme ça.

Nous approchons de la rivière, les pieds parfois dans l'eau, les yeux sur l'autre rive, mais rien à faire, aucune solution, juste le moulin à portée de main sans pouvoir l'approcher.

— C'est quand même con. Sarlange est juste en face de nous, là, au-dessus de la côte et il faut malheureusement continuer de suivre le GR3 jusqu'à La Villette. Ça fait un sacré détour.

— Pour le coup, me répond Michel, on n'arrivera pas avant la nuit vers le camping-car.

Je regarde la carte.

— Il faut compter un kilomètre et demi de plus. Donc, il reste environ trois kilomètres. Il faut se dépêcher, d'autant que nous serons presque toujours dans le bois, et dans la forêt, la nuit tombe vite.

En fait, de forêt, le premier kilomètre longe la rivière, qui laisse sur chaque rive de beaux morceaux de prairies parsemées de pins et de genêts. L'eau de l'Ance est bleue, et les rives de la rivière, blanches. Le soleil continue de bâiller, et son visage est si roux qu'il n'a plus l'éclat de sa belle journée. Nous pouvons presque l'admirer en face. « Tu vois, astre ambitieux qui refuses toujours mon regard, j'ai pu enfin te guetter, car maintenant tu t'inclines ».

Un chemin trop fragile

Enfin c'est La Villette, c'est le pont. Il est de métal vert, couleur de l'herbe, de la forêt, de l'eau parfois. Dommage que nous n'ayons que peu de temps avant la nuit car l'endroit est superbe. Juste une pause photo. En face de nous, la petite montagne que nous devons escalader se pare déjà des couleurs de la nuit. Plus près, quelques grands arbres, précoces, esquissent une magnifique peinture d'automne sur leur feuillage encore abondant. Tout le reste n'est que verdure, haute, basse, épineuse ou tendre, tout un mélange de belle nature. Même à nos pieds, les herbes aquatiques affleurent le pont et caressent nos chevilles endolories.

La rêverie s'achève, la tête se repose et les pieds prennent le relais. Ce dernier kilomètre est escarpé, sombre et fatigant. Nous avons bon moral, même si la nuit nous surprend, car nous devinons le chemin où les dernières lueurs, traces du soleil endormi, dessinent le haut de la côte, tout proche.

À la sortie de la forêt, sur le plateau, nous voyons enfin les lumières du village à quelques centaines de mètres devant nous. Je lève les yeux au ciel. Le soleil dort profondément sous sa belle couverture noire étoilée. Pendant ce temps, Patrick s'inquiète :

— Allô ! Qu'est-ce que vous foutez ? Il fait nuit et vous n'êtes toujours pas là, vous êtes paumés ?

— Non, t'inquiète pas, il a fallu faire un détour à cause de la rivière, mais nous sommes tout près de Sarlange, on voit les lumières. On est vers toi dans un petit quart d'heure. Où es-tu garé ?

— Oh, vous ne pouvez pas me rater. Le village est tout petit. Vous verrez, il y a une espèce de chapelle, je suis juste garé en dessous, en face d'une vieille maison.

Et Patrick, volubile, de poursuivre, dans un flot de paroles dont les mots sortent du téléphone, excités, enthousiastes, vivants :

— On dirait qu'ils sont tous morts, y a personne dans ce village. Les maisons paraissent toutes abandonnées, comme si la guerre venait de passer par là.

Et le frangin continue son propos, exalté, tel le journaliste qui relate un champ de bataille après le combat.

Nous parvenons enfin au camping-car. Il est bientôt vingt heures. Patrick nous attend et nous invite aussitôt à le suivre. C'est vers « sa chapelle » que le frangin nous convie mais en fait, il s'agit d'une jolie bâtisse qui n'est autre que l'ancien four à pain communal.

— Entrez, dis Patrick, vous allez être surpris !

Avant d'entrer dans la chapelle du boulanger, je lève les yeux vers le haut de la façade, un écriteau est accroché à la paroi « Sarlange - sur le chemin de Compostelle ». Cette pièce nous invite au repos, pour le cas où nous n'aurions pas pensé au camping-car. Un banc ou plutôt un ancien plan de travail de boulanger pourrait servir de lit. Le foyer permet de faire un bon feu avec quelques morceaux de bois empilés sur le côté. L'intérieur est agréable. Il règne une odeur de cendre et d'autrefois, une odeur religieuse qui peut laisser croire à une chapelle. Sur le côté un livre d'or est à notre disposition. Nous reviendrons demain écrire un petit mot. Pour ce soir, nous avons notre compte et souhaitons rapidement un bon souper chaud et un lit tiède.

Nous prenons le temps néanmoins de poursuivre notre petite visite nocturne du village. Patrick nous emmène vers l'église où le clocher gris se distingue du reste du monument. Les pierres de tailles de l'église dévoilent une douce couleur mauve sous les reflets des lumières électriques. Les rues sont désertes et le silence est tout à la fois pesant et bienfaisant, il est lourd et généreux, il est incertitude et sagesse, il me plaît.

Les maisons en pierres de granit sont très jolies, d'autant plus charmantes qu'elles semblent vivre seules, sans leurs habitants. Ah, si ! Enfin ! Une voiture est coincée là, entre deux bâtisses. Il reste donc des survivants !

Nous poursuivons notre flânerie parmi les rues abandonnées et gagnons bientôt notre demeure, garée devant une maison... abandonnée ?

— Ben oui, elle est abandonnée, vous voyez bien, rien n'est entretenu autour, les volets ne sont mêmes pas fermés et les rideaux datent d'avant-guerre, déclare Patrick, presque sûr de lui.

Michel ajoute :

— Ce n'est pas une raison pour laisser le camping-car devant la porte. Cette maison appartient bien à quelqu'un.

— Mais c'est le seul endroit à peu près plat que j'ai trouvé.

Alors, pris d'un doute, tout comme Michel, j'ajoute en regardant Patrick :

— Ce n'est pas sûr qu'elle soit abandonnée. C'est plus prudent de décamper par politesse pour les gens du pays.

— Quels gens du pays ? Vous voyez bien qu'il n'y a personne.

Je regarde autour de moi et désigne un coin plus raisonnable cent mètres plus loin sous de grands arbres et qui ressemble à une petite place.

— Tu rigoles ! poursuit Patrick, tu as vu comme c'est en pente.

— Oui peut-être, mais on va mettre les cales et ça devrait aller.

Sur ce, Patrick reprend le véhicule et le déplace à l'endroit prévu.

Un chemin trop fragile

— Maintenant, on met les cales.

— Bah ! Ce n'est pas la peine ! s'exclament en même temps mes deux frères.

— Mais vous êtes cinglés, vous avez vu comme ça penche, on va rouler dans le lit ! Soit on sera coincé contre la paroi, soit on tombe du lit !

— Mais non, on s'accrochera, plaisante Michel.

Tout le monde est tellement fatigué que nous n'insistons pas, et personne ne descend donc du camping-car pour poser les cales.

Si le ridicule ne tue pas, il fait souvent bien rire. À l'heure du repas, Michel entreprend de cuire la viande dans une poêle sur la gazinière. Évidemment l'inclinaison est si prononcée que le poêlon glisse et quitte la gazinière.

— Ah, ah ! C'est le bouquet, rigole Patrick, si on ne met pas les cales, on ne peut même pas manger chaud.

— Je vais poser les cales, dis-je.

— Non, répond Michel. Regarde, je vais tenir le manche de la poêle pendant que la viande cuit.

Je hausse les épaules, et devant cette situation cocasse je me dis que nous aurions passé certainement moins de temps à poser les cales qu'à tenir la poêle, et de plus nous aurions dormi à peu près à plat. Mais enfin, autant en rire ! Et nous avons bien ri durant toute la cuisson des escalopes, Michel bien cramponné au manche de la poêle.

Allez, maintenant au lit, nous l'avons bien mérité. Et la rigolade continue lorsque Patrick, dans son lit, commence à tourner et se retourner, sans trouver la bonne place, puis il déclare :

— On peut quand même mettre les cales, sinon je verse dans l'allée.

Un chemin trop fragile

— Ah non, dis-je, sourire aux lèvres, depuis le fond de mon lit, je ne me relève pas. D'ailleurs moi, je suis bien. Je suis calé contre la cloison, je ne peux pas aller plus loin.

— Moi, poursuit Michel, je m'accroche à la barrière du lit parce que, si je verse, je tombe sur le tableau de bord.

C'est vrai qu'il dort dans la capucine. Alors la remarque est judicieuse mais volontairement exagérée. Le sommeil sort rapidement vainqueur de l'humour, et très vite, le silence de notre logis se mélange au silence du village.

******

Le lendemain nous retournons pour laisser un message sur le livre d'or au four à pain du village : croquis du camping-car, bien dessiné par Patrick, et ce simple texte : ''Les trois frères, Mic, Jean, Pat'' marquent notre passage sur ce GR3.

Au petit matin le village semble se réveiller et nous croisons quelques habitants qui grimpent dans leurs voitures pour se rendre à leur travail. Même la maison où Patrick avait garé le véhicule devant la porte paraît elle aussi bien habitée, puisqu'une jeune dame sort de celle-ci lorsque nous passons devant sa porte. Michel et moi sourions, Patrick baisse la tête.

Vers neuf heures trente je dépose les deux frangins à l'entrée du village de Jussac. Nous sommes devant une chapelle dont on ne voit que l'immense portail de chêne, et ornée d'une petite fenêtre barrée de fer forgé.

Mes deux frères commencent leur marche sur le GR3 en direction de Retournac. Je reprends le véhicule afin de

Un chemin trop fragile

rejoindre le lieu-dit Chanou pour le rendez-vous de midi, où Michel récupérera le camping-car.

Je me trouve rapidement à Retournac. C'est vrai que le véhicule à moteur roule mieux que mes jambes. Après quelques courses au supermarché de la ville, je traverse le pont de la Loire, grimpe jusqu'à Chanou, où je gare le véhicule en bordure d'une prairie tout en haut de la côte. Il n'est que dix heures quinze et je n'attends pas les frangins avant midi. Que faire ?

Eh bien je flâne, j'admire les gorges de la Loire à mes pieds, entourées de prairies et de petits monts aux dômes arrondis flanqués de pins et de sapins. Est-ce déjà les premiers sucs de la Haute-Loire, prémices des Volcans d'Auvergne ?

Je trouve le temps long, je manque évidemment de patience, et surtout de sérénité. C'est pourtant ce que je suis venu chercher dans cette randonnée. Toutefois il me faudra bien apprendre à me poser, à méditer. Ah ! Que tout cela paraît encore bien compliqué !

Alors je décide de retourner à Retournac et je remonte dans mon véhicule. Me voilà de nouveau avec mes jambes et je déambule dans les rues de la ville. Je m'attarde sur le pont de la Loire, au parapet joliment fleuri de bégonias rouges, de surfinias mauves et blancs. Je remonte la rue principale, je découvre l'église, ses murs de granit laiteux percés de fenêtres couleur caramel, aux vitraux étoilés.

Qui est-ce que je rencontre, tout sourire, en train de descendre la rue principale ? Les deux frangins, joyeux, m'interpellent.

— Alors ça se passe bien la balade en camping-car ? ironise Patrick.

— Et vous, ça va ? Vous n'avancez pas très vite. Vous ne serez jamais avant midi à Chanou !

— T'occupe, et tâche de nous trouver un beau coin pour le casse-croûte, me répond Michel.

— Chanou n'est pas très loin. Environ quatre kilomètres, mais je vous préviens les gars, après le pont de Retournac, ça grimpe, faudra pas musarder !

Je reprends le véhicule pour rejoindre mon petit coin au sommet de la colline. Il est onze heures, j'attends. Les frères devraient être là pour midi. Alors j'attends, et j'attends encore. Midi, midi quinze, midi trente… bizarre ! Je reprends alors le camping-car à la rencontre de mes frères. Je les croise en bas de la côte à la sortie de Retournac.

— Mais qu'est-ce que vous foutez ? Il y a longtemps que vous devriez être à Chanou !

Pour toutes réponses les frangins rigolent en se regardant, vautrés dans l'herbe sur le bas-côté de la route, en train de casser la croûte.

— Mais jamais on sera au Puy-en-Velay ce soir !

— Bof, ce n'est pas grave. On va notre bonhomme de chemin, plaisante Michel.

— La côte, c'est dur, on va doucement, ricane Patrick.

Je prends le parti d'en rire, et après un rapide casse-croûte en compagnie des frangins, je charge ceux-ci dans le camping-car et dépose tout ce petit monde à Chanou en haut de la côte.

— On a réfléchi avec Patrick, quand on cassait la croûte en bas de la côte, déclare Michel.

— Oui, parce que, des fois, on réfléchit, plaisante Patrick.

— Plutôt que de garder le chemin prévu, poursuit Michel, et ne pas récupérer le GR3 si loin, on a vu qu'il y avait un raccourci après Chanou pour rejoindre Blanlhac. Il faudrait prendre ce raccourci et du coup, on récupère le temps que nous avons perdu à Retournac.

Un chemin trop fragile

— OK, dis-je, c'est toi qui reprends le camping-car. On se retrouve pour le repas de midi à Blanlhac.

Et sans perdre de temps, Patrick et moi poursuivons le chemin qui continue à s'élever jusqu'au lieu-dit Le Faux. Nous traversons le hameau sous un beau soleil d'automne en contournant le suc de Emeral, culminant à mille quatre-vingts mètres d'altitude, puis nous entamons une longue descente sur un chemin de pierre entre frênes et châtaigniers, pour bientôt entrer dans le village de Blanlhac.

Il est treize heures trente et comme nous avons faim, nous cherchons désespérément Michel et le camping-car à travers les rues du village. Mais le coin est si joli que nous en oublions notre repas. Nous déambulons alors dans les ruelles étroites aux petits trottoirs d'herbes sauvages, entre de belles maisons aux volets colorés. C'est à l'angle d'une de ces petites rues, que nous tombons nez à nez avec Michel qui, ayant eu la même idée que nous, gardait précieusement son appareil photo en main, pour emporter de beaux souvenirs de ce joli village.

Après un bon repas à l'intérieur du véhicule, nous reprenons notre chemin. C'est Michel qui m'accompagne et Patrick emmène le camping-car du côté de Rosières. Il doit s'arrêter à la croix de Cleyssac.

Patrick, qui a pris le temps de flâner encore dans les rues de Blanlhac, nous dépasse sur la route à l'entrée de Rosières. Michel et moi poursuivons notre chemin et, de causeries en plaisanteries, de rêveries en délires, nous n'avons pas remarqué que nous nous étions perdus. Il passe en effet trop de voitures sur cette voie, alors que notre chemin indiquait une petite route communale. Après vérification sur la carte je m'aperçois que nous sommes restés sur la départementale 71. En fait, ce n'est pas que le trajet soit plus long, il est surtout plus bruyant.

Un chemin trop fragile

Dix-sept heures quinze, nous retrouvons Patrick à la croix de Cleyssac.

— Alors Patrick, tu nous as trouvé un superbe coin, on dirait ! s'exclame Michel.

En effet, le coin est joli. Nous pouvons admirer le paysage de Haute-Loire avec ses successions de sucs, anciens volcans éteints, pareils à d'énormes taupinières qui jaillissent des grands espaces.

— Mais y a pas de croix, à la croix de Cleyssac ? interroge Michel.

— Je ne l'ai pas trouvée, mais nous sommes bien à la croix de Cleyssac, affirme Patrick.

— Bizarre qu'il n'y ait pas de croix, dis-je. Partout sur notre chemin, à chaque sommet dans la région, nous trouvons une croix.

— Puisque je vous dis que je ne l'ai pas trouvée ! confirme Patrick, vous n'avez qu'à chercher, vous verrez bien !

Alors, durant notre pause goûter, je prends le temps de faire le tour du camping-car, histoire de me dégourdir les jambes, comme si j'étais en manque de kilomètres. Que vois-je, vingt mètres plus loin ? Une belle croix de pierre, fière de s'exhiber sur cette place, au sommet de cette colline.

— Alors, Patrick, tu te laisses aller ! T'as posé le camping-car à deux pas de la croix et tu ne l'as pas vue ?

— Il a dormi en nous attendant et il nous fait croire qu'il a cherché la croix, s'amuse Michel.

Et Patrick, pour toute réponse, nous laisse un sourire malicieux.

Après ce moment de détente, je reprends le camping-car. Je dois conclure la journée en véhicule et trouver un endroit pour la nuit. Nous décidons de nous donner rendez-vous à Chaspinhac, sur les hauteurs qui précèdent Le Puy-en-

Velay. Les frangins reprennent leurs bâtons de pèlerins pour une marche d'environ six kilomètres.

— Je vous attends vers sept heures, sept heures trente, dis-je, passant ma tête par la fenêtre du camping-car.

Puis mon véhicule s'élance à travers la montagne pour rejoindre dix minutes plus tard le village de Chaspinhac. À l'entrée du bourg je découvre un endroit idéal pour la nuit. Une immense place s'étale entre gazon et goudron : l'asphalte pour poser le camping-car, la pelouse pour la couleur, l'odeur et le bonheur. Une table de pique-nique en pin, emmanchée de ses deux bancs de bois, nous accueille pour un repas en plein air. Mais le soleil commence à décliner, l'air se rafraîchit et je prends la décision de préparer le couvert pour le souper du soir à l'intérieur du fourgon. Je me décide pour une douche en attendant les frangins, puis pour une balade à pied au centre du village.

Je repère l'église qui domine en haut de la bourgade. Elle est grande, elle est belle, toutes les églises sont belles. J'aime tout à la fois cet esprit religieux et historique, cette architecture noble et solennelle, cette sensation de divin et de bonté, c'est la perfection de notre histoire dans le labeur de nos ancêtres. L'église de Chaspinhac est vraiment très belle, son origine remonte au XIIe siècle. Les lignes sont pures, les fenêtres discrètes et hautes. À l'intérieur, les vitraux apportent la couleur du soir, le bleu, le rose, l'orange et l'or.

Le soleil se couche et c'est l'heure où les frangins entrent à Chaspinhac. Le ciel dehors ressemble au ciel dedans, bleu, rose, orange et or. Mes frères sont surpris par la beauté de ce superbe coucher de soleil. Cloîtré à l'intérieur de l'église, je n'avais pas remarqué ce don du ciel. Il a fallu que les frangins pointent du doigt l'astre à l'ouest pour que je me précipite sur mon Sony.

Un chemin trop fragile

    Je surprends dans mon objectif une maison de maître cachée dans les pins touffus, éparpillés sur le premier revers de la colline, tout près. Plus loin, d'innombrables sucs de La Haute-Loire ressemblent à des seins de jeunes filles, avec parfois même leurs petites pointes qui se dressent à l'approche de la nuit. Là-bas, tout au loin, les montagnes d'Auvergne paraissent encore éveillées mais fatiguées, leurs sommets se laissant caresser par les derniers rayons de l'astre. Le ciel au-dessus du soleil libère ses couleurs provocantes dans les griffures des nuages sombres. L'Ouest est un combat entre un zèbre rose orange et un dragon aux flammes d'or. Le bleu du jour a disparu, écrasé par la violence des couleurs féroces.

    Après la fraîcheur du soir, c'est la chaleur de l'abri. Qu'est que l'on mange ce soir ? Pas de soucis, j'ai repéré un camion pizza au centre du village. Pas besoin de jouer au cuistot ou de tenir la queue de la poêle qui glisse, juste déguster et s'endormir.

******

    À la lueur de l'aube, mon regard se porte à l'est, où le bleu du ciel s'est réveillé, encore pâle, accablé par la bataille de la veille au soir. De grands pins isolés, tout proche, semblent enjamber de lointaines forêts. D'autres, bien rangés, pareils aux légions romaines, partent à l'assaut de la forêt de buissons voisins, plus gauloise. Les romains aux sandales de mousse, aux biceps épineux, poussés par le vent mauvais agressent leurs voisins. Les broussailleux Gaulois aux membres feuillus attendent sans trembler et laissent passer le courant d'air frais du matin, impassibles.

Un chemin trop fragile

En route pour le Puy en Velay. Patrick et moi partons de bon matin, accompagnés de nos sacs à dos et de nos bâtons de marche. Michel nous retrouvera en ville en milieu de matinée avec le camping-car.

Nous traversons Chaspinhac, le désir dans les jambes, et le visage fouetté par l'air frais du matin. Les jolies maisons de pierres volcaniques nous regardent passer et le four communal se laisse admirer. Ses murs, couleur du pain cuit, sont séparés par de larges joints de sable clairs, irréguliers, et donnent au four l'image appétissante d'une grande génoise marbrée. Son toit de lauze ressemble à la cendre du feu de bois et la cheminée de pierres est presque aussi grosse que le gâteau.

Dès la sortie du village, nous dévalons la pente du bois du Suc par une variante du GR3 et parvenons à la rivière La Sumène, un coin sauvage où le torrent gronde au fond du ravin. Les geais crient à l'approche de nos pas et les merles pépient, puis s'affolent en giclant de la broussaille dans un bruit surprenant.

Cela fait une heure que nous descendons depuis Chaspinhac sous un ciel clair. Nous devinions les rayons du soleil, qui se faufilaient parmi les branches et les feuilles de ce grand bois, et maintenant que nous approchons du Puy en Velay nous poursuivons notre chemin sous un épais brouillard. Quel dommage ! Moi qui me faisais un plaisir d'admirer à l'entrée de la ville, ses monuments et ses statues haut perchées. Tant pis ! Pour l'instant nous n'avons, comme édifices à admirer, que la nationale 88 à quatre voix sur notre gauche, puis bientôt sur notre droite.

Nous traversons le vieux pont de Brives-Charensac, premiers faubourgs du Puy en Velay. Ce pont de la Chartreuse, étroit et réservé aux piétons, enjambe la Loire. Il est solide comme le rocher, vieux comme les siècles et tellement joli qu'il mérite quelques photos, d'autant que, comme par miracle, le brouillard se lève au-dessus du fleuve et laisse pénétrer l'agréable douceur du soleil d'automne.

Il nous reste environ une heure de marche avant d'arriver au centre de la ville et au pied de la cathédrale, lieu de rendez-vous avec Michel. Mais le frangin a du mal à trouver une place pour garer le véhicule et, après quelques coups de téléphone échangés, nous apprenons qu'il effectue son deuxième tour de ville. Il est passé à côté du Pont de la Loire et là, comme pour les sorties d'autoroute ratées, il faut un long trajet et beaucoup de temps perdu, pour se retrouver au point de départ.

Il est presque midi lorsque Michel trouve une place loin du centre-ville. Nous partons donc à sa rencontre. Sous un ciel bleu et une douceur agréable nous gravissons les marches de la longue montée qui nous emmènent sous le portail principal de la cathédrale du Puy en Velay.

Enfin ce moment tant attendu ! C'est bien là que commence notre chemin de Compostelle. Nous décidons de rester quelques heures pour visiter la cathédrale et la ville. Nous continuerons notre route, soit en fin de journée, soit demain matin.

Je me retrouve bien vite seul à contourner la cathédrale pendant que mes deux frères s'engouffrent à l'intérieur. Entre cloître, cour extérieure, escaliers et portails, j'ai toutes les peines du monde à retrouver l'intérieur de la cathédrale et sa grande nef. Me voilà enfin devant la porte principale et j'admire cette immense façade de pierre volcanique, comme une arabesque géante. Je pénètre dans le silence de l'intérieur. Des gens à genoux montrent ou cachent leur foi, d'autres, la tête levée vers la voûte, semblent chercher Dieu ou les artisans du Moyen Âge. D'autres encore se penchent aux pieds des statues, là où les écritures gravées dans le plâtre invitent à la prière : c'est Agnès de Jésus qu'on implore dans sa sollicitude pour les mamans afin d'apporter fertilité et fécondité, c'est Saint François Régis qui réconforte les prêtres, c'est Saint Joseph qui aide les familles qui ont besoin de trouver un emploi, ainsi que tous ceux qui ont des enfants à nourrir et à éduquer et manquent des ressources nécessaires. Je m'approche de la vierge noire. Elle me questionne, mais je n'ai pas de réponses, je m'interroge, mais elle ne me dit rien.

Je sors par le grand escalier direction Compostelle. Je m'assois sur une marche et j'admire la ville à mes pieds, les monts d'Auvergne au loin, les pitons statufiés, tout près. Je n'ai pas revu les frangins depuis déjà un bon moment et j'ignore s'ils ont quitté la cathédrale. Alors j'attends, assis sur ces marches. Je médite et contemple. De vieilles maisons mitoyennes bordent la montée vers la cathédrale. Un beagle est debout sur un rebord de fenêtre au deuxième étage, à la place du chat. Il regarde passer les passants qui passent. Tout à côté de lui, dans une cavité creusée sur la façade, se niche Saint Jean-Baptiste et l'enfant Jésus. Les temps ont bien changé, le chien se prend pour le maître... et le sacré est dans à la niche ! Le beagle se fout de la religion, il médite à sa façon, c'est-à-dire naturellement, en regardant passer le passant qui passe. Moi, je m'efforce à ne pas penser, mais je pense au passant qui passe. Je m'amuse avec mes jeux de mots, les statuts, les pierres, les pitons, les vallons, les bords de fenêtres, le chien, les passants, toutes ces images qui jonglent dans ma tête, mais je ne parviens pas à méditer. Je voudrais bien être ce beagle quelques minutes, juste pour connaître ce qu'est l'instant présent. Alors je me lève, je regarde dans mon dos la cathédrale, devant moi la route vers Compostelle, et je me dis que peut-être, là-bas, tout au bout du chemin, je connaîtrai la sérénité de l'instant présent.

Un chemin trop fragile

Je descends le grand escalier, puis retrouve les pavés de la rue piétonne. Je côtoie quelques commerces et m'arrête vers une fontaine circulaire. C'est là que je vois mes deux frères sur l'escalier de la cathédrale. Ils viennent à ma rencontre.

— Qu'est-ce qu'on fait ? disent en chœur les frangins.
— On se fait un petit resto ? poursuit Michel.

Tout en déambulant dans les petites rues en bas de la cathédrale, nous recherchons un restaurant pour nous requinquer. Les ruelles sombres que nous croisons, où le pavé ne voit jamais le soleil, ne donnent pas ce bel aspect médiéval où l'on se plaît à flâner parfois sous les chauds rayons du soleil de la Provence, c'est plutôt lugubre. Tout à coup Patrick me retient par le coude :

— Regarde là, discrètement, dans l'impasse à droite, il y a un djihadiste qui se planque.

J'avance le nez et jette un œil. Je ne vois rien dans la ruelle, mais brusquement surgit une silhouette d'une porte au fond du sombre passage. Je discerne alors un niqab ou quelque chose qui ressemble à une personne. Le niqab me guette puis se cache aussitôt dans son couloir obscur derrière sa porte. Je me recule bêtement, par instinct de survie, me tourne vers Patrick, souris pour ne pas rire, puis m'avance à nouveau et guette la ruelle. Le niqab montre une tête de drap noir dans l'encadrement de la porte, me fixe, puis se cache à nouveau. Je recommence mon manège une fois, deux fois, l'arabe fait de même. C'est rigolo et angoissant. C'est pourquoi Patrick et moi nous sourions, juste un seul sourire, puis nous quittons rapidement l'endroit. Michel, prudent comme à son habitude a déjà pris le large.

— Tu crois que c'est un terroriste qui se planque ?
— Sauvons-nous vite, dis-je au frangin en souriant.

C'est vrai que nous avons pris tout cela pour un jeu. Cependant l'attitude de la personne était bizarre.

Sur cet entracte, nous trouvons un restaurant pizzeria en bout de rue sur une place ensoleillée. Nous marchons sur les coquilles Saint-Jacques de bronze dessinées sur les pavés, puis nous nous installons en terrasse. Après une pizza avalée sur le pouce, nous flânons dans les rues de la ville puis rejoignons tranquillement le camping-car. Là une voiture s'arrête à notre hauteur. À l'intérieur un couple nous demande la route.

— Nous ne sommes pas du pays, juste des pèlerins, répondis-je.

Le couple nous remercie en souriant. Avant qu'il ne reparte, Michel a juste le temps d'ajouter, en pointant son index devant la voiture :

— Ce n'est pas par là…

Devant le véhicule s'ouvrait un chemin qui emmenait à un cimetière.

Un coup d'œil au rocher Saint Michel-d'Aiguilhe qui nous domine, puis s'en est déjà fini de la petite visite du Puy en Velay. Il est presque seize heures.

Patrick reprend le véhicule et nous dépose à la sortie de la ville près du GR 65. Nous devons nous retrouver au village de « La Roche » où le cadet emmène le camping-car. Michel et moi reprenons nos bâtons de pèlerin.

Ça y est, nous y sommes ! Le GR 65 est à nous. En effet l'atmosphère de ce chemin est subitement différente : des croix, des tas de cailloux à leurs pieds, dons divins de pèlerins pour vœux en cascade. Devant nous un chemin pierreux et infini qui s'éclaire du soleil de Galice. Ça sent bon le mouton, le trèfle, la lentille verte. La campagne est belle, la vie aussi.

Un chemin trop fragile

Après une heure de marche, nous voilà vers le camping-car qui stationne sur un arrêt de bus le long de la grand-route. C'est à mon tour de prendre le véhicule. Mes deux frères, le cœur en fête, partent d'un bon pied pour rejoindre Saint-Christophe sur Dolaison, sur le plateau du Devès, c'est là que je conduis le camping-car pour la nuit.

J'arrive très vite au village et je m'installe au centre du bourg sur une aire de stationnement réservée, ombragée et bétonnée, douce campagne aménagée. J'ai du temps devant moi car je n'attends pas les frangins avant une bonne heure. Alors je flâne dans ce joli village où je me nourris de foi et de pierres rouges. Que cette église est belle ! Classée monument historique, elle est faite en brèches volcaniques rouges et son clocher est en peigne percé. Les quatre cloches du peigne ne sont plus que trois, l'une d'elles s'est sûrement perdue en chemin entre Rome et le plateau du Devès à pâque dernier.

Il est dix-huit heures trente et je décide de partir à la rencontre des frangins. Je trouve rapidement le GR, direction Le Puy en Velay puis me viens une petite idée. Après vingt minutes de marche et d'après mes calculs, Patrick et Michel devrait bientôt être en vue. Alors je me planque derrière un muret, caché par une haie de genêts et de noisetiers qui borde le chemin. Les voilà qui arrivent. Ils sont en grande discussion, mais je suis trop loin pour les entendre. Je les laisse me dépasser de quelques mètres puis lance un gros caillou le long de la haie, laissant croire au déboulé d'un lièvre ou d'un chevreuil. La réaction prévue ne se fait pas attendre. Si Michel ne remarque rien, Patrick s'exclame en se retournant dans la direction du bruit :

— Tu as entendu, y a quelque chose qu'est parti, là, dans la haie.

Michel marmonne, puis ils poursuivent leur chemin. Pas satisfait d'une réaction trop timide, je recommence mon manège et lance une pierre encore plus grosse et encore plus près des frangins. Elle roule bruyamment dans la haie afin d'imiter le gibier qui s'affole et se sauve. Là, les deux frères se retournent brusquement, tels des chasseurs prêts à épauler et mettre en joue le gibier qui s'enfuie dans leur dos.

— T'as vu, je te l'ai bien dit, y a quelque chose dans la haie ! s'anime Patrick.

Mais à peine sa phrase achevée, ma polaire rouge me trahit et je suis repéré. Dans une grosse rigolade ma gaminerie clôture ainsi une belle journée de marche pleine de fantaisie, de couleur, de chaleur et de joie. Nous reprenons tous les trois le chemin pour rejoindre Saint-Christophe sur Dolaison.

Une saladerie sandwicherie nous attend à l'entrée du village, mais l'établissement est désert. Il faut sûrement patienter jusqu'au mois de mai pour voir s'animer ce petit resto. J'ai le pressentiment que nous rencontrerons beaucoup de petits coins comme celui-ci tout au long de notre parcours. C'est un décor de jardinet de ferme pour vendre du bonheur, avec ses coupe-vent en paille, ses chaises plastiques, ses grosses pierres de lave du pays, ses inscriptions gravées dans le bois, ses parasols repliés dont on devine la publicité dans les replis, sa guirlande de bienvenue pour le pèlerin, parmi grillages et barbelés. L'ensemble est un curieux mariage de business et de poésie.

Nous entrons à Saint-Christophe sous la pancarte « Saint-Jacques-de-Compostelle 1523 Km », vers dix-neuf heures. Le ciel est d'un bleu pur, l'église et ses trois cloches, d'un rouge flamboyant sous le soleil couchant. Michel, Patrick et moi, aucun des trois n'oublient de prendre quelques photos, tant de l'extérieur que de l'intérieur de l'église, tellement nous tombons sous le charme. Patrick continue même de mitrailler le village et la fontaine aux gros bonhommes de pierre, imitation de pèlerins fourbus venus se désaltérer.

— Hé, pour profiter des services de l'aire du camping-car, il faut acheter un jeton au café du soleil, là, tout à côté, dis-je.

— Bof, y a pas besoin de jeton, répond Michel, on est juste là pour dormir.

— Si, il faudra faire le plein d'eau demain matin et vidanger le camping-car.

Sur ce, nous voilà tous trois à l'intérieur du bistrot pour acheter le jeton et prendre l'apéro dans ce café de campagne atypique. C'est un peu comme notre pause-café croissant dans le village de Ouroux au printemps de l'an passé, toute l'ambiance des années soixante. Le couple derrière le zinc semble par contre beaucoup plus souriant que le vieux barman d'Ouroux. Ce soir, ce n'est pas le chat qui squatte le tabouret du bar, mais un majestueux cocker qui semble surveiller la clientèle d'un air attentif, assis comme un roi, le cul sur le trône ciré. Il y a beaucoup de monde dans ce bar de village, pour un soir de semaine. Je reconnais là des habitués qui tutoient le patron et bisent la patronne, des ouvriers de chantiers voisins qui boivent et reboivent, pour fêter la fin d'une journée de labeur, des paysans du village qui sentent bon la vache et la chèvre, et qui s'engueulent gaiement au sujet de matériel, de tracteur en panne, de fournisseurs trop chers, et j'écoute encore bien d'autres bribes de conversations plus ou moins audibles, le sourire aux lèvres, le cœur plein de joyeux souvenirs. Ils sont tous debout devant le zinc, les plus hardis autour de la patronne, les plus prudents vers le patron. Toute cette animation autour de moi me rappelle la lecture de *brèves de comptoir* de Jean-Marie Gourio. Qu'il a dû s'amuser que d'écouter, et coucher sur le papier tant de croquignolettes histoires comme celles de ce soir !

— Regardez, dis-je en montrant des yeux la direction de l'appareil à servir les cacahuètes, y a trente ans que je n'en ai pas revu !

— Ah, ah, tu crois qu'il marche encore ! me répond Patrick.

— Tu devrais aller voir et nous en amener une assiette, ajoute Michel en me regardant.

Sur ce, je me lève, m'approche du bar, sort une pièce de ma poche et essaie d'enfiler celle-ci à l'emplacement prévu dans l'appareil. Pas moyen de tourner la manette. J'essaie et essaie encore, jusqu'à ce que le patron intervienne enfin :

— Ce n'est pas la peine d'insister, il ne marche pas. Laissez-moi faire.

Il ouvre l'appareil, me verse une quantité considérable de cacahuètes dans une grande assiette, et me rend ma pièce de monnaie.

— Bon appétit, c'est cadeau.

— Oh, merci, vous êtes super !

Je retourne à table vers les deux frangins :

— Le patron est trop gentil. Il nous offre les cacahuètes, et il y a le stock, vous avez vu ?

— C'est fait exprès pour qu'on boive une autre tournée, murmure malicieusement Michel.

— Peut-être et c'est bien vu, du coup, on boit un deuxième pastis.

Après notre deuxième verre, la conversation entre nous trois ressemble bientôt aux « brèves de comptoir ». Ce sont fous rires, ironie, plaisanterie, et lorsque nous quittons le bistrot, nos têtes sont gaies et la fatigue de nos corps oubliée.

Il est déjà vingt et une heures et nous soupons dans la bonne humeur à l'intérieur de notre petite maison. À l'heure du dessert je regarde distraitement par la fenêtre et vois la patronne du bar promenant son cocker dans la pelouse derrière notre camping-car. Et là, c'est l'interrogation :

— Hé les gars, vous ne savez pas ce que l'on vient de faire ? dis-je en me tournant vers les frangins qui gardent leur cuillère de yaourt dans leur bouche grande ouverte, on a oublié de payer nos deux tournées de pastis.

— C'n'est pas possible ! s'exclame, Patrick perplexe, t'es sûr que l'on n'a pas payé ?

— Moi, je n'ai rien réglé, répond Michel,

— Moi non plus, dis-je et me tournant vers Patrick, c'est toi qui es sorti le dernier. Quand nous avons quitté l'établissement tu es parti aux chiottes.

— En sortant des chiottes, poursuit Patrick, j'ai cru que vous aviez réglé, alors je suis sorti sans me poser de questions.

J'éclate de rire :

— Le patron, il a dû te regarder partir, l'air abasourdi... t'as du pot qu'il ne t'ait pas sauté sur le colback... j'imagine la scène...

— Le patron a dû croire que c'était un coup monté, raille Michel, les deux premiers sortent du bar gentiment et le troisième détourne l'attention en allant au WC.

Puis il poursuit en regardant par la fenêtre qui donne sur la façade du bar tout proche :

— Le troquet est sûrement fermé, je ne vois plus de lumière, la patronne a sorti son chien et il est plus de dix heures. On verra demain.

Alors, toujours debout devant ma fenêtre, je feins l'ironie pour justifier mon choix :

Un chemin trop fragile

— Si ça s'trouve, la bonne femme, elle tourne autour du camping-car parce qu'elle nous a repérés. Elle va nous envoyer les deux trois costauds de clients qui étaient dans le bistrot pour nous casser la gueule. D'ailleurs vous avez vu, on aurait dit des manouches. Si le bar est encore ouvert, je préfère aller régler tout de suite. Il n'y a plus de lumière, mais il reste peut-être encore deux ou trois clients dans l'arrière-boutique. Je vais voir.

Je m'empresse de prendre mon portefeuille et file à la porte du bar. Il fait grand nuit et la patronne ne semble plus promener son chien. Il n'y a plus de lumière à l'intérieur du bistrot, mais le bruit d'une conversation m'interpelle. Je frappe et frappe encore. Enfin le patron se décide à m'ouvrir. Dans la pénombre de la salle, il reste en effet un ou deux clients, bien assez éméchés, qui achèvent leurs verres en compagnie du patron, sous une faible ampoule accrochée au-dessus du zinc.

— Vous vous souvenez de moi, bien sûr, et vous vous souvenez aussi que nous n'avons pas réglé notre note.

— Oui, peut-être, me répond le patron, étonnamment embêté.

— C'n'est pas peut-être, c'est sûr. Mais pourquoi ne pas nous avoir rappelés lorsque nous sortions ?

— Ben, ce n'était pas trop grave, dis le patron.

— Eh oui, c'est pas grave, ajoute un des retardataires éméché accoudé au bar, me posant sa main sur mon épaule. Allez, bois un coup.

Afin de ne pas déranger plus longtemps ce trop gentil patron qui a juste envie d'aller dormir, je décline l'invitation du client, règle mes dettes puis quitte cet agréable café en saluant tout ce beau monde.

Un chemin trop fragile

******

Le lendemain, je bouscule ma couverture et me lève à cinq heures et demie du matin pour allumer le chauffage dans le véhicule, car j'ai froid. Les frangins apprécieront aussi de se lever et déjeuner tout à l'heure dans la chaleur de notre petite maison.

À huit heures, Patrick, le mécanicien de l'équipe, se charge de faire le plein d'eau puis emmène le véhicule jusqu'à Montbonnet. Nous nous donnons donc rendez-vous dans deux heures vers ce village. Michel et moi, sac au dos, nous partons à l'assaut des montagnes de la Margeride.

Nous traversons de vastes paysages de landes et de prairies parsemées d'imposants blocs de granit usés, aussi vieux que le temps. C'est un endroit plein de mystères et de chaos. J'attends les loups au coin du bois, les bisons au fond des pâturages, et devine la bête du Gévaudan reniflant mon visage avant de me trancher la gorge. J'aime ce paysage, et je regarde ces fermes qui côtoient mon chemin. À l'entrée de l'automne, leurs façades sourient au soleil du midi, mais elles préparent l'hiver en se cachant de la bise derrière de grands murets de granit ou des bosquets de résineux, de frênes et de bouleaux.

Sur ce plateau du Devès, à plus de mille mètres d'altitude, les landes marécageuses sentent la marée. Les longs murgers aux pierres encore chaudes et les prairies fourragères ensoleillées laissent s'envoler un doux parfum de l'été finissant. Que ces paysages sont beaux ! Ici la nature serait parfaite si ce n'était le bruit des avions dans le ciel, crachant derrière eux d'interminables serpents venimeux jaunes qui déchirent un si beau ciel bleu.

Un chemin trop fragile

Nous traversons Ramourouscle et je rate là une belle photo de randonnée, tout cela à cause d'un tracteur et de son effrayant bruit de moteur, qui fait fuir mes figurants. En effet, je regarde dans l'objectif de mon appareil photo deux border-collie, rois du quartier, couchés majestueusement au beau milieu de la chaussée. Ils me regardent avec noblesse et semblent accepter mon intrusion. À l'instant où je veux prendre la photo, que vois-je arriver au premier plan dans mon viseur ? Une mère poule et tous ces petits poussins à la queue leu leu, comme une tendre image de la petite maison dans la prairie. C'est si beau que je regarde par-dessus l'objectif pour vérifier si d'autres petits poussins suivent, histoire de flasher l'idéal. C'est l'instant que choisit ce putain de tracteur, pour montrer son affreux nez au plein milieu de mon viseur. Poule et poussins se sauvent devant la mécanique, je gueule devant la civilisation, et il ne me reste à l'écran que les deux augustes chiens bergers, toujours couchés sereinement sur l'asphalte chaud, ne craignant pas cet engin agricole, copain de leurs escapades campagnardes. Mais pourquoi ne pas avoir flashé plus vite ? De vouloir la perfection j'ai récupéré des miettes de beauté et un brin de désolation.

Après cette déception, je me console en franchissant la porte de la chapelle Saint- Roch, où la douce musique religieuse plane sur les bancs, l'autel, les statuettes. Elle caresse mes oreilles, ruisselle sur mon corps, dépose le calme et la sérénité dans mon ventre et mes veines. L'odeur de l'encens et la mélodie des chants grégoriens complètent mon envie de quiétude, qui se transforme bientôt en véritable paix intérieure. Je rends un petit hommage à la magie du lieu, puis à Saint Roch, patron des pèlerins. Michel est à mes côtés, il est calme, naturel. Prie-t-il en cet instant ? Je ne sais pas.

Un chemin trop fragile

En quittant la chapelle je me retourne une dernière fois pour admirer cette belle bâtisse, longue et basse, faite de pierres jointées, avec son drôle de clocher régional en peigne percé. L'origine de cette chapelle remonterait au Xe siècle, mais elle fut détruite durant la guerre de Cent Ans puis reconstruite, détruite à nouveau pendant les guerres de Religion, elle est toujours là, elle traverse les siècles : merci Saint Roch. Ce n'est pas moi qui le dis, c'est écrit sur l'écriteau.

Il reste quelques centaines de mètres pour rejoindre Montbonnet, et nous retrouvons bientôt Patrick qui vient à notre rencontre. Il est onze heures. Michel conduit désormais le camping-car pour rejoindre St-Privas-d'Allier. Après une petite pause, Patrick et moi marchons d'un bon pas vers le lac de l'œuf sur le Mont du Devès. Là-haut, à plus de mille deux cents mètres d'altitude, le vent est frais, et malgré le soleil, il nous faut enfiler une deuxième petite laine et remonter la fermeture éclair du blouson jusque sous le menton.

À la croisée de chemins blancs, en pleine forêt et parmi les épicéas et les grands pins, nous découvrons l'écriteau « Lac de l'œuf ».

— Mais, il n'y a pas de lac ! s'exclame Patrick, regardant autour de lui et ne voyant que des chemins de gravier et de la haute végétation.

— Y a pas d'œuf non plus, dis-je en souriant.

— Il est peut-être plus loin, me répond le frangin, puis il ajoute d'un air moqueur… le lac.

— Regarde il y a un sentier là, dis-je en montrant du doigt une trace dans les hautes fougères et les joncs.

Nous nous engageons dans cet étroit chemin qui bientôt se divise. Patrick part à droite à la recherche du lac, je pars à gauche à la recherche de l'œuf. Pourquoi un œuf ? Est-ce que le sommet du Mont Devès ressemble à un œuf ? Si encore le haut du Devès était désertique, pourquoi pas, cela ressemblerait à un crâne rasé comme un œuf ? Mais là, ce n'est que végétation et haute forêt... bizarre ! Il y a sûrement une autre raison et j'abandonne ma recherche. Si au moins je trouvais le lac, ce serait déjà une consolation.

Après une dizaine de minutes je retrouve mon frère, perdu au milieu des tourbières, comme moi.

— Tu vois, Patrick, ce doit être ça le lac de l'œuf, ces tourbières, je ne vois pas d'autres explications.

— Oui, je pense aussi, d'autant qu'il y a là un panneau qui explique tout, ironise Patrick.

Et le frangin me désigne alors une pancarte d'information touristique plantée juste à côté de moi. En lisant, je trouve bien l'explication des tourbières qui correspondent au soi-disant lac, mais l'analogie avec l'œuf, que nenni. Tant pis, je reviendrai pour Pâques, qui sait ?

Et comme nos pieds commencent sérieusement à prendre l'eau parmi ces marécages, d'autant plus hasardeux qu'ils se cachent sous la végétation de la forêt, nous faisons demi-tour et retrouvons notre carrefour. Dans cet endroit sauvage, il y a une grande clairière avec une aire de pique-nique, aux tables neuves et aux bancs solides. Encore une petite pause donc, puis nous commençons notre descente vers les gorges de l'Allier.

Après deux kilomètres sur un sentier qui dévale fortement, nous croisons la départementale 589 et trouvons l'indication « Le Chier ». Avant de poursuivre notre descente sur le sentier qui mène à Le Chier, je montre à Patrick une cabane située cent mètres devant nous, en bordure de la nationale. C'est un arrêt de bus qui dessert certainement le village Le Chier, petit abri fermé sur trois côtés et qui ressemble étrangement à des latrines. Sur l'un des côtés, un grand écriteau : « Le Chier ».

Un chemin trop fragile

— Viens, on va jusqu'à la cabane, on va faire de super photos, on va se marrer.

Et j'entraîne mon frère jusqu'à l'abribus. Le frangin se met accroupi, se planque à moitié sous l'abri, ne laissant dépasser que les genoux, les avant-bras, la tête et la casquette. Son sourire volontairement crispé complète l'image de l'homme en train de déféquer. Je prends quelques photos de Patrick accroupi et moitié caché sous la pancarte « Le Chier ».

— A ton tour, me dis Patrick en se relevant.

— Je vais essayer de faire mieux que toi.

Alors je prends la place du frangin mais baisse carrément le pantalon. Patrick s'empresse de me flasher à plusieurs reprises afin d'immortaliser ce bel instant de détente. Une voiture passe et frôle l'abribus ainsi que mes genoux. D'instinct je remonte vite le pantalon, puis afin de finir l'album photo je baisse à nouveau la culotte, mais une autre voiture arrive et je recommence donc mon manège sous les fous rires de Patrick.

Après ces grands éclats de joie nous reprenons notre sentier pour arriver à Le Chier. Sur ce long chemin de Compostelle, ce grand espace de liberté, nous poursuivons nos gamineries sous les rires et la bonne humeur, tels des clowns, avachis sous la pancarte « Le Chier ».

Contrairement aux dernières images laissées sur nos appareils photos, Le Chier est très joli. Toutes les maisons aux pierres taillées et aux fenêtres à petits carreaux s'étalent sur une longue pente herbeuse qui domine la profonde vallée de l'Allier et où l'on croise les premières vaches Aubrac, aux yeux maquillés de noir.

À l'approche de Saint Privas-d'Allier le bruit de l'eau se fait entendre et rafraîchit nos corps, à l'ombre des frênes. Le ruisseau du Rouchoux passe à nos pieds. Nous franchissons un petit pont qui agrémente l'endroit ombragé et découvrons sur notre droite le moulin de Piquemeule, enveloppé d'une couverture de lierre aux couleurs flamboyantes de l'automne. C'est de la dentelle violette, qui tombe en cascade le long d'un grand mur fragile, et s'écroule au bord du ruisseau. Une ancienne meule du moulin, posée sur un gros pied de pierre ridée, ressemble à un énorme champignon, qui trône devant une porte en chêne verni. Ce mélange de boiserie, de verdure, de vieilles pierres et d'eau vive est toujours un instant magique.

Il est treize heures et nous entrons à Saint-Privat. Le village est perché sur un mont qui surplombe les gorges de l'Allier et les montagnes de la Margeride. Michel nous attend au bout de la route goudronnée, au pied du château. Il y a là un étal publicitaire fait de panneaux de bois sous de petites tuiles rouges, des branches d'herbes sèches de lentilles, d'anciennes photos de paysans et de récoltes du coin, des informations publicitaires gravées à l'encre stylée sur papier blanc. Ainsi la lentille verte du puy AOC s'affiche avec élégance sur ce bord de route et nous raconte son histoire commencée depuis plus de deux mille ans.

Nous déjeunons dans notre véhicule, car même si le ciel est franchement bleu, la température est trop fraîche pour supporter un repas en terrasse. À quatorze heures trente, après un café bien chaud, mes deux frères commencent à dévaler la pente qui doit les emmener à Monistrol-d'Allier, avec un dénivelé de trois cents mètres sur six kilomètres de parcours. J'engage mon camping-car dans la descente sur la départementale 589 et rejoins la vallée et Monistrol-d'Allier. Après avoir garé le véhicule au centre du vieux village, je pars, accompagné de mon bâton, à la rencontre des frangins.

Je longe la rivière où les saules et les roches se reflètent dans l'eau transparente. Les longues branches des grands arbres étalent leurs couleurs vertes et moins vertes sur les bords de l'Ardèche, où se cachent sûrement la truite et le tacon. Les cimes des saules, découpées dans le bleu du ciel, s'enfoncent au plus profond de la rivière. Ces clones dans l'image lisse et brillante de l'eau, où frémissent les premières feuilles d'automne, sont encore plus jolis, irréels, mystérieux.

Je pars maintenant à pied en attaquant une franche montée direction Rochegude, situé à deux kilomètres de là, où je retrouverai sûrement mes frères. La route est étroite mais goudronnée. La grimpée se fait sans trop de difficulté avec le véhicule. À l'approche du lieu de rencontre présumé, j'envisage de nouveau mon jeu de cache-cache. Cette légèreté m'accompagne aujourd'hui avec le soleil, la chaleur de l'effort, la douceur de l'après-midi, l'odeur du buis et de l'automne. J'ai envie de chanter et mordre à tout ce qui est beau autour de moi, et tout est beau autour de moi. J'oublie enfin mes pensées et je renifle à plein poumons l'odeur du bonheur.

Tout à ma douce excitation, je remplis mes poches de quelques cailloux et je m'infiltre à quatre pattes dans les buis, les ronces et les basses fougères. Tel un sanglier, je me tapis au fond de ma bauge, j'écoute le moindre murmure, hume l'air tiède de l'après-midi et prends le vent, immobile. La route est quelques mètres en contrebas et j'attends patiemment mes frères.

Je suis le gibier qui s'amuse, mais les chasseurs tardent. Après vingt longues minutes d'attente je change de place, histoire de mieux surplomber le chemin mais aussi, il ne faut pas se mentir, avec le besoin de me dégourdir car, imiter le gibier, ce n'est pas si facile. Enfin j'entends un bruit de pas et deux voix qui échangent et s'amusent. Je prépare mes cailloux pour laisser rouler ceux-ci jusqu'au bord du chemin au passage des frangins. Je me soulève et guette à travers deux branches de buis l'arrivée de mes frères. Je ne veux pas gâcher mon effet de surprise et suis bien décidé à faire un maximum de bruit au milieu de cette végétation si dense. In extremis, je me rends compte que ce ne sont pas les frangins, mais un autre couple de randonneurs à qui j'ai dû éviter de justesse une belle frayeur. Alors j'attends et attends encore et j'imagine que mes deux frères flânent plus qu'ils ne marchent, comme souvent et, à regarder ma montre, ils devraient être là depuis plus de trois quarts d'heure.

Alors je quitte mon ennui et poursuis mon chemin à leur rencontre. Dommage, j'aurais pu attendre, les frangins sont là. Tant pis pour mon jeu, tant mieux pour les retrouvailles.

— Vous en avez mis du temps !

— On n'est pas à l'usine, répond Michel, fier de son allusion.

— Je sais, mais si vous voulez encore visiter Monistrol puis reprendre la route pour arriver sur l'autre coteau avant la nuit, il ne faudra pas trop traîner.

— On verra bien, ajoute Michel, calme et insouciant.

Il nous faut encore trois quarts d'heure pour arriver à Monistrol, et nous entrons dans le village à dix-sept heures. Un panneau indique « rue des poseurs » et bien sûr, Patrick et Michel prennent la pose, chacun d'un côté de la pancarte, afin d'illustrer, sous le rire, ce jeu d'images.

Nous franchissons l'Allier sur un pont, bleu-vert comme la rivière, mais enveloppé de modernité et de ferraille façon Eiffel, comme un intrus dans la nature.

Au centre du bourg Patrick reprend le camping-car qui se faufile bientôt par les rues étroites pour rejoindre, tout là-haut, à l'ouest, le hameau de Montaure sur la montagne de l'Ecorchade. Michel et moi, après notre pause « quatre-heures », reprenons notre marche à l'assaut de la montagne.

Un chemin trop fragile

Il est dix-sept heures, passé. Monistrol-d'Allier s'étale en contrebas et je m'imprègne d'une image perplexe. Je vois la départementale, ce long et large ruban gris qui sépare le paysage en deux. En amont de celle-ci, sur les hauteurs, domine la grande forêt de conifères aux formes douces et généreuses, comme une femme au ventre gonflé de vie. En aval, de pâles maisons côtoient les silos d'une industrie agricole. L'énorme usine hydroélectrique bâille entre les deux ponts ; un viaduc aux énormes pieds de béton paraît chevaucher le pont de ferraille peint en bleu-vert artificiel. De gros pylônes à haute tension émergent des combles et des toitures, et leurs fils d'acier se balancent en tous sens au-dessus des gorges de l'Allier, rivière sensuelle et incomprise. Que cette douce vallée eût été belle sans cette pénible architecture !

Nous progressons lentement dans ce sentier de montagne, s'accrochant parfois aux branches basses des charmilles ou des pins pour ne pas glisser sur les cailloux qui roulent sous nos pas. Il faut reprendre son souffle au pied d'une croix de pierre, envahie par les petits cailloux des pénitents, les mains sur les hanches, le regard vers le sommet ou la vallée. Plus loin une croix de fer s'agrémente de chapelets, ils cachent le visage de Jésus. Les cailloux et les vœux des pèlerins baisent les pieds du seigneur. À mi-côte, c'est carrément une chapelle qui s'offre à nous, perdue entre roches et broussailles. La grosse porte de chêne est close. Tant pis, nous prierons plus haut, auprès d'autres croix.

Après la plus forte ascension sur notre périple depuis Montigny sur l'Ain, et plus d'une heure d'escalade, le souffle court mais la mine réjouie, Michel et moi atteignons enfin les hauteurs des montagnes de Margeride. Le soleil décline, et de gros cumulus gris-joli envahissent discrètement le ciel encore bleu. Nous dominons maintenant les montagnes de la Lozère, de la Haute-Loire, de l'Ardèche, et nous devinons, au loin vers le sud-ouest, le plateau de l'Aubrac.

La première image du pays de Montaure, à plus de onze cents mètres d'altitude, est une petite maison neuve aux tuiles rouges, aux murs fraîchement crépis de blanc. Un vieux berger est planté dans l'herbe grasse, au pied de la bâtisse. Son chien surveille une vingtaine de moutons qui pâturent alentour. Le paysan nous interpelle :

— On randonne encore à cette heure-là, c'est courageux !

— Bonjour monsieur, vous gardez ainsi vos moutons toute la journée et jusqu'à la tombée du jour, répondis-je en levant le menton en direction du troupeau.

— Ce n'est pas moi qui les garde, c'est mon chien. Ah un sacré bon chien, toujours aux aguets. Il adore son boulot et, obéissant avec cela. Tiens, regardez.

Et d'un ton ferme, le maître s'adresse au border collie :

— Va Titou.

Le chien court aussitôt, contourne le troupeau et regroupe les moutons en quelques secondes.

— Assis, Titou. Puis le vieux berger se tourne vers nous :

— Vous voyez ! Il est excellent. C'est un chien merveilleux. J'ai eu de pauvres bêtes, pas futées du tout, d'autres bons chiens bergers, celui-là, c'est le meilleur.

Le vieux continue de parler à son animal comme on parle à un enfant. Il poursuit sa démonstration du dressage, donne des ordres, caresse, câline. Il nous oublie, il ne voit que son gosse. Alors j'interviens pour orienter la conversation sur le pays :

— Alors, vous êtes heureux ici, dans vos montagnes, en pleine nature ?

— Ah ça oui ! Mon chien, mes moutons et mes bois, ça me suffit.

— Et vous vivez dans cette maison, elle ne ressemble pas à une bergerie ?

— Elle n'est pas à moi. D'ailleurs, elle est à vendre. Oh, pas très cher. Ici, personne n'achète. Le coin n'est pas très hospitalier. La ville la plus proche, c'est Saugues et encore, y a pas grand-chose à y faire, à part le marché aux bestiaux.

— On dirait qu'elle est neuve cette maison ?

— Oh, c'est un jeune couple qui vient de construire. Ils sont venus goûter l'air de la campagne et la solitude. Madame venait de la ville, du côté du Midi, je crois. Tu penses, elle n'a pas supporté. Ils sont vite repartis. Ce n'est pas une région faite pour ces gens-là. Pour vivre ici, il faut être du pays.

— Vous parlez du marché aux bestiaux de Saugues, intervint Michel, il a lieu à quelle période ?

— C'est tous les vendredis.

— Donc demain, c'est le marché ?

— Oui, d'ailleurs je vais sûrement y aller. C'est là que je vends, échange mes moutons. C'est le plus grand marché aux bestiaux de toute la région.

— C'est facile à trouver ? poursuit Michel, intéressé.

— Ce n'est pas compliqué, c'est sur la place du marché, une immense place à la sortie de la ville, le long du chemin de Compostelle. Vous ne pouvez pas la rater.

— Merci, et à demain peut-être à Saugues, dis-je au vieux berger, reprenant mon bâton, prêt à poursuivre mon chemin. Mais le petit vieux intervient :

— Où allez-vous dormir ? À cette heure-ci, en direction de Saugues, il n'y a pas de gîte.

— Notre frère nous attend avec un camping-car pas très loin d'ici.

— Si vous voulez, il y a de la place sur mon terrain, ici, à côté de la maison. Vous pourrez vous installer avec votre véhicule. Vous seriez bien, vous avez une superbe vue sur les montagnes alentour.

— Merci beaucoup, mais nous ne voulons pas déranger, et notre frère a sûrement déjà trouver un endroit tranquille pour la nuit.

À peine ai-je achevé la conversation que Patrick est déjà à notre rencontre. Nous quittons donc ce brave berger et rejoignons notre frère.

— Je vous ai trouvé un beau coin pour dormir, une belle vue sur les vallons, le camping-car est à trois cents mètres d'ici.

En effet, à peine arrivés près du véhicule, nous découvrons un endroit agréable. Notre place pour la nuit est située sur une lande, dans un coin isolé en bordure d'un chemin blanc où Patrick a osé s'aventurer avec le camping-car. Un grand pin isolé et un mur de pierres sèches délimitent notre terrasse d'un soir. Perchés sur un plateau qui domine les gorges de l'Allier, nous fouillons des yeux les montagnes de la Margeride jusqu'au fond de l'Aubrac à la recherche de la bête du Gévaudan.

Le soleil qui s'endort étend une ombre fraîche sur la vaste lande et nous oblige à dîner à l'intérieur du véhicule. Patrick, le cœur à la cuisine, s'attarde sur les feux de la gazinière et, bientôt, nous caressons tous trois nos ventres pleins de gourmandises. Après un repas peu animé, sûrement la fatigue, j'interroge les frangins :

— Demain, c'est notre dernière journée. Comment est-ce qu'on s'organise ?

Pas de réponse, et un grand silence dans l'habitacle. J'insiste :

Un chemin trop fragile

— On marche jusqu'à quelle heure demain puisqu'il faut tenir compte du retour à Montigny ?

La seule réponse est un regard de Patrick en direction de Michel.

— Qu'est-ce qu'il se passe, pourquoi vous ne répondez rien ? Demain il faut laisser le camping-car à Saint-Étienne puis rentrer en Franche-Comté. On marche donc combien de temps, demain ?

— On verra, répond enfin Michel, comme agacé par mes questions.

Je ne comprends pas le mutisme des frangins. Alors, contrarié, je me réfugie dans la lecture, assis sur mon lit, un livre de Matthieu Ricard et Jean-François Revel pour me réchauffer. Mais ni le moine, ni le philosophe ne parviennent à m'apaiser, alors je me glisse rapidement sous les draps et cherche un sommeil trop long à venir. Je m'attarde dans des pensées lasses et confuses. De grosses gouttes de pluies tombent sur le toit de notre demeure, comme un peu de chagrin qui se mélange à mon amertume. Je m'endors enfin, couvert de fatigue.

******

Ce matin, à huit heures, le soleil se repose encore, caché sous son drap bleu-rose. Dans notre demeure, c'est le grand silence. Nous sommes cependant bien réveillés, devant notre bol de café, nos paupières encore dans les derniers débris de la nuit. Personne ne dit mot. Parfois, le matin, il en est ainsi, le temps du réveil est plus ou moins long, comme le temps du purgatoire où Saint Pierre compte les péchés, puis impose notre destinée éternelle, entre le paradis et l'enfer. La tête au fond de mon bol, je réfléchis puis commande :

— Puisque vous ne voulez pas prendre de décision, voilà ce que nous allons faire : Michel prend le camping-car jusqu'à Saugues. Patrick et moi, nous marchons et serons là-bas avant midi. De toute façon, Michel, c'est ton tour de conduire. Après le repas de midi, nous rentrons à St-Etienne pour déposer le camping-car. Il nous faudra bien quatre heures de route.

Ma crise d'autorité a ainsi tranché, ce sera donc l'enfer pour la journée. Comme prévu, Michel n'apprécie pas mon coup de gueule et fait donc la gueule, cela devrait durer quelques heures. Tant pis pour l'ambiance, il ne reste qu'une demi-journée de randonnée et, de plus, je la partage avec Patrick avec qui la communication devrait être plus agréable.

Nous voilà partis sous un ciel bleu vers Saugues. De nombreux frênes nous frôlent de leurs feuilles, jaunissantes et accrochées à l'été finissant. Nous poursuivons notre route bordée de pins célibataires, puis c'est l'entrée dans le village de Roziers. Nous rencontrons maintenant fréquemment des pancartes publicitaires nous invitant pour un petit rafraîchissement pas cher, un repas familial très abordable, une nuitée bon marché, tel chez Josy, chez Bernadette, chez Patrick, au petit casino, et bien d'autres...

Nous traversons Le Venet, peu bavards, presque silencieux comme le village qui semble désert. Seul un chat roux vient à notre rencontre en miaulant avec tendresse. Il semble affamé et pourtant bien gras. Il sait bien vers qui quémander, il discerne le pèlerin comme le commerçant flaire le touriste. Ce chat mendiant ne réclame pas de pièces, il ne peut imaginer ce superflu de l'homme. Alors je lui lance un morceau de biscuit, offrande animale que le minet déguste aussitôt.

Avant comme après le village de Rognac, ce n'est qu'une succession de pins, de genêts, de croix de pierre, une invitation à la pause dans une lande aux herbes hautes. Le vent, hésitant entre l'été et l'automne, semble encore léger, mais frais. Quelques montbéliardes paissent entre roches et grandes herbes. Derrière les vaches laitières, les pins remplacent les sapins pour nous rappeler que nous sommes déjà loin de notre Franche-Comté.

Patrick et moi causons peu, mais nous marchons vite. Il est à peine dix heures et nous surplombons déjà la ville de Saugues. Le sentier qui descend pour rejoindre la départementale à l'entrée de la ville est jalonné de sculptures en bois : images de pèlerins, d'animaux et de saints. Immenses, imposantes, dieux de la mythologie grecque ou scandinave, ou d'un pays imaginaire, elles rassurent ou inquiètent le pèlerin. Il faut, bien sûr, prendre des photos des dieux et de la vallée. Patrick marmonne :

— Tu crois que Michel est en train de nous chercher ?

— Pour sûr il ne viendra pas à notre rencontre, il doit nous attendre quelque part en ville.

— Tiens, justement, je crois bien que Michel vient à notre rencontre. Tu disais ?

— Maintenant que Michel est là, je crois que nous avons le temps de faire un tour sur le marché aux bestiaux. Nous allons sûrement retrouver notre vieux berger là-bas, dis-je, le cœur plus joyeux.

— On va en parler à Michel.

— Tu lui causes, parce que, si c'est moi…

Tous trois, aux pieds des statues et des dieux, l'échange est froid, mais l'essentiel est sauvé, nous irons sur le marché. Après cet instant de diplomatie, c'est décidé, je reprends le camping-car pour les deux kilomètres restants. On se retrouvera place du marché devant un verre pour la réconciliation avec, on l'espère, le vieux berger à notre table. Puis j'interroge Michel :

— Où est-ce que tu as garé le camping-car ?

— On va bientôt le voir, à droite, juste après le virage.

Dès la courbe franchie, je pousse du coude Patrick et je m'exclame :

— Regarde là devant nous, la bête du Gévaudan !

Patrick, étonné juste une demi-seconde, raille :

— Ah ben, celle-là, elle ne va pas nous bouffer !

En effet c'est encore une sculpture de bois que nous photographions, un souvenir à ne pas oublier. Elle est énorme, la bête… plus grosse qu'en vrai ; on ne sait même pas si tout tient dans l'objectif !

Les frangins descendent le val de Saugues, dévalant la pente douce et verte. Au volant de mon véhicule je les vois se fondre dans la verdure. Je serai en ville avant eux.

Je cherche la place du marché. Cependant, je tourne en rond sans trouver le marché. Alors je finis par stationner à l'entrée du camping municipal. Je remonte à pied au centre-ville, toujours à la recherche du marché à bestiaux. Je croise les frangins au niveau de la collégiale Saint-Médard.

— Pour le marché aux bestiaux, explique Michel, c'est râpé : il est annulé.

— Oui, on a demandé à des passants. Il paraît que c'est annulé à cause de la fièvre catarrhale ou maladie de la langue bleue, poursuit Patrick.

— Alors, on ne verra pas notre vieux berger ?

— Bizarre qu'il ne soit pas au courant, ajoute Patrick, l'air surpris et amusé. Mais c'est peut-être normal : là-haut, à Montaure, il n'a pas Internet.

Pour le coup nous voilà désœuvrés et nous décidons donc de rejoindre le camping-car, de déjeuner, puis de rentrer au pays. Il nous reste suffisamment de temps pour ne pas arriver trop tard, ce soir, en Franche-Comté.

Nous descendons la ville et, ce qui frappe le plus, c'est la multitude de sculptures en bois. On en trouve à chaque coin de rue, sur les places, les squares : des vierges, des pas vierges, des morilles, des cèpes, des saints, des seins, des monstres, des coquilles, et tout ce que l'on n'a pas vu.

Juste avant de rejoindre le camping-car, le long d'une longue descente, nous remarquons tout en bas de la ville l'immense place du marché, effectivement bien déserte. Même pas notre vieux berger. Nous décidons de nous installer sur cette place, en bordure de la ville, après avoir récupéré notre véhicule, l'endroit paraissant plus agréable et surtout plus calme que vers le camping municipal. Le repas est rapide et silencieux. La bonne humeur de ces jours passés nous a quittés depuis hier soir, malgré le sursaut de tout à l'heure.

Le retour vers Saint-Etienne dure quatre heures, plus une heure d'embouteillage dans la ville, soit cinq heures de silence et d'amertume. Après avoir récupéré notre automobile et rendu le camping-car, j'essaie de comprendre ce nouveau dénouement, cette fin de randonnée gâchée. Une de plus ! Mais pourquoi ? Je n'ai pas envie de comprendre, de réfléchir et, assis à l'arrière du Scénic de Michel, je préfère dormir ou me laisser croire que je dors. L'automobile s'enfonce dans la nuit.

Je sors de ma somnolence en sursaut. Je regarde l'heure à la montre du tableau de bord, vingt-deux heures trente. Je pousse mes fesses au fond du siège, sors la tête des épaules et m'élève face à la fenêtre pour chercher dans le noir mon endroit sur cette terre. Un peu de clarté sur ma droite me raconte un coin de Bourgogne : nous sommes sur l'autoroute à hauteur de l'aire « Poulet de Bresse ». A l'avant du véhicule la conversation s'affole entre la voix forte et rageuse de Patrick et le timbre suave et calme de Michel. Je n'entends pas ce qui se dit, je comprends juste que Patrick est nerveux et irascible, et que Michel tente de contenir la colère de son frère par des paroles douces, trop faibles. C'est un verbe, que dis-je, une vague puissante de verbes qui couvre la docilité de Michel. Mais Patrick n'a que faire de la docilité et de la soumission, il veut de la réplique pour s'animer, persister encore, alors il se tourne vers moi, cherchant un autre gibier où jeter ses yeux brillants de colère :

— Est-ce que tu te rappelles si tu as rangé ma valise de lampes dans le coffre de la voiture ?

— Non, ça ne me dit rien.

Alors Patrick s'énerve :

— Mais c'est toi qui as terminé de sortir les affaires du camping-car, tu devrais savoir.

— Mais ne t'affole pas, tes lampes, on les retrouvera bien, soit elles sont dans le coffre, soit restées dans le camping-car, et alors on verra avec le proprio pour les récupérer, et pis, t'avais qu'à pas les emporter tes lampes à soigner...

— Mais... je fais ce que je veux ! Si je veux garder ces lampes avec moi, c'est mon problème !

Le frangin s'emporte et poursuit son discours qui tourne au monologue provocateur. Michel ne dit rien depuis quelques minutes. Il a compris avant moi qu'il ne servait à rien de contredire Patrick. Mieux vaut le laisser avec ses arguments, il finira par se calmer. Tous trois prisonniers de cette ambiance sombre et morose, il faudra malheureusement se supporter encore une heure avant notre arrivée à Montigny sur l'Ain.

Ces sacrées lampes qui guérissent... fallait-il vraiment tant de tapage parce qu'elles sont loin de toi, cher magnétiseur ? Pour le coup, il aurait été bien de s'arrêter, de farfouiller dans le foutoir du coffre, de vérifier si par hasard ses outils de médecine douce n'y étaient pas, nous en aurions tant besoin, tous trois, pour nous soigner de cette sinistrose ambiante.

Mais la voiture file toujours dans la nuit, tournant le dos aux croix de pierre, aux chapelles, aux clochers, à Saint-Jacques.

28/29/ 30 septembre /01/02 OCTOBRE 2015

*****

Il est sept heures et il fait grand jour en cette matinée d'avril. Nous grimpons dans le camping-car, les cœurs joyeux, pleins d'enthousiasme, loin de nous cette désagréable fin de randonnée de l'an passé. Nos querelles enfantines de l'automne sont mortes au cœur de l'hiver. Comme les oiseaux migrateurs, avec le printemps nous retournons gambader et sautiller dans nos beaux paysages de France.

Mais quoi, le véhicule n'a plus de batterie ? Il ne va pas nous faire ça aujourd'hui ? Ah non, pas dans un si beau moment ! Si pourtant, il faut réparer. De vouloir acheter un camping-car d'occasion, voilà le résultat. Pourvu que la mécanique tienne durant ces cinq jours à venir. En attendant, il faudra bien rejoindre le sud et ne pas trop perdre de temps. Ouf, le gendre de Patrick, paysan, nous dépanne avec son chargeur professionnel. Nous voilà enfin sur le départ, avec juste une heure de retard et une grosse frayeur. Mais nous restons méfiants, un brin angoissés, le voyant « défaut moteur » reste allumé. Un petit détour chez le garagiste de

Un chemin trop fragile

Levier, et celui-ci nous rassure car le problème viendrait du fait de la coupure batterie. À moitié convaincus et aux trois quarts angoissés, nous décidons néanmoins de poursuivre notre route, pris dans l'euphorie de notre nouvelle aventure.

Il est quatorze heures lorsque nous parvenons sans encombre, mais voyant toujours allumé, sur la place du marché à bestiaux de Saugues. Ce champ de foire n'a pas changé : toujours désert, toujours ensoleillé, et toujours sans notre sympathique vieux berger. Nous déjeunons à l'intérieur du véhicule puis c'est le grand départ pour l'Aveyron et pour une fin de randonnée prévue aux environs d'Estaing ou Espeyrac vendredi prochain. Dans l'immédiat, Patrick a prévu d'emmener le camping-car à Villeret-d'Apchier à dix kilomètres de là.

Michel et moi partons sur la Via Podiensis, plein des exaltations de Compostelle. Ça grimpe, ça grimpe pour rejoindre Patrick et Le Falzet, Michel sifflote, c'est bon signe. Notre route est bordée de pins, de genêts, de frênes, de charmilles, de quelques aliziers et, dès que surgit une prairie, ce sont d'immenses tapis de jonquilles rayonnantes. Des amas de roches, comme des cadeaux offerts aux pèlerins, reposent au pied des grands pins et agrémentent notre chemin. Ils semblent là depuis la nuit des temps et se laissent caresser sans broncher sous le regard amusé du pèlerin. Tout au long de cette grimpée le soleil nous chauffe, mais il fait froid à l'ombre et j'aime ce contraste, une succession d'énergie et de rafraîchissement.

Nous entrons dans le village de La Clauze pour remarquer aussitôt la tour seigneuriale du XIIIe siècle qui s'élance dans le bleu du ciel, majestueuse. Enracinée dans le granit et la terre de Margeride, le monument surveille les terres alentour, anciennes propriétés du Comte de Gévaudan, paysages d'épaisses forêts, de prairies, de landes et de pâturages fouettés par les vents d'altitude. En chemin, le long des tourbières, nous côtoyons encore ces amoncellements faits d'imposants et curieux rochers de granit, érodés par les siècles et qui façonnent cette Margeride mystérieuse et chaotique. C'est ce paysage enchanteur qui nous emmène jusqu'à Patrick et Le Villeret-d'Apchier, accompagnés par deux sympathiques chiens bergers qui randonnent avec nous depuis le pied de la tour.

Au village, Patrick nous attend sur une petite place où est exposé un travail à ferrer les bœufs, aux quatre pieds de pierre et aux jougs de chêne vernis. Ce travail n'est plus utilisé depuis au moins une cinquantaine d'années, époque où l'agriculture mécanique remplaça nos chères bêtes à cornes. Ce métier à ferrer s'affiche désormais le long du chemin de Compostelle pour apporter un peu de souvenirs aux vieux pèlerins, un peu de mémoire aux plus jeunes.

— J'ai une bonne et une mauvaise nouvelle.

— Commence par la mauvaise, dis-je à Patrick.

— La mauvaise, c'est que le coin est tellement paumé que je n'ai trouvé ni boulangerie ni épicerie, il n'y aura donc pas de pain pour ce soir. La bonne nouvelle, le voyant « défaut moteur » du camping-car s'est éteint.

Michel doit désormais conduire le véhicule jusqu'à notre nuitée :

— Je ne pense pas que je trouverai du pain plus loin, parce qu'il n'y a plus de village sur notre route avant de s'arrêter pour dormir.

Puis, s'emparant de la carte routière :

— Vous avez vu que pour aller au « Sauvage », ça nous fait faire un long détour.

Et se penchant sur la carte il pointe son index sur la frontière entre la Haute-Loire et la Lozère à hauteur de Saint-Roch :

Un chemin trop fragile

— On a décidé de dormir là, à la chapelle Saint-Roch, donc si vous quittez le GR à Chazeau, regardez, y a un chemin le long d'un ruisseau qui suit la départementale. Vous arrivez direct à Saint-Roch et vous gagnez presque quatre kilomètres.

— Oui mais on ne passera donc pas « au Sauvage » ?

— On s'en fiche « du Sauvage ». J'ai regardé sur internet avant de partir. Il y en a qui disent que « Le Sauvage », c'est surfait, c'est un truc à touriste. Le GR fait un détour par-là juste pour que tu payes. Et quatre kilomètres de moins, ça vaut le coup, parce que vu l'heure, on n'arrivera pas à Saint-Roch avant la nuit.

Quel dommage, moi qui me faisais un plaisir de traverser cet endroit car justement, en regardant sur différents blogs en préparant le voyage, nombre de pèlerins disaient beaucoup de bien du Domaine du Sauvage, petit paradis entouré de sombres forêts, de vertes prairies et d'une belle étendue d'eau claire et limpide. Il me faut donc oublier ce doux rêve pour éviter de marcher dans la nuit, trop près du Sauvage.

Alors nous cassons rapidement une petite croûte, adossés au métier à ferrer de la place de Villeret-d'Apchier. Patrick et moi reprenons nos sacs à dos et nos bâtons de marche. Nous éviterons donc le Domaine du Sauvage, comme convenu avec le grand frère, et nous voilà en route pour la chapelle Saint-Roch, en passant par Chazeau puis en longeant le ruisseau.

La Virlange, tortueuse et mouvementée, coule et s'écroule tout au long des prés et des ravins, et son murmure harmonieux se mêle aux chants des oiseaux. Tout est beau dans ce coin où pierres et mousses chevauchent l'eau claire et fugueuse, où les arbres décharnés, les pieds dans la vague, se courbent pour écouter le chant de l'eau et laissent éclater leurs couleurs argentées au soleil qui blêmit, où des montagnes de narcisses jaunes bordent le ruisseau, une carte postale sans timbre que l'on garde pour soi, transcendé par l'instant, la pureté, le calme : un trésor dans l'existence. Quel bonheur d'avoir évité Le Sauvage trop docile, pour retrouver ici une nature indomptée. Merci Michel.

Un peu plus loin un renard à la fourrure d'hiver se sauve et disparaît dans le bois, encore plus loin une bergerie en pierres sèches et au toit de lave, blottie entre le ruisseau, le pré et l'arbre, nous invite à s'approcher. Drôle de bergerie : pas de moutons, pas de paille, pas d'odeur fauve, juste le goût de la moisissure qui imprègne notre nez et notre gorge. Pêle-mêle, poussés dans le fond de la pièce sombre, un long étal en bois brut, une vieille échelle et surtout une superbe cuve à fromage en cuivre posée sur un rondin de bois à trois pieds. Ce n'est pas tout à fait une bergerie, mais une antique fromagerie d'alpage où le paysan devait tout à la fois surveiller ses chèvres, ses vaches et profiter de la belle saison, pour fabriquer les meilleurs fromages du Gévaudan dans un milieu authentique, et dans un temps pas si lointain, car la cuve de cuivre brille encore.

— Tu vois, s'étonne Patrick, on est loin des banlieues et de tous leurs problèmes sinon il y a belle lurette que certains malfrats auraient déjà piqué ce cuivre.

— C'est vrai, on dirait qu'il existe encore des petits coins tranquilles où les gens gardent confiance.

Nous poursuivons notre route en bordure du ruisseau, contournant les méandres, enjambant les bras d'eau aux courants les plus faibles, mais il nous est impossible de franchir le gros des flots, ils sont bien trop puissants pour rejoindre la rive opposée, qui nous emmène à la départementale vers Saint-Roch.

De vouloir s'approcher au plus près du ruisseau nous progressons trop souvent dans les marécages, et c'est avec les pieds trempés que nous parvenons enfin, après plus d'un kilomètre de rive, à traverser à gué. C'est un endroit relativement plat où le ruisseau s'étale en mille bras, où quelques petites roches émergent de l'eau et nous permettent de chevaucher, aidés de nos bâtons de marche, l'eau plus calme et plus docile. La crainte de la nuit qui approche nous précipite encore plus vite sur l'autre rive, et nous rejoignons rapidement le goudron de la départementale.

À la clarté du soleil couchant nous marchons vite sur cette route où ne passe aucun véhicule. J'apprécie le trajet dans ce grand bois de pins et de charmilles, propre et aéré, comme si nous traversions l'immense parc d'un château. J'imagine cette imposante demeure cachée au fond du jardin au détour d'une clairière. Le château, qui n'existe pas, ne s'est jamais montré, mais un peu plus loin, un peu plus haut, à l'orée de ce grand bois, se dresse un monument de petites roches, coiffé d'une croix de pierre. Une niche creusée en son sein abrite un saint à la cape bleue, au chapeau bleu : Saint-Roch peut-être ? Trois bouquets de jonquilles, déposés à ses pieds, embellissent l'édifice comme on fleurit une tombe. Un filet d'eau, jaillissant de la pierre, nous rappelle la montagne, l'altitude, la fraîcheur. Patrick serre l'écharpe autour de son cou. Je fais pareil, j'éternue, je tousse, il faut maintenant rentrer à la maison.

Bingo ! Face au chemin qui emmène au Sauvage, le camping-car descend la départementale. Michel s'inquiétait, c'est pourquoi il vient à notre rencontre. Il fait presque nuit, alors nous grimpons dans le véhicule. Je suis fatigué, les articulations couinent et craquent, il était temps de rentrer. Un kilomètre plus loin et plus haut, Michel nous débarque à la chapelle Saint-Roch. Nous sommes en Lozère. C'est calme et c'est joli.

Un chemin trop fragile

Le ciel est clair et étoilé, mais il fait froid et sombre. Nous restons donc au chaud dans notre petite demeure et, après un bon souper sans pain et quelques blagues bien de chez nous, nous gagnons chacun notre lit. Un brin de lecture sous le soleil électrique, je m'endors vite, le roman glisse sur la couette.

******

Levé à six heures trente, encore en slip, j'ouvre la porte et sors le nez dehors. Brrr ! Le vent froid secoue mon torse nu et mes cuisses, je claque bien vite la porte :

— Hé, les gars, vous savez quoi ? Y a de la neige dehors.

— Déconne pas ! s'étonne Patrick, toujours au lit, la tête hors du drap.

— Tu devrais essayer de faire démarrer le camping-car, avec la batterie qui est peut-être à plat et ce froid, s'inquiète Michel, toujours au lit, la tête sous le drap.

Pas très rassuré également, je me hâte vers le siège conducteur et tente de lancer le moteur. Ouf ! Le doux bruit de la mécanique m'est agréable. Je laisse chauffer le véhicule. Le café fume. Les frangins, enfin debout, sont joyeux et parlent copieusement, ce qui m'étonne pour un lever si tôt. Pendant le petit-déjeuner, on décide de l'organisation de la journée. Je prendrai le véhicule en premier, puis Patrick, puis Michel, puis encore moi pour clôturer la journée quelque part entre Aumont-Aubrac et Nasbinals à plus de trente kilomètres d'ici. Michel pousse le rideau et regarde par la fenêtre.

— Tu parles d'une neige, c'est à peine blanchi. On n'a vraiment pas besoin de pneus contacts.

Un chemin trop fragile

Patrick tire le rideau et, à son tour, jette un œil par la fenêtre.

— Hé, regardez ! Voilà un pèlerin. Il est de bien bonne heure sur le chemin. Il a dû partir depuis le domaine du Sauvage. Faut dire qu'il marche vite.

En effet, en zieutant à mon tour, je regarde filer ce pèlerin solitaire, qui ne prend pas le temps de s'arrêter sur le site de Saint-Roch, juste un regard affable vers la Chapelle. Alors Michel plaisante :

— Celui-là, pour sûr, on ne le rattrapera pas.

Nous partons visiter la chapelle Saint-Roch située à quelques mètres de notre camping-car. Le site est aéré, entouré de grands pins et de jeunes mélèzes. La fine pellicule de neige apporte un peu de clarté sous un ciel bas et brumeux. La chapelle de pierre au clocher percé et ses trois arches nous rappellent plutôt une église de belle taille. À genoux alentour, une bâtisse pour accueillir les pèlerins, un snack pour nourrir les pèlerins, des toilettes sèches, pour… les pèlerins.

Maintenant il est temps de partir, il est huit heures et nous avons une longue journée de marche. Mes deux frères, tout sourire, partent d'un bon pied pour une chute de trois cents mètres d'altitude jusqu'à Saint-Alban-sur-Limagnole, à dix kilomètres de là. De mon côté je dévale la route sinueuse en camping-car, pour bientôt stationner sur le parking d'une supérette. Quelques courses pour la journée, puis je remonte jusqu'au Rouget, petit village où passe le chemin de Compostelle. Je décide d'attendre là les frangins, pour notre pause de milieu de matinée. Je déambule quelques minutes à pied parmi les fermes, puis rencontre Michel et Patrick.

Après notre collation, comme j'ai des fourmis dans les jambes et envie de marcher, j'essaie de convaincre un frangin de conduire le véhicule jusqu'à Chabanes ou Les Estrets, mais les gars ne sont pas d'accord. Tant pis, j'attendrai d'être à St-Alban-sur-Limagnole, comme prévu. Toutefois, Michel et Patrick parviennent rapidement à St-Alban, et je n'ai guère à attendre pour laisser le véhicule à Patrick. Le jeune frère part donc rejoindre Les Estrets où il est chargé de nous dégoter un beau petit coin pour le repas de midi.

Je vadrouille dans les rues de St-Alban accompagné de Michel. Le temps est incertain, de gros nuages gris envahissent le ciel, un vent frais nous taquine. Nous découvrons l'hôpital psychiatrique, riche en histoire parce qu'il fut hébergé au château de St-Alban pendant plus d'un siècle et incarna un haut lieu de la Résistance en Lozère, cachant notamment des intellectuels comme le poète Paul Eluard. On s'attarde ensuite aux abords de l'église romane, monument de granit rouge et autres pierres, jouant ainsi sur une polychromie harmonieuse. Datant du XVe siècle, de cet édifice restauré après les guerres de Religion, il ne reste de sa partie la plus ancienne que le chœur et son abside voûtée en cul-de-four. Ce n'est pas moi qui le dis, c'est écrit sur l'écriteau.

Les yeux pleins du reflet rouge de la pierre de Margeride et de St-Alban, nous continuons notre route pour rejoindre le hameau de Grazières-Mages. Toujours beaucoup de forêts de pins sur notre chemin, encore des prairies de jonquilles, de la tapisserie jaune brodée de vert, et maintenant des chevaux Comtois, puis des genêts, puis encore des pins, toujours des bois très propres, comme si nous courrions dans des parcs et jardins de ville, mais à la campagne.

Nous parvenons aux Estrets à quatorze heures. Patrick nous attend avec le sourire, reposé. Tout le monde a faim. Comme le fond de l'air est frais, on s'engouffre dans le camping-car et l'on prend le temps de cuisiner. Biftecks et pommes de terre à la poêle comblent notre appétit. Installés dans le creux de nos coussins de velours, l'assiette copieuse, le verre de vin déjà bien vide, nous conversons dans la bonne humeur. Notre goût particulier pour la moquerie, bien innocent d'ailleurs puisque jamais lancé à la figure des victimes, n'amuse que nous, mais léger, il nous apporte un humour facile qui nous valorise chichement. Nos railleries vont bientôt faire fureur puisque, comme par enchantement, nombre de pèlerins passent désormais sur le chemin qui, jusqu'à ce jour, était presque désert. Notre véhicule est garé au bon endroit, plein centre du village, pour voir défiler tous nos condisciples.

— Oh, regarde celui-ci ! s'exclame Patrick, montrant du doigt un grand gaillard au bonnet rouge qui avance d'un pas décidé, c'est le bonhomme qui est passé de bonne heure à la chapelle Saint-Roch lorsque l'on prenait le petit-déjeuner.

— Ben... à la vitesse où il marche, comment peut-il être en retard sur nous ? répond Michel, perplexe.

— Il va tellement vite qu'il doit avoir un tour d'avance, dis-je avec ironie.

Et j'ajoute, suivant du regard les autres pèlerins, le nez écrasé contre la vitre :

— Ce couple, t'as vu comme il est emmitouflé. Ils ont froid, on dirait qu'il cherche un endroit pour se poser. On leur propose un café vers nous ?

— T'es con ! plaisante Patrick, ils seraient capables de venir.

Puis s'étonnant de ce qu'il voit encore, ne montrant que le blanc de ses yeux bleus :

— Vous avez vu, là, c'est toute une famille, il y a même un bébé. Mais ils sont fous ! Jamais ils iront jusqu'à St-Jacques-de-Compostelle.

— C'est vrai, dis-je, ça fait du monde : un ado, un gamin... quoi... allez... six ans, qui sont obligés de courir derrière les adultes, puis un bébé qui ne sait pas marcher, blotti dans la poche kangourou du papa. Pour sûr, ils font comme nous, ils ne doivent marcher que pour une semaine, ils profitent sûrement des vacances de Pâques.

— Et ceux-là, poursuit Michel, des vrais pèlerins, les deux bâtons de marche, le grand sac à dos de vingt kilos, la tente enroulée sur la nuque, ils sont partis pour faire le chemin d'une seule traite. Ils ont l'air exténués.

— Ils font le tour du glôbe, dis-je, en appuyant sur la première syllabe, avec un fort accent circonflexe, comme le timbre pâteux du bon Bavarois, qui se bidonne le ventre après une bonne choucroute.

L'intonation étant parfaite, je regarde les frangins s'esclaffer puis j'éclate à mon tour. Il faut peu de choses pour nous amuser et, comme des collégiens qui rient de tout, c'est l'insouciance, la joie de l'instant présent. Il m'arrive souvent de vouloir méditer pour trouver la paix intérieure sans d'ailleurs y parvenir, mais je suis convaincu que, parfois, la dérision remplace cette sérénité. Elle est une excuse pour s'alléger du poids du monde ; un brin de folie est plus raisonnable que trop de sérieux.

Après ce long repas papotage, Patrick et moi partons en direction d'Aumont-Aubrac, où Michel nous attendra avec le camping-car. Il est quinze heures. Le chemin de pierre s'élève entre bosquets de pins, prairies et landes. Ces paysages sont beaux, et c'est plein d'entrain que nous avançons et parvenons bientôt derrière notre famille nombreuse. En fait, il n'y a pas quatre, mais cinq enfants dont quatre courent derrière les parents, le bébé ficelé sur le dos de la maman. Suivant de près cette grande famille, nous pouvons maintenant mieux évaluer la fratrie. La fourchette d'âge des enfants est de six mois à sept ans, maximum. Ils traînent un peu les pieds, sauf le bébé, mais ils ne se plaignent pas. Nous les dépassons enfin en souhaitant bon courage à toute la famille, nos félicitations en plus. Le chemin blanc se pare désormais de petits murets entourés de fougères épurées et de buissons argentés. Peut-être un avant-goût de l'Aubrac ?

Un vent froid se lève sous un ciel menaçant, mais sans pluie. La famille nombreuse est maintenant loin derrière nous et le babillage des enfants n'est plus audible. Nous entrons dans la ville.

À cette heure-là, Aumont-Aubrac s'est vidé de ses pèlerins. Faut dire qu'à plus de dix-sept heures, ils se laissent masser les jambes à l'intérieur des gîtes, prennent leurs douches, se font une beauté pour courir les commerces, puis s'affaler sur une chaise de bistrot à la tombée de la nuit, avant le retour au refuge pour un souper bien mérité.

Différents des autres avec notre maison sur le dos, nous flânons dans les rues presque désertes, à la recherche de notre demeure qui, décidément, change toujours d'adresse. Nous trouvons enfin Michel quelque part entre l'église et la mairie, adossé au camping-car. L'église Saint-Etienne, à l'architecture remarquable, massive, est superbe, avec son style roman, mais différent de ce que j'ai pu voir dans la région. En effet, pas de clocher en peigne percé, mais en pointe, plus traditionnel, étonnamment excentré sur le côté Sud-Est. À l'origine un ancien prieuré, ce monument religieux a subi de nombreuses reconstructions ou modifications, comme c'est bien souvent le cas pour les très anciens édifices religieux.

Nous avons faim, et nous n'avons pas de pain pour ce soir. Nous voilà donc tous trois partis à la recherche d'une boulangerie. Arrivés dans le magasin, nous achetons un pain en prévision du souper, mais douceurs et gourmandises se pavanent devant notre fringale. Comme des jeunes mâles à l'entrée du bal, nous contemplons avec délice nos futures

proies. Puis Michel interroge la vendeuse, montrant du doigt la plus jolie friandise s'exhibant sous la vitre transparente.
— C'est quoi, çà ?
— Un sacristain, un feuilleté avec des amandes.
— Une spécialité du coin ?
— Oui, bien sûr.
— Alors, j'en voudrais trois et puis aussi trois flancs aux raisins, là, poursuit Michel désignant du doigt ces autres friandises.

Je me lèche les babines et, sortant de la pâtisserie, je m'empresse de chourer un sacristain dans les mains de Michel. Quel beau nom fut inventé là, à dévorer sur le chemin de Compostelle ! Les religieuses devaient être contentes lorsqu'elles priaient et erraient autrefois dans les couvents de Laguiole et de St-Côme-d'Olt, sachant qu'elles pourraient déguster, à l'occasion, un sacristain. Peut-être n'avaient-elles pas le droit de goûter à ce sacristain-là, péché de gourmandise, moins mortel cependant, que de croquer le bedeau, péché de chair ?

J'ai mal aux mollets, trop-plein de kilomètres, alors je compense ma petite souffrance par un grand plaisir à croquer dans ma pâtisserie, vautré sur les hautes marches d'un théâtre de plein air flambant neuf. Michel téléphone à sa femme, Patrick prend des photos.

Il est dix-huit heures, mes deux frères reprennent le chemin, qui doit les emmener quatre kilomètres plus loin, à La Chaze-de-Peyre. Au volant du camping-car je pars à la recherche d'un emplacement pour la nuit. Après une longue recherche, tournant en rond, presque sur place, essayant de renifler le bon endroit, comme un chien qui veut poser sa crotte, je trouve enfin un petit coin génial où je pose ma mécanique. Je recule le véhicule dans un chemin de bois à quelques mètres de la route, une petite route où ne passe pas une âme en cette heure avancée. Seuls les pèlerins matinaux frôleront le camping-car demain matin à notre réveil, puisque je viens de m'installer en bordure du chemin de Compostelle. Nous dormirons donc là, en lisière de bois. En face, de l'autre côté de la route, un immense champ envahi de jonquilles s'étale jusqu'au pied d'une colline où s'accroche le village de Sainte Colombe de Peyre. Je n'ai plus qu'à attendre les frangins, puisqu'ils doivent arriver par ce chemin.

J'en profite pour me balader sur le terrain de ma résidence, celui-ci s'étalant sur plusieurs hectares, que dis-je, à l'infini, une terre de liberté. Longeant la petite route de Compostelle, je remarque un abri fait de branchages et de feuilles de résineux s'appuyant sur des chevêtres sauvages et s'encastrant entre deux pins, comme j'en avais déjà repéré dans la forêt du Lac de l'œuf. Voilà une communion permanente avec la nature, pour de vrais pèlerins qui partagent leur chemin et leur gîte avec Dieu.

Il est dix-neuf heures. J'ai achevé mon tour du propriétaire. Je prends une douche puis commence à préparer le repas du soir. Le portable vibre et chante dans ma poche. En décrochant, j'entends la voix inquiète de Patrick :

— On a dû se tromper de route.

— Pourquoi, vous êtes où ?

— Justement, on ne sait pas. On ne trouve pas les bonnes pancartes. On a marché beaucoup trop au nord. Du coup nous avons fait demi-tour et nous voilà de nouveau à l'entrée d'Aumont-Aubrac, mais de quel côté de la ville ? Sais pas !

— Ça veut dire que vous n'avez pas avancé d'un poil ! Et vu l'heure, vous ne serez pas là avant la nuit.

— Il faut que tu viennes nous chercher. On a fait au moins cinq kilomètres pour rien, on est vanné !

— Vous êtes où exactement ?

— Sur le pont de l'autoroute.
— Alors restez sur cette route, c'est la départementale qui mène à Nasbinals, je viens vous chercher, venez à ma rencontre. Je ne suis pas loin, j'arrive dans cinq minutes.

Quinze minutes plus tard je retrouve les frangins sur le pont de l'autoroute. Ils n'ont pas bougé depuis mon coup de fil.

— Eh bien, je vous avais demandé de venir à ma rencontre ?
— Tu rigoles ! On t'a dit qu'on était vanné !

Michel, assis sur l'herbe à côté de Patrick, détendu et joyeux, approuve son frère. Nous voilà tous trois de retour sur ma propriété au bord du bois, avec une belle vue sur les champs de jonquilles et les collines de pins.

— Super le coin ! s'exclame Patrick, on sera tranquille pour dormir.

Après une soirée paisible, tout le monde se couche. Les deux frangins gigotent et rigolent dans leurs lits comme deux gamins qu'il faudrait réprimander. Sous la couette, mon livre entre les doigts, mon regard vers les lumières lointaines de Ste-Colombe, je m'endors entre les rires des deux frères.

******

Aujourd'hui, c'est une grande journée, nous marcherons sur le plateau de l'Aubrac. Ce coin de France qui m'a tant fait rêver dans mes lectures, devant des photographies, sur mon ordinateur, ce coin de France que je n'ai jamais vu, je vais enfin le savourer, l'apprécier. Je l'aime déjà.

Je tiens à découvrir les premières pierres de l'Aubrac à pied. C'est donc Patrick qui emmènera le camping-car, si possible le plus loin possible, que je puisse apprécier ce paysage tout au long de la matinée. Avec la même envie de verdure et de vieux cailloux, Michel m'accompagne. C'est à plus de douze kilomètres de là, vers Finieyrols, que Patrick nous attendra.

Le frangin prend donc le camping-car pour nous déposer à la chapelle de la Bastide à deux kilomètres de là. Le gros véhicule traverse La Chaze-de-Peyre par des rues si étroites que Patrick craint de froisser la tôle. Crispé sur le volant, il zieute tour à tour les multiples rétroviseurs, les angles supérieurs de la toiture. Le regard de Michel, assis sur le siège passager, montre aussi de l'inquiétude.

— Mais non, ça passe, ne vous inquiétez pas, il suffit de rouler au pas, dis-je, assis à l'arrière et mes coudes sur le dossier de Patrick, surveillant également ces étroites ruelles.

Mais parfois le passage est tel que Patrick est obligé de manœuvrer et de s'y prendre en deux fois après avoir emboîté la marche arrière du véhicule, pour enfin sortir du village, sans dégâts.

Nous voilà aussitôt devant la chapelle de la Bastide, lieu de notre départ. Planté au croisement des routes, l'édifice nous accueille, le goudron s'étendant jusqu'au pas de la porte. Une petite visite s'impose. Nous entrons, c'est joli, comme toujours. La Sainte Vierge et le petit Jésus nous attendent, comme toujours. L'autel en bois ciselé, le plafond de la nef décoré d'arabesques jaunes, les murs en pierres taillées, tout nous émerveille. Je m'attarde vers deux inscriptions sur la pierre, l'une en gothique, l'autre correspondant à la traduction en français, ouf ! : « L'an 1522 Le sieur Pierre Bastide Jadis cellérier, bénéficier dans la même église, a fait faire cette croix et ce toit ». Ainsi tout commence en ce lieu au XVIe siècle par une simple croix protégée par un abri voûté. Les morts que l'on portait au cimetière de La-Chaise-De-

Un chemin trop fragile

Peyre et venant de Lasbros, Londe, La Piniède, Grandvialal étaient déposés au pied de cette croix, et le curé aspergeait le cercueil suivi du chant de 'Libera me''. Ce n'est pas moi qui le dis, c'est écrit sur l'écriteau.

Bien vivants, mais sans être bénis, Michel et moi partons à l'assaut de l'Aubrac. Patrick, par un détour inconnu, suite à des travaux barrant la route à hauteur de Lasbros, nous retrouvera donc vers onze heures ou midi, entre vieilles pierres, ruisseaux et fleurs de montagne, au milieu de l'Aubrac sauvage.

Mais avant de quitter la chapelle je laisse sur le livre d'or notre signature, le dessin du camping-car et notre habituelle légende « Les trois frères Mic, Jean, Pat ». Piètre caricaturiste, mon coup de crayon est tellement mal fait que Patrick, à l'inverse de moi, excellent peintre, prend le temps de dessiner un deuxième camping-car avec moult détails. Les pneus, les phares, les pare-chocs et l'antenne sur le toit sont réalistes. Après vérification je suis sûr que même la fenêtre des chiottes est dessinée à l'échelle. Si un jour vous passez sur le chemin de Compostelle, profitez pour admirer le chef-d'œuvre de Patrick.

Ça y est, j'ai les deux pieds dans l'Aubrac ! Il est dix heures. Comme par miracle le ciel s'éclaircit pour me laisser apprécier ce paysage envoûtant. Michel et moi nous marchons sur un chemin de terre dans ce plat pays de montagne où nos yeux s'aventurent loin, très loin autour de nous. Je m'enivre de sensations inconnues. Des amis connaissant déjà le parcours et sachant mon goût pour une nature différente, sobre et vraie, m'avaient prévenu : « Jean tu vas adorer l'Aubrac », j'adore.

J'apprécie cette solitude du lieu, malgré la présence de tous ces pèlerins, devant, derrière. J'apprécie ces pins éparpillés, juste ce qu'il faut, ni trop, ni trop peu, certains bien droits, d'autres noueux, juste ce qu'il faut pour étaler de la diversité, quelques bouleaux tout blancs et tout nus, juste pour le plaisir de la différence. J'apprécie ces quelques plants de sapins, aussi beau que ceux du Jura, mais pas plus, ces prairies marécageuses aux herbes sèches ou grasses et vertes, ces barbelés détendus accrochés sur de vieux piquets d'acacia envahis par la mousse, surtout ces pierres, ces rochers, encore ces pierres, ces murs à perte de vue, tous ces ruisseaux aussi bleu que beau, de les regarder ils sont froids et ça réchauffe et, bouquet final, ces belles Aubrac, couchées là, sereines, nous regardent de leurs grands et beaux yeux maquillés du matin, ruminant dans ces marais à l'ombre des jeunes pins, et ces belles en robe fauve, en ce pays divin, regardent et laissent passer le pèlerin, méditent, marmonnent que je suis dans l'Aubrac, oui je suis dans l'Aubrac et pourtant il faut que j'avance, et pourtant je voudrais y rester.

''Plouf plouf'' j'avance ou je reste. Mais le gamin d'autrefois dans la cour de récréation ne sait plus « ploufer », alors il coupe la poire en deux, il fait une pause. Du coup il ne vivra pas ici, trop vieux pour s'installer, trop compliqué. Néanmoins, il ne continuera pas sa route tout de suite, tout est trop beau dans ce coin pour expliquer, il faut juste contempler. C'est cela mes petits bonheurs, et je prends le temps de déguster l'instant, le dos contre le dos d'une pierre chaude, chaude du morceau de soleil qui s'écrase sur mon dos.

Nous passons maintenant sur un long plancher de planches posées à plat sur les marais. Plus loin un bosquet, mélange de pins et de sapins, cache devant nous un groupe de pèlerins et ça babille, un pot-pourri de rires et de sourires, d'éclats de joie et de murmures. Plus loin encore de nouveau des marais et, les pieds dans l'eau, j'invente des grenouilles sous mes brodequins, des salamandres dans la vase, des bécassines à l'ombre des bruyères. Tout est merveilleux, si simple !

Il est onze heures, j'approche de Finieyrols, Michel dans mon dos. Patrick doit nous retrouver quelque part dans ce coin. Il faut attendre de croiser une route goudronnée pour espérer dénicher le camping-car. Justement, loin devant nous, quelques rares véhicules semblent traverser le GR. Nous ne sommes donc plus très loin de la route que nous devons couper aux abords de Finieyrols et qui relie Malbouzon à La Baume. Patrick me téléphone :

— Allô ! Je ne peux pas me garer au rendez-vous prévu, la route est trop étroite et je ne trouve pas de place, je vous attendrai donc à Malbouzon sur la départementale 987.

Plongeant le nez sur ma carte IGN je décide de rejoindre le nouveau lieu de rendez-vous en coupant à travers champs, ainsi je gagnerai quelques centaines de mètres. J'informe Michel :

Patrick nous attend sur la route départementale. Tu viens avec moi, je coupe à travers champs pour gagner du temps ?

Michel ne me répond pas, haussant simplement les épaules pour montrer son désaccord. Il continue donc seul sur le GR, se laissant dépasser par des pèlerins de plus en plus nombreux.

Le ciel maintenant semble s'éclaircir pour le reste de la journée, la sagesse divine étant bien décidée à me faire profiter pleinement de cette magnifique région. Je m'abandonne dans la simplicité de l'Aubrac et je foule une prairie de liberté, ces grands espaces où je marche avec enthousiasme dans un désert de landes et de roches, tout le reflet de mon esprit où les contrariétés et les chagrins semblent n'avoir jamais existé. Les jonquilles, qui éclatent de joie au soleil printanier, sont toutes autour de moi, et mes brodequins ont le plus grand mal à éviter ces belles princesses. J'en sacrifie une, la plus belle... non, ce n'est pas vrai, elles sont toutes belles, et je l'accroche à ma boutonnière... non ce n'est pas vrai, je n'ai pas de boutonnière, juste une fermeture éclair trop moderne qui, d'ailleurs, déraille une fois sur deux. Je cherche désespérément un petit endroit pour accrocher cette belle couleur jaune sur mes habits trop sombres ; alors, je plonge mon amie au fond de ma poche, dans la nuit et la souffrance. Mais je comprends que cette fleur aura une fin trop cruelle, alors je la sors rapidement de sa prison, pour lui laisser une agonie plus douce dans les marais et les prés de son enfance, auprès de ses sœurs si joyeuses.

Mais à trop rêvasser j'en oublie que je m'enfonce toujours plus loin dans les landes humides, et bientôt, des marais me piègent et m'empêchent de faire demi-tour. Je traverse ces prés humides en marchant le plus droit possible, direction la départementale vers Malbouzon. Il reste encore, à vue de nez, un kilomètre. Mais un kilomètre dans ces marais, c'est quasi-mission impossible. Si je fais demi-tour, c'est également un kilomètre, mais avec, de surcroît, le désespoir de perdre une heure de route et ajouter une heure de fatigue. Mon signe zodiacal me conseille de poursuivre et je fonce donc tête baissée droit devant, tel le bélier.

Et c'est une nouvelle galère qui commence, un piège de plus bravé par le bélier, un petit rappel de ma solitude lors de la traversée des marais de la voie bleue le long de la Saône, avec la complicité et la fourberie des frangins, de la descente infernale vers Chambost-Allières, accompagné de Michel et Patrick, de ma persistance à traverser les ronces avec un Patrick bougonnant au départ de l'étape de Chanteboule. Mais aujourd'hui je n'entraîne personne dans ce traquenard, je suis seul dans mon erreur. Toutefois ce chemin de croix est un bonheur, il me semble que je défie la réalité de l'Aubrac.

Après quelques détours pour éviter de gros creux, escalader des murets plus hauts que prévu, rebrousser chemin devant des ruisseaux trop larges ou trop profonds, j'arrive enfin vers la départementale. Que vois-je au loin, dans mon dos, tout près de Finieyrols ? Le camping-car n'est pas vers Malbouzon où je me dirige, mais bien vers le lieu de rendez-vous initial le long du GR. Tout ce chemin dans les marais et les pièges pour rien ? J'enrage et, les chaussures, les chaussettes et les pieds trempés, je remonte la route goudronnée pour rejoindre les frangins qui doivent m'attendre, maintenant, depuis bientôt une heure.

Arrivé à la hauteur de mes deux frères, l'un rigole, content d'avoir fait le bon choix et de ne pas m'avoir suivi, l'autre essaie de justifier sa volte-face :

— J'ai eu Michel au téléphone. Quand il est arrivé ici, à ce croisement, il m'a dit qu'il y avait une place pour se garer. Alors j'ai quitté Malbouzon et je suis venu là pour me rapprocher de vous. Je ne pouvais pas deviner que tu avais coupé à travers champs.

Mon silence dit que j'ai tort et mes propres reproches ne s'adressent qu'à moi. Alors je pose mon sac à dos sur cette grosse pierre au pied d'une stèle tout à côté du camping-car et l'on décide de déjeuner, même s'il est encore un peu tôt.

Douze heures trente et nous avons fini le repas, un déjeuner froid puis un café chaud, assis tous trois sur cette grosse pierre face à la stèle. Un couple de pèlerins casse la croûte près de nous. Avant de repartir marcher pour un long après-midi, je jette un œil sur l'assemblage de photos, tout à côté de la stèle : « Louis Dalle, un homme libre ». Un jeune homme, habit de missionnaire, fier devant sa moto des années quarante, des enfants qui entourent un évêque et cette

Un chemin trop fragile

légende : « Louis Dalle 1922 – 1982, désirant être missionnaire, quitte son Aubrac dès l'âge de six ans. Il conduisait les brebis familiales. Séminariste il est jeté dans l'enfer de Buchenwald où il ne survit que par miracle. Il arrive dans les Andes péruviennes. Un jour, il y sera l'évêque le plus haut du monde. Il se fait indien parmi les Indiens. Obstinément, avec eux, il marche sur les chemins de la libération. Le 9 mai 1982, la mort l'arrête et c'est encore une mort à l'indienne. »

Je reprends mon sac à dos, suivi par Patrick, je me dis que c'est bien qu'un homme de l'Aubrac vive et meurt comme un Indien. Mais quel frisson que d'imaginer pire contraste pour ce petit berger heureux parmi ces brebis, ses champs de liberté, cet Aubrac enchanteur, face à cet enfer de Buchenwald.

Nous approchons du hameau de Rieutort, laissant sur notre chemin quelques pèlerins vautrés dans l'herbe, avachis sur des rochers polis par le temps. D'immenses prairies s'étalent à perte de vue, un paysage nu et magnifique, vert tendre bleuté des tourbières, jaune de l'or des narcisses, gris paisible des pierres et roches dispersées par la vie ou rassemblées le long des chemins par les bergers d'autrefois. L'Aubrac ne fait pas dans le détail, et un biotope préservé, ça se sent, ça se voit, c'est tellement rare que ça existe encore, pas de chichi, juste du vrai, et sans le voir je sens que ça grouille : ils seront bientôt là avec la chaleur qui s'affirme, les libellules Cordulie, les papillons rares, nacré des canneberge ou damier des marais, mais aussi tritons, lézards et même vipères, et toutes ces fleurs que je ne vois pas encore, lys Martagon, centaurée des montagnes, gentianes ou Comaret des marais, et tous les passereaux, et les alouettes des champs et les pies-grièches, buses, faucons, milans, encore et encore d'autres charmes.

Un chemin trop fragile

Nul besoin de beautés superflues pour aimer l'Aubrac, c'est délicieux comme la tarte aux pommes de Mamie, ce n'est pas ''Top Chef'' et l'entremet au yuzu sur financier au thé Matcha ou brownie nougatine à la panna cotta tonka et cerises au sirop. Sur ma route cet après-midi il n'y a pas de camions, pas de tracteurs, pas de grues métalliques, pas d'usines, pas de bruit, pas de cons, pas de merdeux, pas de bureaux, pas de cuisines inox, pas de souliers vernis, juste du simple et du vrai, du silence et du bonheur.

Nous voilà à Rieutort et tout est encore joli, les maisons de granit ou pierres volcaniques, en pierre d'ici : des murs gris sur de l'herbe verte pour ne pas trop s'exposer, des toits d'ardoise d'ici aussi, parfois de petites tuiles plates pour rester modestes, des volets bleu ciel ou rouge rubis pour montrer que c'est beau, pas de fils électriques, pas d'antennes, pas de paraboles. Ont-ils seulement la télé ou internet les gens d'ici ?

Michel nous retrouve dans les rues de Rieutort, il a caché le camping-car derrière la fontaine, l'objet est trop en désaccord avec la beauté du village. Le grand frère est comme moi et comme Patrick, il admire le hameau et sa simplicité, c'est un petit-fils de paysan, comme moi et comme Patrick, c'est un enfant de la campagne, nous sommes chasseurs, quelques restes de cueilleurs, encore jardiniers et presque laboureurs, un peu bûcherons, beaucoup Comtois. Nous aimons tellement ce coin qu'il faudrait jumeler Rieutort et Chantrans, quoique j'aie peur que notre pauvre village natal ne fasse pas le poids, déjà violé par le modernisme et la technicité.

Peu de conversation entre les trois frangins cet après-midi, nous sommes trop occupés à contempler, à rêver. Alors Michel remonte dans son véhicule, il doit me laisser le volant six kilomètres plus loin à Nasbinals, ouf ! Encore deux heures à marcher et méditer le long de ce chemin, dans l'immensité de l'Aubrac.

Nous suivons deux dames, l'une traîne son paquetage sur une espèce de petite brouette, l'engin saute et sursaute derrière le cul de la madame, tâchant de suivre sa maîtresse tant bien que mal. C'est sûr, la madame n'a pas mal au dos, peut-être les poignets ? Est-ce mieux ? Faut voir. J'interroge la Madame :

— C'est bien pratique votre truc là !

— Oh ! J'ai voulu essayer. C'est ma fille qui me l'a conseillé. Tout compte fait, ce n'est pas si mal. C'est vrai que je sens moins la fatigue, mais parfois, c'est compliqué lors de certains passages.

— Oui, par exemple descendre des marches ?

— C'est cela, et même des dénivelés importants avec sentiers étroits, ça craint.

— Vous avez vu ces montagnes ! intervient son amie, montrant du doigt en direction du nord, des cimes enneigées, est-ce que vous savez de quelles montagnes il s'agit ?

J'hésite, je réfléchis, m'oriente. Patrick fait de même, mais ne trouve pas de réponse. Je me lance, pas complètement sûr de moi :

— Ce doit être les monts du Cantal au sud de l'Auvergne.

— Ah, c'est beau tout ce paysage, me répond-elle, le regard vers l'ouest, brillant et rêveur.

Puis nous poursuivons notre route ensemble, oh, pas longtemps, juste le temps de ne pas se connaître. Puis voilà la madame et son amie qui se posent sur le talus. La charrette pique du nez dans la bruyère ; elles décident de déjeuner. Il est quatorze heures.

— Bon appétit mesdames.

Un chemin trop fragile

Nous continuons notre route, seuls. Les pèlerins semblent de plus en plus nombreux. On nous double régulièrement, on dépasse rarement, on traîne, on flemmarde, on contemple. Patrick a chaussé ses lunettes de soleil, moi non, j'évite au maximum cette chose qui m'embrouille plus qu'elle ne me protège, c'est un écran qui, pour moi, assombrit les vraies couleurs de la vie.

Faire un bout de chemin en compagnie d'autres personnes que mon frère, c'est qu'il existe autre chose en dehors de la famille, et je me questionne pour savoir si j'ai voulu le chemin de Compostelle pour les rencontres, le sport, l'ambiance familiale, la religion, les prières, le dépaysement, le défi : peut-être un peu tout cela. Oui, un mélange inconscient de tout cela, c'est ça. Mais je voudrais mieux ordonner mes pensées. Il reste sûrement d'autres raisons inexpliquées pour forcer mes jambes dans telle direction. Alors, d'analyser toute cette logique, me voilà projeté vers une synthèse : je parcours ce chemin pour être libre. Mais suis-je libre ? Ces panneaux à chaque croisement qui t'imposent la direction, un chemin où des gens comme moi courent dans la même direction, des gens, de plus en plus de gens, trop de gens. J'ai peur, suis-je misanthrope ? Ai-je voulu tout simplement un peu de solitude sans être tout à fait seul, accompagné d'amis de même culture, même éducation, même idéaux : mes frères ? J'ai aimé traverser la Haute-Loire, ces coins montagneux et broussailleux, ces sentiers déserts et sauvages, j'étais dans ma solitude. J'adore encore plus aujourd'hui ces paysages merveilleux de l'Aubrac, rien n'est plus joli sur ce chemin de Compostelle, mais j'ai perdu un peu, beaucoup, passionnément de cet abandon au milieu de nulle part, ses sentiers remplis de silence. J'ai peur, suis-je sauvage ?

Mon introspection, mon intérieur bien à moi, me fait oublier cinquante pour cent de ma vie, car le soleil brille et je ne le sens plus, les jonquilles poursuivent leurs chevauchées et je ne les vois plus, les pèlerins courent et marchent et discourent et je ne les entends plus. C'est la pancarte de Nasbinals qui me réveille.

Et Nasbinals est un beau village. Comment pourrait-il en être autrement, ces pierres grises empilées, couronnées de petites tuiles grises, ces maisons grises, sobres et élégantes qui s'assemblent autour de cette belle église grise aux reflets jaunes ou beiges sous ce beau ciel bleu d'avril, la lande verte qui s'étale tout alentour à perte de vue. Deux camaïeux qui s'enlacent, la beauté de la pierre et de la verdure. Je suis tombé amoureux de la région et je succombe au charme de Nasbinals, ce village au milieu de nulle part, au milieu de l'Aubrac.

Je cavale sur les quelques longues marches qui m'élèvent jusqu'au porche de l'église. Patrick reste dehors, il discute avec Michel qui vient de garer le camping-car au pied du monument religieux. Il fait sombre dans l'église, comme bien souvent. C'est sombre comme le mystère de la mort du Christ, mais des bougies, dont les ombres des flammes gesticulent contre un pilier, éclairent le miracle de la résurrection. Une famille de pèlerins, plus pieuse et dévote que moi, brûle des cierges après avoir versé l'offrande. J'admire cet intérieur d'église simple mais agréable, puis je prie quelques minutes au pied de la vierge pour que je sois heureux ainsi que toute ma famille, mais sans trop y croire.

Je sors à la lumière et dévale les quelques marches extérieures, que dis-je, je ne dévale pas, je rate une marche sur le parvis, et patatras, je m'étale sur la pierre, juste le temps d'étendre les bras en avant pour ne pas me fracasser la tête sur les marches suivantes. Du coup, c'est le torse qui remplace le sabot et me voilà avec une belle douleur sur le côté gauche. Ce sont les côtes qui ont reçu, sont-elles cassées ? Peut-être… à voir à l'usage. La respiration coupée, le temps du choc et de l'émotion, et je me relève aussi vite que possible, style, c'est rien les gars ! On dit que vous n'avez rien vu ! Oui c'est vrai, dans ces cas-là, on a souvent plus honte que mal.

Un homme, la quarantaine, a tout vu de la scène et s'approche de moi d'un pas rapide :

— Ça va Monsieur, vous avez besoin d'aide, faut-il un médecin ?

Pis quoi encore ? Pourquoi pas l'ambulance ou le SAMU ? J'évite de hausser les épaules pour ne pas froisser mon digne sauveur et lui réponds poliment :

— Non merci beaucoup monsieur, ce n'est rien, ça va très bien, je n'ai même pas mal.

Tu parles que je n'ai pas mal. À peine ce monsieur est-il parti que je me tiens le côté gauche, je soulève mon tee-shirt et examine les dégâts : grosses éraflures d'un rouge vif qui prendra certainement bien vite une couleur jaune, puis bleu. J'ai mal. Je l'avoue à Michel, adossé au camping-car toujours garé en face de l'église. Il a tout vu du petit drame. Il fut d'abord surpris de ma chute, puis s'est inquiété lorsque j'étais à terre, puis a souri lorsque je me suis relevé.

— Tu crois que tu vas pouvoir continuer la marche ?

— Pour demain, je ne sais pas. Aujourd'hui ce n'est pas un problème puisque c'est moi qui conduis le camping-car jusqu'à la nuit.

— Oui, mais vas-tu pouvoir au moins conduire ?

— Faudra bien, dis-je, ma main toujours appuyée sur le côté gauche, mais j'espère que je n'ai pas de côtes cassées car j'ai vraiment mal. Où est passé Patrick ?

— Il cherche une boulangerie, là, dans la grande rue derrière l'église. T'inquiète, il ne t'a pas vu tomber, me réponds Michel d'un air taquin.

Le souffle court pour éviter au poumon de trop pressé sur les côtes, j'essaie de tourner l'incident à la rigolade :

— Les pèlerins qui sont sortis de l'église derrière moi, t'as vu, ils ne sont pas tombés ! J'aurais dû faire comme eux, brûler un cierge. C'est le bon Dieu qui m'a puni.

Michel sourit et moi j'évite de rire malgré l'envie, car mes côtelettes ne sont pas d'accord. Le frangin décide de retrouver Patrick dans la grande rue et moi je monte dans le camping-car. J'avale un doliprane puis m'allonge sur le lit. Est-ce l'effet du médicament, mais après seulement un quart d'heure de pause je me sens mieux et décide de rejoindre les frangins. En fait, ils viennent de rentrer dans l'église. Pourvu qu'ils brûlent un cierge !

J'attends quelques minutes. Mes deux frères achèvent leur visite puis parviennent sains et saufs au pied de l'escalier. J'explique mes intentions :

— J'ai un peu moins mal, je vais pouvoir conduire. D'ailleurs je pars sur une aire de camping-car à quelques kilomètres de là. Il faut que je vide les eaux usées et la cassette des toilettes, et que je fasse le plein d'eau propre. Ensuite, je rejoins directement Aubrac, là où l'on doit dormir.

Aussitôt les deux frangins préparent leurs petits sacs à dos, leurs bâtons de marche et s'élancent à l'assaut d'une belle et copieuse montée qui doit les emmener à Aubrac. De mon côté je rejoins Grandvals à dix kilomètres de là. Je trouve rapidement l'aire de camping-car, mais la barrière ne peut s'ouvrir que si nous réservons les jetons chez M. le Maire du village. Ouf, j'ai le numéro de téléphone inscrit sur un panneau d'information.

— Allô ! Bonjour Madame, j'ai besoin de vos services pour…

— Oui, je viens tout de suite, je vous ai vus arriver, me répond sans ménagement une voix féminine et décidée.

Assurément, dans ce pays sauvage, les étrangers comme moi semblent surveillés comme le lait sur le feu. Peu de temps après, une dame fort bien mise, et d'un âge certain se présente :

— Bonjour, je suis la mairesse de ce village. Ah, je suis contente de vous voir, on sent que la saison approche. Notre nouvelle aire d'accueil fonctionne encore peu, mais dès qu'il sera mieux connu je suis sûre que nous aurons du passage dans notre petite commune.

— Le coin est très agréable, je suis certain qu'il va attirer du monde.

— Vous savez, nous en avons besoin. J'ai toujours vécu à Paris et je suis venue dans ce village pour ma retraite. Depuis que je suis mairesse, je fais beaucoup pour la commune. Il faut faire vivre nos petites communes, n'est-ce pas ?

— Bien sûr…

— J'ai réussi à sauver notre dernier commerce, l'épicerie bar… Mais je bavarde, je pense que vous voulez un jeton pour ouvrir cette barrière. Vous allez dormir ici ?

— Malheureusement non, c'est bien dommage, c'est vrai que votre village est dans un coin très joli, mais je suis sur le chemin de Compostelle avec deux de mes frères et l'on dort ce soir à Aubrac.

— Il n'y a pas que ce coin qui est joli, le centre de notre village est très mignon. Voulez-vous que je vous emmène visiter ?

Cette brave dame parle avec un tel enthousiasme de son village que je ne peux qu'approuver.

Un chemin trop fragile

— Oui, je veux bien visiter votre village, le temps de faire les différentes vidanges et le plein d'eau sur votre aire.

— Bien, je vous attends, j'ai tout mon temps.

Le fait de m'attendre lui permet de continuer la conversation pendant que je fais mon travail. Et voilà cette gentille dame à me raconter sa vie, ces petits bonheurs parisiens avec un mari adorable, son exil en Aubrac et la joie de partager son village avec tous les nouveaux venus, habitants ou visiteurs.

Décidément l'Aubrac est magnifique et de surcroît, je découvre ici des gens délicieux et accueillants. Alors Madame la mairesse prend sa voiture et me fait signe de la suivre. Mon gros camping-car a du mal à se faufiler dans les ruelles du centre, et je suis surpris de découvrir une mairie bien mignonne, avec une belle petite place où les bacs à fleurs laissent passer les toutes dernières gelées avant de se parer de magnifiques pélargoniums. Des parterres fraîchement retournés patientent pour accueillir roses ou œillets d'inde. Plus loin je découvre l'épicerie aux murs de pierres taillées, fierté de Madame, plus loin encore d'autres belles maisons de pierres de la région. Tout semble si calme et si paisible en ce bel après-midi d'avril, les vieux gens d'ici dorment, les plus jeunes travaillent loin, les enfants sont à l'école, ailleurs. Seule Madame la mairesse veille. Allez, Jean-Pierre Pernaut, venez voir Grandvals, une belle ambassadrice vous attend pour vous conter, agrémentée d'un brin de nostalgie parisienne, les petits bonheurs de l'Aubrac, la déception d'une école disparue, la passion d'une belle solitude dans ce pays indompté !

Toujours dans un décor de rêve, je roule vers Aubrac et parviens au village à l'heure où le soleil se couche. J'ai passé beaucoup de temps à Grandvals, et les frangins devraient donc bientôt arriver ici, après avoir parcouru les huit kilomètres séparant Nasbinals et Aubrac. J'en profite pour une rapide visite de ce tout petit village, là où je m'attendais à découvrir un gros bourg, un bien petit village qui mérite un long cheminement pour y découvrir tous les secrets d'histoire, admirer la Dômerie et sa tour rouge qui fait peur, découvrir les quelques maisons aux pierres grises et sauvages. Je reviendrai au village tout à l'heure pour une plus longue visite, allons donc maintenant à la rencontre de Michel et Patrick.

Étonnant de ne pas voir arriver les frangins. Il est dix-neuf heures quinze. Il y a bientôt une heure que j'attends au pied de cette vierge, en haut de la colline qui surplombe le village, et toujours pas mes acolytes. Ils doivent marcher à deux kilomètres à l'heure de moyenne pendant que moi, je fais toujours le pied de grue devant cette vierge. Elle est certes très belle, mais à force de la regarder, je vois bien qu'elle baisse la tête. Je la gêne, c'est sûr, j'ai trop l'air d'insister.

Enfin les deux frères arrivent. Ils sont encore loin, là-bas, au bout du pré. Ils côtoient un long mur de vieilles pierres. Étonnant ! Patrick est devant, une bonne centaine de mètres devant, ce n'est pas si fréquent. Il arrive vers moi, tout sourire. On dirait un homme frais, prêt à parcourir encore quelques kilomètres, malgré les vingt-cinq qu'il doit posséder dans les jambes depuis ce matin.

— Vous en avez mis du temps, je sais bien que ça grimpe, mais quand même ?

— Attends, on va te raconter, me répond Patrick, l'air enthousiaste. C'est normal si on a mis du temps, il nous est arrivé un drôle de truc. Michel va te dire.

Michel arrive enfin. Me voilà à l'écoute des deux frangins, sous la surveillance de la sainte Vierge toujours tête baissée, visiblement intimidée.

— Alors raconte, pourquoi tant de retard ?

— Patrick a fait une vidéo, on te fera voir tout à l'heure au camping-car, on a rencontré une petite équipe de marcheurs juste après Nasbinals. Ils étaient bizarres, pas de sacs à dos. T'en avait un qui tenait une lampe à pétrole, un autre, un sac à dos vide dans sa main, les autres les bras ballants. Ils avaient l'air de pèlerins, mais sans vraiment être des pèlerins. On les suivait d'autant que nous n'étions pas sûrs du bon chemin. Puis après un kilomètre ils s'arrêtent au pied d'une stèle.

— Là, poursuit Patrick, on leur demande si c'est bien la bonne route, du coup la conversation s'enclenche avec eux.

— Et voilà, surenchérit Michel tout radieux, ces gens nous expliquent être venu rendre hommage à un de leur copain disparut en 2011 et qu'ils ont rencontré pour la première fois sur le chemin de Compostelle à cet endroit précis.

— Ce qui explique la stèle, ajoute Patrick.

Tous deux s'enthousiasment au fil de la discussion. Et Patrick de poursuivre avec quelques éclats de rire entre deux phrases :

— Ah, ah, t'aurais vu la tête de Michel, d'ailleurs tu verras sur la vidéo, il a dû chanter avec eux le chant de Compostelle.

— Ah oui, Jean, tu verrais maintenant, on connaît par cœur le chant ''Ultreïa'', réplique Michel.

Et voilà Patrick de donner de la voix et chante, le sourire aux lèvres :

— Ultreïa, Ultreïa…

— Mais avant de chanter avec eux, continue Michel, on les a regardés faire, ils ont rempli le sac à dos de cailloux, ils l'ont attaché en terre, refait une croix, posé plein de pierres tout autour, décoré le monument avec leur vieille lampe.

Un chemin trop fragile

— C'est comme ça que naissent les stèles le long du chemin, ajoute Patrick.

Impatient, je demande à voir la vidéo tout de suite.

Les frangins, encore sous l'émotion de leur belle aventure, me montrent la scène : plus de dix minutes à découvrir l'évolution du monument dédié à « Patrick Coudert – Pèlerin - 58 ans - mars 2011 – Ultreïa ». Puis c'est le bouquet final, le clou du spectacle : Michel, debout parmi la chorale, marmonne du bout des lèvres un chant de Compostelle qu'il ne connaît pas, reprenant juste le refrain. Et pourtant, que ces paroles sont douces et agréables !

« Tous les matins nous prenons le chemin,
Tous les matins nous allons plus loin.
Jour après jour, la route nous appelle
C'est la voix de Compostelle.
Ultreïa ! Ultreïa ! E sus eia
Deus adjuva no !
Chemin de terre et chemin de foi,
Voie millénaire de l'Europe,
La voie lactée de Charlemagne,
C'est le chemin de tous mes jacquets.
Ultreïa ! Ultreïa ! E sus eia
Deus adjuva no !
Et tout là-bas au bout du continent,
Messire Jacques nous attend,
Depuis toujours son sourire fixe,
Le soleil qui meurt au Finistère.
Ultreïa ! Ultreïa ! E sus eia »

— Ils ont dédié cette stèle et ce chant à leur copain, me dit Michel, ils randonnaient souvent ensemble. Il paraît que c'était un sans-abri, un clochard des rues de Besançon.

Lorsque j'ai vu gravé sur la pierre l'âge de ce Coudert, j'ai compris que c'était mon conscrit et comme il était de Besançon, c'est possible qu'il fût à l'école avec moi.

— Et alors ?

— Je leur ai demandé, ils ne connaissaient pas son quartier, ils ne savaient pas grand-chose de lui. Juste qu'il vivait seul, ne parlait jamais de sa vie, beaucoup de drames et de peines entouraient cet homme, mais ça ne l'empêchait pas d'être joyeux et bon camarade. Ils le regrettent beaucoup. Il est mort d'un cancer du foie, il buvait.

Ses amis ont chanté deux fois le chant du pèlerin, une première fois pour la paix de son âme, une seconde fois pour ressusciter, le temps d'un instant, ce merveilleux copain. Michel a participé et chanté. Deux camarades d'école... Deux destins...

Après ce moment où je prends pleinement conscience de la réalité du chemin de Compostelle et de ses instants de partage et de communion, j'invite les frangins à me suivre jusqu'au village d'Aubrac quelques centaines de mètres plus bas. Je regarde une dernière fois la Vierge Marie. Le ciel s'assombrit autour de la statue, mais la sainte immaculée continuera de briller dans la nuit, accompagnée de l'astre lunaire qui s'élève déjà à ses pieds.

Il reste encore un peu de lumière du jour pour lire les informations touristiques :

« Sur ces lieux de solitude rendus parfois dangereux par les brigands, le pèlerin transi de froid pouvait trouver le gîte et le couvert dans un hospice d'accueil. Ainsi entre le XIIe et le XIVe siècle la Dômerie devint un important et riche monastère disposant d'une quinzaine de religieux, de cent vingt frères et d'une trentaine de sœurs infirmières ainsi que de quelques chevaliers pour assurer la protection des lieux. Adalard, vicomte flamand se rendant à Compostelle, affronta la traversée de l'Aubrac et faillit y périr par deux fois : sous l'attaque de brigands et sous la tempête. Voyant un signe de Dieu dans sa survie, il fit vœu d'assister les voyageurs. Vers 1120 il créa l'ordre hospitalier et militaire d'Aubrac suivant la règle de Saint Augustin. Vers 1135 Adalard offrit cet établissement en dépendance de l'abbaye de Conques. Les dons fonciers des grands ordres religieux et des principales seigneuries allaient permettre un développement sans précédent de la ''Dômerie'' d'Aubrac jusqu'à la fin du Moyen Âge et la raréfaction des pèlerins. »

Je quitte des yeux le panneau d'information et regarde la Dômerie qui s'élève devant moi. À l'approche de la nuit, la tour austère, rouge fade, tout à la fois altière et modeste, me fait peur, et je surveille l'ombre d'Adalard qui me guette derrière les barreaux des fenêtres du beffroi. Laissant derrière moi le vicomte flamand et sa légende, je déambule dans le Moyen Âge, accompagné de mes deux chevaliers, dans la beauté sombre d'Aubrac.

— Qu'est-ce que vous dites de goûter un bon aligot ? demande tout à coup Patrick.

— C'est quoi de l'aligot, dis-je au frangin.

— C'est une spécialité de l'Aubrac, un mélange de purée de pommes de terre, de tomme de la région, du beurre et de la crème. Je crois même qu'on peut ajouter de l'ail. C'est très bon.

— Qu'est-ce qu'on fait, on essaie de trouver un restaurant qui en propose ?

— Oui, regarde en face de toi, me répond Patrick, là sur le panneau, il y a un restaurant à quatre kilomètres d'ici, c'est sa spécialité.

Sur ce, Patrick téléphone au restaurant, mais celui-ci est fermé, la saison touristique n'ayant pas encore vraiment commencé. Le pire, c'est que nous sommes loin de tout, et inutile donc de chercher un autre restaurant qui propose cette spécialité, il faudrait parcourir plus de trente kilomètres à la ronde. Donc tant pis pour l'aligot et ce soir, ce sera boîte de conserve et yaourt.

    Après un dîner au chaud dans notre petite maison garée vers la Dômerie, je m'endors au pied de la tour, toujours plus sombre, bientôt noire. Un clair de lune inonde la statue là-haut sur la colline, je suis rassuré, Marie veille.

******

    Aujourd'hui, c'est jeudi. Il nous reste donc deux jours de randonnée avant de rejoindre notre Franche-Comté. Au petit-déjeuner j'explique à mes deux frères, d'une part que j'ai toujours mal aux côtes, mais que cela reste supportable, d'autre part que ce serait bien d'arriver ce soir à Espalion, à environ trente kilomètres d'ici. Les deux frangins sont d'accord, et c'est Patrick qui démarre la journée en camping-car. Il doit nous retrouver à St-Chély-d'Aubrac dix kilomètres plus bas, en direction de la vallée du Lot.

    Michel et moi partons un peu avant huit heures par un temps froid, 0 °C au thermomètre, mais sous un ciel clair. Comme le village d'Aubrac est situé à l'extrême sud-ouest du plateau, nous surplombons la civilisation et nous devinons les paysages de l'Aveyron, et plus loin encore, du Lot et Garonne. Je sais maintenant que je quitte cette envoûtante région de l'Aubrac dont je suis tombé amoureux, et c'est avec un pincement au cœur, comme lorsqu'il faut quitter sa chérie d'un été, que je laisse derrière moi un amour de vacances.

    Nous voilà « au bout de l'enfer », c'est ainsi que se nomme le coin où nous amorçons la franche descente vers la vallée du Lot. À cet endroit une information touristique me permet de dire Adieu à mon bel Aubrac :

« Dans ce lieu d'horreur et de vastes solitudes…c'est ainsi que les textes anciens évoquent la traversée du pays. On peut imaginer le soulagement qu'avaient les pèlerins à voir ce paysage s'ouvrir devant eux. La vallée du Lot, le Causse Comtal au loin et leurs promesses de pain, de vin… de vie ».

Si ces écrits sont justes, au regard de ces époques si contraignantes, aujourd'hui j'ose dire que nous voilà « au bout du Paradis ». Eh oui, les temps changent, parfois en bien ! Un dernier regard à la superbe vue, qui se dégage sous nos yeux, avant de dégringoler la pente, sous une forêt de hêtres.

Un chemin caillouteux, des arbres décharnés, un Michel silencieux, c'est à peu près tout ce que me propose cette longue descente sur St-Chély. Cela me suffit, je peux m'enfermer dans ma solitude, j'apprends à méditer ; je ne sais toujours pas.

Nous parvenons au village vers dix heures. Patrick n'est pas là. Les jambes cassées par la longue et rapide descente, nous nous asseyons tous deux sur un banc en bois, en bordure d'une petite place. Le troisième frangin nous retrouve enfin, le camping-car étant stationné plus bas vers le pont des pèlerins. Un petit encas est le bienvenu, tous trois assis sur ce banc en bois.

— On a pensé à un truc, me dit Michel en finissant de mâchouiller son trognon de pain, Patrick et moi on va attaquer la descente. Il n'y a pas de village avant Saint Côme et pas vraiment d'endroit pour poser le camping-car. Donc il faut que tu ailles jusqu'à Saint Côme d'Olt. On en a pour quelques heures avant de te retrouver. Si tu trouves le temps trop long et que tu penses ne pas marcher assez aujourd'hui, t'as qu'à venir à notre rencontre à pied.

— T'en a de bonnes, dis-je, en plaisantant à moitié, vous avez juste de la descente et moi, je dois me coltiner toute la montée pour venir à votre rencontre.

— Bof, qu'est-ce que c'est pour un gars comme toi, ajoute Patrick, malicieux.

Les deux frangins partent donc pour un long périple de près de quinze kilomètres jusqu'à Saint Côme, et je me retrouverai donc seul à marcher à leur rencontre une bonne partie de la journée. Tant mieux, marcher en solitaire me convient. Je vais pouvoir poursuivre mon apprentissage sur la méditation.

Il est onze heures moins le quart lorsque je reprends le camping-car pour rejoindre Saint Côme d'Olt, tout en bas, loin là-bas. J'arrive très vite et découvre à nouveau une splendide ville sur ce chemin de Compostelle, dans la vallée du Lot. Je stationne mon véhicule vers la chapelle des pénitents et prends le temps d'admirer l'édifice. Cette chapelle romane a été le siège de la confrérie des pénitents jusqu'en 1930. Située au débouché de la Draille d'Aubrac et de la voie romaine, empruntée par les pèlerins, c'est à côté d'elle et de son rôle hospitalier que s'est développé le village. Elle a conservé une grande partie de son architecture romane, avec son clocher ajouré, sa toiture en carène de bateau (caractéristique de cette partie de la vallée du Lot) et son abside à la corniche ornée de modillons historiés. Sous ses dalles sont enterrés nombre des notables et des artisans de Saint Côme-d'Olt. Ce n'est pas moi qui le dis, c'est écrit sur l'écriteau.

L'intérieur du monument ne m'inspire pas, à part peut-être cette coque de bateau à l'envers qui ne sait pas flotter dans le ciel.

Je visite ce bourg : murs et toitures couleur du beau, gris de la pierre d'ici, maisons vieilles et grises, amassées le long du Lot, le regard vers la rivière. Je flâne autour de l'église puis dans les quelques ruelles du bourg d'un pas trop rapide, si bien que je me retrouve vite sur le GR à la rencontre des frangins. Je pense les retrouver quelque part entre le hameau de La Rozière et celui de l'Estrade.

Je grimpe sous un beau ciel bleu. L'air est doux et la montée me donne chaud. Je quitte le polaire et l'enroule autour de mes reins. C'est sûr, maintenant c'est le derrière qui va prendre toute la chaleur. Ce n'est pas grave, tout le monde a déjà remarqué que l'on a généralement toujours plus chaud au torse qu'aux fesses, quoique…

Je m'élève rapidement de la vallée du Lot et je peux maintenant admirer St-Côme-d'Olt et la fertile vallée à mes pieds. En face la montagne de Roquelaure, célèbre pour sa coulée de lave et, tout autour de moi c'est le témoignage d'une agriculture particulièrement riche. Mille mètres plus bas que le plateau de l'Aubrac, le randonneur a la sensation de se trouver dans un véritable paysage du midi, sensation accrue par l'exposition des coteaux. Le petit causse de Cinqpeyres, à droite, et l'ancienne terrasse fluviale du Lot, sur laquelle je me trouve, étaient autrefois plantés de vignes et de vergers. On en distingue encore nettement les terrasses et les cultures associées. Ces coteaux secs et ensoleillés, sur sols calcaires bien drainant, ont permis la culture des précieuses vignes loin dans le massif central. Les crises qui ont secoué la viticulture à la fin du XIXe siècle, ont marqué une parenthèse de plusieurs décennies. Mais aujourd'hui on revoit quelques vignes sur cette zone, comme une renaissance. Ce n'est pas moi qui le dis, c'est écrit sur l'écriteau.

Je poursuis l'ascension de la montagne, comme une envie de retrouver le merveilleux plateau de l'Aubrac, toujours sous le soleil chaud. Du coup, mon derche supporte un double foyer : le polaire et le soleil. Alors je m'arrête quelques minutes, le temps de fourrer le polaire dans mon sac à dos. Trop petit le sac à dos ? Je supporterai donc le frottement du polaire sur mes fesses. Les cuisses transpirent et ça dégouline, les mollets fatiguent, les pieds chauffent dans les brodequins, alors cette fois-ci, c'est décidé, je m'arrête à l'ombre d'un pin pour une longue pause.

Les pèlerins défilent devant moi. Ils sont tout aussi nombreux que dans l'Aubrac. C'est normal, ce sont sensiblement les mêmes. Je vais peut-être retrouver ma petite dame à la charrette. Je prends le temps de les regarder. Certains seuls, les traits fatigués, d'autres plus rapides, tiens un vtt, puis cette admirable handicapée, elle marche seule avec ses deux béquilles, bravo Madame. Parfois ils sont trois, souvent deux, deux hommes, deux femmes, des couples, plus souvent d'âge moyen, quelques anciens plus anciens que moi, quelques jeunes.

Je me relève enfin, le visage vers le ciel pour de longues gorgées d'eau de la gourde, puis je poursuis mon escalade, croisant toujours beaucoup de pèlerins. Je traverse un petit hameau, je rentre franchement dans la forêt. Le sentier, bien dessiné et qui continue de s'élever me confirme la bonne direction. Mais depuis un bon moment ? je ne croise plus de pèlerins… bizarre ! Je poursuis mon chemin tout en ralentissant l'allure, pris d'un doute. Je cherche des indications, les fameuses bandes rouges et blanches. Certes, je suis en sens inverse de la marche, mais je devrais trouver les mêmes indications pour la route du retour, le chemin de Compostelle va bien dans les deux sens, non ? Certes, à notre époque moins de pèlerins reviennent à pied de Saint-Jacques, mais au Moyen Âge, que je sache, ils ne faisaient pas le trajet retour en train, encore moins en avion. Je devrais trouver au moins quelques coquilles accrochées aux troncs d'arbres, quelques flèches en bois montrant la direction de l'Aubrac, puis surtout, croiser encore quelques pèlerins, ils ne se sont tout de même pas volatilisés d'un coup, en beau milieu d'après-midi ?

Je m'arrête à nouveau et m'assois sur le talus. J'inspecte ma carte. Rien, pas de sentiers à gauche, pas de sentiers à droite. Je n'ai pas souvenir d'une quelconque bifurcation. Peut-être au hameau, tout à l'heure ? Oui, c'est cela, c'est depuis le hameau que je ne croise plus de randonneurs. Jean, tu t'es sûrement gouré ! Il faut faire demi-tour et redescendre jusqu'au hameau. Le problème, c'est que j'ai peut-être raté le rendez-vous avec les frangins. Et pas de chance : pas de réseau dans le secteur. J'épluche à nouveau ma carte. Il semble que la distance qui nous sépare est encore longue. Le plus urgent est de redescendre vite au hameau, j'aviserai là-bas.

Trois fois moins de temps pour rejoindre les maisons, que ma montée infernale pour rien. Problème, je n'ai toujours pas de réseau. Allez ! Je pronostique que les frangins sont encore loin là-haut dans la montagne. Je poursuis donc l'ascension, en espérant trouver rapidement un coin plus civilisé pour indiquer ma position. Il est quinze heures et je grimpe toujours. Je croise à nouveau des randonneurs, je suis donc sur la bonne route, mais toujours pas de Patrick, pas de Michel et surtout, pas de réseau. Une demi-heure plus tard, miracle ! Je trouve du réseau. Pourvu que les frangins puissent capter, ils sont peut-être comme moi, au milieu de cette immense forêt en pleine montagne, en pleine friche où les ondes se cognent contre les épines et les roches.

— Allô ! Oui, je t'entends mal, qu'est-ce tu dis ?
— Je demande où vous vous trouvez ?
— Ben on est dans le bois.
— Oui mais où, dans le bois ?

Un chemin trop fragile

— Bip… Bip…

Putain de téléphone, putain de réseau, putain d'opérateur. Bon ! Ce qui me rassure, c'est qu'ils sont sûrement encore plus hauts, sinon je les aurais croisés, et s'ils étaient déjà passés vers le hameau lors de mon erreur de parcours, à cette heure-ci, ils ne seraient plus dans le bois. Je réessaye :

— Allô ! Patrick…

— Oui… Bip… Bip… Bip…

Et merde, je n'ai plus qu'à attendre, en espérant que mes déductions tiennent la route et que je retrouverai donc mes deux frères pas très loin d'ici. Mais à peine fini de râler après le réseau que j'entends des voix, comme Jeanne d'Arc, là, plus haut. Ce ne sont pas les voix du seigneur mais bien une conversation vive et joyeuse entre les deux frangins.

— On savait que tu étais là. On t'a vu depuis là-haut, il y a quelques minutes, me dit Michel en s'approchant de moi.

— Je me suis gouré de chemin, du coup j'avais peur de rater notre rencontre. Ça me faisait ''chier'' de grimper, surtout si vous étiez plus bas sur la route.

— On est bientôt arrivé à St Côme ?

— Tu rigoles ! J'ai fait au moins six kilomètres à votre rencontre, sans compter les deux kilomètres aller-retour où je me suis planté.

— Six kilomètres en descente, dans une heure et demie on est là-bas, estime Michel qui se remet aussitôt en marche.

Nous lui emboîtons le pas en poursuivant notre conversation sur tout et rien, surtout sur rien.

— T'aurais vu Jean, poursuit Michel, on a mangé vers une cabane. Il y avait une table au milieu avec plusieurs cafetières, des thermos… Alors après avoir mangé, on s'est approchés pour voir. T'avait un panneau qui disait ''Servez-vous'', un euro la boisson. Y avait du thé, du café, des boissons fraîches. On a trouvé bizarre... Il n'y avait personne. On aurait pu se servir et ne rien payer.

— Tu parles qu'on aurait pu partir sans payer ! s'exclame Patrick avec un grand sourire, la petite vieille, à peine on est rentrés dans la cabane qu'elle était près de nous.

— Elle nous surveillait sûrement depuis derrière les fenêtres de sa maison en face, elle doit passer son temps à regarder passer les pèlerins.

— Dès que des randonneurs rentrent dans sa cabane, elle doit leur sauter sur le paletot.

— Mais t'as vu, Patrick ? Elle était super sympa, elle nous racontait sa vie, elle ne voulait plus nous lâcher.

— Tu parles, elle trouve les journées longues derrière sa fenêtre, elle était trop contente de nous tenir la conversation.

— C'est pour ça que vous avez tant de retard ?

— On a pris le temps de manger et c'est vrai qu'on est resté une bonne demi-heure à discuter avec la vieille.

— Pis on faisait aussi la conversation à son chien et à tous ses chats, plaisante Michel.

Cet après-midi est joyeux sous ce beau soleil et sur cette pente plus douce, qui ne nous casse plus les genoux, cette descente vers la vallée du Lot, déjà un peu vers le Midi. C'est sûr on avance, Saint-Jacques avant de mourir, c'est encore possible.

Il est dix-sept heures trente lorsque nous entrons dans Saint Côme-d'Olt, et une nouvelle visite de la chapelle des pénitents s'impose. Patrick et Michel sont demandeurs et veulent peut-être prier pour que mes côtes ne me fassent plus mal. Alors, espiègle, j'interpelle les frangins :

Un chemin trop fragile

— Hé, les gars ! Je n'ai presque plus mal sur le côté. Plus de peur que de mal pour ma chute d'hier. Mais vous pouvez entrer prier ici, pour remercier le bon Dieu de m'avoir épargné, et en plus, y a pas de marches dans cette chapelle.

— T'inquiète, me rétorque Patrick d'un air taquin, ce n'était pas prévu de prier pour toi.

Encore un petit tour dans cette jolie ville tous les trois, puis nous rejoignons le camping-car pour un casse-croûte et une tasse de café. Michel interroge :

— Il est encore tôt, on continue notre route jusqu'à Espalion ?

— Bien sûr qu'il faut continuer, dis-je, on a bien deux heures devant nous.

Patrick fait la moue, s'agite sur son coussin, semble moins d'accord, se tourne vers moi :

— Tu as vu tout ce qu'on a déjà marché avec Michel ? Je suis crevé... ou alors je prends le camping-car...

— Ah non ! proteste Michel, c'est à mon tour de conduire. Depuis le départ d'Aubrac je n'ai fait que marcher.

— C'est vrai, Patrick, c'est à nous deux de marcher.

Le rebelle baisse la tête, marmonne, il est d'accord.

Dix-huit heures quinze, Patrick et moi sommes sur le départ pour environ six ou sept kilomètres jusqu'à Espalion. Nous voilà sur le vieux pont qui franchit le Lot. Nous jetons un dernier coup d'œil sur le village de Saint-Côme qui surplombe la rivière. Un pêcheur, inondé de calme et de sérénité, les pieds dans l'eau, surveille son bouchon sur l'onde, d'un bleu couleur du soir. Quelques photos, puis nous poursuivons notre route. Presque aussitôt une voiture ralentit à notre hauteur, une tête masculine sort de la fenêtre et nous crie joyeusement :

— Alors, encore sur le chemin, vous êtes courageux !

Puis la voiture poursuit sa route. Pas le temps de lui répondre. Alors je me tourne vers le frangin :

— Évidemment qu'on est courageux, n'est-ce pas Patrick ?

Patrick ne me répond rien. Pas d'animosité, juste de la fatigue, beaucoup de fatigue, je le vois à sa tête des mauvais jours. Il lui tarde d'arriver à Espalion, c'est sûr. Alors il me vient une idée pour soulager Patrick. Et moi aussi, tant qu'à faire :

— J'ai regardé la carte tout à l'heure vers le pont, on peut gagner presque deux kilomètres et surtout ne pas gravir cette colline à gauche où passe le GR.

— Comment ça ? demande Patrick, agréablement surpris.

— Si on reste sur cette route où nous sommes maintenant, si l'on ne tourne pas plus loin à gauche pour suivre le GR, eh bien, cette route suit le Lot jusqu'à Espalion, et il ne nous resterait plus que quatre kilomètres à marcher.

— Ah sûr ! Il faut suivre cette route. D'ailleurs c'est agréable de longer la rivière.

— Tu penses que c'est agréable, c'est tout plat et c'est plus court, y a pas photo.

On vote 'pour' à l'unanimité et, le cœur plus joyeux, nous poursuivons notre route d'un pas rapide. Oublié la fatigue, juste la sensation de faire une belle farce au chemin de Compostelle.

Deux kilomètres plus loin, nous nous arrêtons devant une croix en pierre.

— Tu vois Patrick, pas besoin d'emprunter le chemin de Compostelle, même ce raccourci nous laisse des traces des anciens pèlerins.

— Tu sais, réponds Patrick, on n'est sûrement pas les seuls à tricher.

Un chemin trop fragile

Cette croix, comme tant d'autres sur le chemin de Compostelle, est belle et sobre, mais elle a, en plus, quelque chose de mystérieux. Je m'approche.

Saint patron d'Espalion, Saint-Hilarian, selon la légende, fut surpris à Perse par les Sarrasins, qui lui tranchèrent la tête. Après l'avoir ramassée et lavée il la rapporta à sa mère au village de Lévinhac. Ce n'est pas moi qui le dis, c'est écrit sur l'écriteau.

Vers dix-neuf heures trente nous retrouvons Michel à l'entrée de la ville, tout près des terrains de sport. Le camping-car trône au centre d'une grande place. Un collègue, immatriculé ''Deutschland'' se gare à côté. Nous aurons ainsi de la compagnie pour la nuit, peut-être même un apéro en commun !

En attendant l'apéritif incertain, nous préférons tous trois reprendre notre véhicule, trop fatigués pour aller à pied et rejoindre le centre-ville, à la recherche d'une brasserie et d'une bonne bière. On troque ainsi notre image de randonneurs pour devenir vacanciers. La soirée est douce, la blanche est fraîche, la vie est belle.

— Allez Patrick, la ville est belle, on va faire un petit tour à pied.

Surprenant ! Patrick est d'accord, il semble ressuscité après sa bière. Nous passons devant la cathédrale, simplement magnifique, d'un rouge presque écarlate. Ce soir le soleil couchant peint le sommet du monument en jaune d'or, ainsi deux couleurs, mais aussi deux clochers, deux horloges, tout s'emmêle dans un ciel divin.

Bien fatigués, nous regagnons le camping-car stationné en ville, puis nous retournons sur la grande place vers les terrains de sport. Nos voisins allemands ont quitté les lieux. Seuls, après un rapide 'poulet-flageolet', nous gagnons nos lits. Il est vingt-deux heures. Les deux horloges de la cathédrale sonnent et résonnent. Je m'endors, cherchant par-delà les rideaux de ma fenêtre le château fort dans le haut d'Espalion. Illuminé, il semble suspendu dans la nuit. Comme la Sainte Vierge hier soir, il veille sur nous.

*****

Il est huit heures lorsque je prends le camping-car pour rejoindre Estaing. Les deux autres frères marcheront environ douze kilomètres pour me retrouver dans ce bourg. Je partirai néanmoins à leur rencontre en prenant donc le chemin inverse, direction Espalion, histoire de me dégourdir les jambes aujourd'hui. En effet, au petit-déjeuner on s'est mis d'accord pour arrêter notre périple à la mi-journée. Maintenant que nous sommes dans l'Aveyron, il faut bien compter sept heures pour rejoindre Chantrans avec notre véhicule. On souhaite donc retrouver nos amis Johny et Marie-Christine dans leur gîte à Saint-Barthélémy-Lestra pour la fin de journée. Cela nous permettra une pause sur le chemin du retour en Franche-Comté.

Quelle mauvaise surprise ! Me voilà dans le brouillard le long de vallée du Lot. Même si je suis au volant de mon camping-car, j'aurais pu apprécier sûrement un très beau paysage. Pourvu que ce ne soit pas ainsi toute la journée.

Grand soleil et grand ciel bleu lorsque j'arrive à Estaing. C'est comme à la sortie d'une forêt sombre, comme dans les contes de mon enfance, on nous jette à la face, d'un coup, une image, que dis-je, un spectacle d'autant plus magnifique qu'inattendu, un monde surprenant, un réveil sur du magnifique. Je saute du camping-car en évitant le pied gauche. Me voilà sûrement prêt pour une bonne journée.

Un chemin trop fragile

Je déambule le long de la rivière, contemple les belles maisons aux fenêtres à petits carreaux, les longs murs aux douces couleurs pastel, qui s'alignent au bord du Lot. Le vieux pont me rappelle que le coin est d'une autre époque. En effet la ville ne laisse aucune trace de notre siècle. Où sont passés les poteaux, les fils électriques, les antennes et paraboles ? Même les commerces aux vitrines sobres paraissent se cacher au pied de quelques maisons. Le château, majestueux, tel un seigneur au milieu de ses ouailles, surveille la petite ville. La verdure des collines qui entourent Estaing accentue le beau gris de la ville. Les nombreuses voitures garées là, le long de la rue qui borde la rivière, quelques trop grands panneaux d'indications routières, et surtout mon camping-car, représente l'ombre de cette aquarelle. La ville est trop belle, pas le temps donc de la visiter plus longtemps. Je pars vite à la rencontre des frangins et je reviendrai avec eux pour que nous partagions ensemble les beautés de cette belle architecture. Je sais déjà que mes frères vont adorer.

Je franchis ce pont d'un autre âge, du XVe siècle parait-il, pour quitter Estaing, et je retrouve rapidement les traces du GR 65. Il est neuf heures quarante-cinq, et j'entre dans le hameau de Verrières sous un ciel d'un bleu pur. Je ne veux pas radoter, mais décidément, encore un coin angélique : Verrières est un hameau de pierres roses, de boiseries, d'orgies de petites tuiles grises qui se grimpent dessus et se dorent au soleil, des ruelles paisibles où s'entremêlent murs de pierres sèches et arbustes en fleurs. Il semble que tout ici soit sorti de terre uniquement pour le plaisir des yeux. Alors je prends ma dose de bonheur, traînasse un peu, respire toute cette beauté.

Je sors du village pour retrouver la campagne. Plus rien à voir avec l'Aubrac, je ne sens plus cette immense paix sauvage, mais c'est un autre décor, un charme différent. D'abord ce hameau que je viens de quitter, je pense encore à lui et j'aurai la chance de l'admirer une nouvelle fois au retour et je m'émerveille, jour après jour, de la beauté de ce chemin de Compostelle. Je sais maintenant que j'irai de surprise en surprise, on m'a dit tant de bien de la ville de Conques, des villages du Gers, de Saint-Jean-Pied de Port et de bien d'autres merveilles à découvrir.

C'est une route gravillonnée et relativement plate qui me promène désormais dans une campagne aux champs cultivés, aux prairies d'herbes hautes. Tiens, je ne vois pas de bétail ! Ah si, un lièvre me nargue, assis sur un chemin de terre qui s'écarte sur la gauche. Une photo s'impose. Raté ! Sur l'écran, juste un chemin et de l'herbe, le capucin a filé à l'anglaise. Je marche désormais plus vite, inquiet de ne pas encore rencontrer les frangins. Comme toujours, ils traînent. J'avance encore plus vite, le regard au loin où le chemin se dessine en de nombreuses courbes parmi les prés et les labours, où marchent beaucoup de pèlerins. Je ne distingue toujours pas les silhouettes familiales, alors je m'arrête, lâche mon petit sac à dos sur le talus et pose mon cul dans l'herbe fraîche.

Banane, pain, chocolat, et je reprends ma route, grimpe une petite côte, rejoins une bifurcation et, la tête dans des putains de divagations, je continue sur une route goudronnée sans plus rencontrer de pèlerins. Ah, là, je devine ! Pas besoin d'aller plus loin, je sais que mes pensées d'ailleurs m'ont emmené sur un chemin ailleurs. Demi-tour ! Et surtout il faut que j'appelle les frangins. Nous ne sommes plus dans les friches et la descente de l'Aubrac, nous sommes dans la civilisation d'Orange, et il me vient alors l'interrogation la plus connue de France :

— Allô ! T'es où ?

Un chemin trop fragile

— On est à environ deux kilomètres de l'Église de Trédou, répond Patrick.
— Ah oui, je vois un clocher, c'est sûrement Trédou. Les gars, vous êtes encore loin, vous traînez.
— On s'est trompé au départ d'Espalion. On a presque perdu une heure.
— Bien ! Je suis à quelques centaines de mètres de Trédou. Je vous attendrai là-bas.

L'église de Trédou et son cimetière accolé s'éloignent du hameau, en rase campagne, ce qui apporte un cachet plus monastique à cet édifice datant du XVe siècle, bien que l'église soit attestée depuis 1087. Je viens d'apprendre cela en guettant sur la plaque touristique. Ah ! Enfin les deux frères au loin.

Ils arrivent doucement, se laissent même dépasser par un ou deux groupes de pèlerins, avant de parvenir jusqu'au pied de l'église où je les attends.

— Vous marchez de moins en moins vite. Je croyais que vous seriez à la hauteur de Trédou vers dix heures et il est déjà onze heures !
— Cool... Jean, on est en vacances, non ?

Je ne réponds même pas, ayant deviné leur réplique. Mais ça me démange d'aller plus vite car, si je cherche aussi, tout comme les frangins, le côté agréable de la balade, j'ai conscience d'être en randonnée, avec cet esprit sportif, cette envie de défi. Le coin mérite cependant un long arrêt. Je m'attarde à l'intérieur de l'église. Michel me suit, Patrick prend des photos à l'extérieur. Après l'atmosphère religieuse aux pieds de Jésus et de la vierge, me voilà de nouveau dehors, près de Patrick qui me murmure :

— Tu sais que dans cette église il y avait un curé, né à Trédou, qui a caché des enfants juifs pendant la guerre, et du coup il a reçu le titre de « Juste parmi les nations ». Il paraît qu'il va être canonisé.

— Comment tu sais ça ?

Patrick s'écarte et se tourne sur le côté, montrant du doigt :

— C'est écrit sur l'écriteau, là. Puis il poursuit, son regard tourné vers les tombes :

— Tu te souviens du film « Saint-Jacques La Mecque », c'est dans ce cimetière que le jeune Ramzi, dyslexique et illettré, persuadé qu'il se rend vers la capitale de la foi musulmane, découvre qu'il sait lire.

— Je sais comment tu sais ça.

Patrick me montre un sourire complice.

Nous voilà tous trois, direction Estaing et le Sud-Ouest, à traverser la campagne des Coustoubis. Les Coustoubis étaient les habitants d'autrefois des coteaux viticoles de la vallée du Lot. On distingue quelques vignes sur les hauteurs voisines, car nous traversons la région AOC d'Estaing et, si le vignoble reste discret, cela semble normal puisqu'il paraît que c'est le plus petit de France, un peu plus de vingt hectares. Bientôt Patrick et Michel découvrent le superbe village de « Verrières ». Je vois dans leurs yeux qu'ils apprécient ce hameau aussi profondément que moi. D'ailleurs les deux frangins ne tardent pas à mitrailler maisons, chapelle, moulin, fleurs et ruisseau, en appuyant sur des gâchettes inoffensives. Nous apercevons enfin Estaing, et mes deux frères s'enthousiasment à nouveau devant ce magnifique décor qui s'offre à eux, de l'autre côté du Lot.

À peine le pont franchi, nous sommes à la recherche d'un petit resto, histoire de fêter notre fin de randonnée de la saison. Une agréable brasserie le long du Lot, une terrasse où quelques ouvriers et artisans s'empiffrent d'un menu du jour, où des pèlerins papotent devant une glace ou une chope de bière, tout cela ressemble à du bonheur, alors on s'installe. Je prends le temps d'apprécier l'instant, affalé impoliment dans mon fauteuil plastique. J'apprécie la rivière à mes pieds, la ville dans mes bras, le poids du château dans mon dos. J'ai faim, je dévore mon menu du jour. Mes deux frères parlent, s'arrêtent pour respirer, mangent et causent encore. La pâtisserie de trop alourdit mon ventre et mon âme, je somnole sous le soleil, je n'entends pas la voix de la serveuse qui me propose le café.

— Hé, Jean ! Madame te cause !

L'expresso bienvenu me donne un peu de courage, et après avoir réglé l'addition, je sors de table, prêt pour la visite de la ville. Nous flânons dans les ruelles, côtoyant de belles bâtisses de pierre de taille, des maisons à colombages, des petits commerces où s'étalent des auvents de toiles multicolores. Encore tout imprégné du soleil et du ravissement de la randonnée, je reprends bientôt le volant du camping-car. Les frangins s'installent. Le véhicule s'élance vers la Franche-Comté.

Ah ! Forêts de Margeride, Aubrac sauvage, villages enchantés du Lot, vous venez d'accrocher à mon cœur une douce mélancolie, la nostalgie d'un moi ensorcelé ; vous laissez partir un instant qui m'échappe pour longtemps.

25/26/27/28 et 29 avril 2016

*****

En cet après-midi de chaleur d'été, nous partons rejoindre notre point de départ pour une nouvelle semaine de randonnée : Estaing. Toutefois, nous avons rendez-vous pour le repas du soir et la nuitée à St-Barthélémy-Lestra dans le département de la Loire, chez nos amis Johny et Marie-Christine. Comme pour notre retour à la maison ce printemps dernier depuis l'Aveyron, nous avons décidé, aujourd'hui encore, d'effectuer le voyage en camping-car sur deux jours.

Le soleil est déjà couché lorsque nous parvenons au gîte « Les Uns les hôtes ». La canicule nous assomme en cette fin d'août, et nous profitons donc de l'agréable douceur de la nuit pour dîner sur la terrasse devant le gîte. Tout en dégustant mon assiette de crudités, je me tourne vers Marie-Christine :

— Que c'est bien d'avoir le droit de choisir ses amis !
— Pourquoi ? me dit-elle, étonnée.
— Parce que l'on est toujours bien reçu chez vous !
— Attends, me réplique aussitôt Johny, l'air fripon, on n'a pas encore fait l'addition.
— Ben oui, ajoute Michel en me regardant à moitié sérieux, on est à une table d'hôtes !
— C'est pour ça qu'ils sont obligés d'être gentils, surenchérit Patrick, et tout le monde part d'un grand éclat de rire.
— La dernière fois que l'on s'est vu, raconte Johny, on a tous mangé à l'école.
— Non, pas moi, intervient Marie-Christine, j'étais dans la famille dans l'ouest de la France.
— Oui, d'ailleurs c'est pour cela que l'on a décidé de manger à l'école. Comme tu n'étais pas là pour préparer à manger à ces trois pauvres garçons, je les ai emmenés au restaurant.
— Oui, c'était vraiment super, confirme Patrick, tu nous as dégoté un curieux endroit.

Et je me souviens de notre arrivée à St-Barthélémy-Lestra ce soir d'avril dernier, lors de notre retour de randonnée. Johny nous emmena dans un endroit insolite, une salle de classe des années soixante transformée en restaurant. La terrasse, à l'abri sous le préau, remplaçait les cris des enfants, puis une cour d'école avec cette marelle tracée à la craie sur l'asphalte. Michel avait sauté sur un pied dans les carrés du jeu de filles, se remémorant des souvenirs. Il y avait les toilettes au fond du préau, avec la fresque du petit garçon, dos tourné, déboutonnant sa braguette. L'intérieur du restaurant respirait notre jeunesse, même les odeurs, la craie, les livres, les vieux meubles. Le grand tableau noir annonçait le menu du restaurant de son écriture de craie blanche, bien alignée. Au dessert, Michel s'était levé de table, avait attrapé la grande règle du maître d'école puis s'était avancé au tableau pour nous faire la lecture. Tout le monde avait bien ri, surtout les convives des tables voisines. La maîtresse avait bien ri, elle aussi.

    Des bons souvenirs, tout cela, et dire que ce soir encore, c'est la fête sur la pelouse « Les Uns les hôtes ». Michel n'a pas sommeil, il déconne et rigole, Patrick l'accompagne, moi aussi. Mais sur les coups de minuit Johnny sonne le bouquet final de l'amusement en questionnant son épouse avec élégance et dérision :

— On va se coucher que ces gens puissent s'en aller ?

Sur ce dernier fou rire général de cette agréable soirée, disciplinés devant la plaisanterie, nous rejoignons le camping-car garé devant la maison pour une nuit chaude et paisible.

******

Le petit matin nous retrouve devant la même table de terrasse, avec les mêmes convives, pour un petit-déjeuner bon et copieux : pain, confitures et brioches maison, sourires et bonne humeur maison. Il fait déjà chaud en ce milieu de matinée et Michel, sous son chapeau de paille et son sourire de vacances, déclare :

— On passerait bien encore la journée ici. On pourrait ne commencer notre randonnée que demain.

Je suis fâché par la réflexion de Michel qui gâche, dès le premier jour, le programme que j'avais mis en place.

— Ah, non, je ne suis pas d'accord, on devrait même déjà rouler si nous voulons arriver à Estaing en début d'après-midi pour marcher au moins une demi-journée.

— Moi je trouve qu'on est bien ici. C'est les vacances, il fait beau, nos hôtes sont aimables, poursuit Michel, les doigts croisés derrière la nuque, les coudes en éventail, position détente.

— D'accord pour que vous restiez un jour de plus, ajoute Johny.

Les choses se présentent mal, Patrick ne dit rien, son sourire semble complice. Je regarde mes opposants.

— On est là cette semaine pour marcher. On a bien voulu faire une halte ici dans la Loire. Mais il est prévu de reprendre notre rando à Estaing. Il faut impérativement que je sois rentré lundi à Montigny pour un banquet. Voilà ce que je propose, on coupe la poire en deux. On ne part pas demain sinon la journée est fichue pour marcher. On peut encore rester quelques heures ici et partir après le repas de midi.

— Oui, c'est pas mal, intervient Patrick, comme ça, on est sur place pour démarrer la randonnée demain matin.

— Michel reste muet, à moitié satisfait de ma moitié de réponse. Marie-Christine intervient :

— Bon, je pars vite à la cuisine préparer le repas puisque vous restez pour midi.

Alors qu'elle se lève déjà de table, son mari l'interpelle, s'adressant indirectement à nous les trois frères :

— Tu te souviens du petit camping à Pruines dans l'Aveyron ? C'était tout près d'Estaing. Ils pourraient passer la nuit là-bas, c'était très agréable. Ils seront sur place pour démarrer leur rando.

Et voilà Johny à nous décrire ce petit coin de rêve, qui ne coûte quasiment rien, qui nous enchantera, situé dans un petit village au calme sous de grands arbres, et tout et tout... Alors je cherche la carte, je déplie la carte, on regarde la carte, et je montre du doigt le village de Pruines :

— C'est vrai, ce n'est pas loin d'Estaing. Ce n'est pas loin de Conques également.

— Oh oui, confirme Patrick, nous sommes très près de Conques. Nous devrions démarrer carrément de Conques et ne pas revenir jusqu'à Estaing.

— Oui, pourquoi pas, dis-je, mais c'est dommage parce qu'on ne va pas marcher le long des gorges du Lot.

— On s'en fout, réplique Michel. D'ailleurs, de démarrer depuis Conques, on récupère une demi-journée de marche, juste le temps perdu aujourd'hui.

— Ok on roule cet après-midi jusqu'à Pruines, mais demain matin on commence de marcher depuis Pruines pour rejoindre Conques. Il faut environ quatre heures, il y a quinze kilomètres entre les deux villages.

Le compromis est vendu en l'état et place donc à la joie de Michel, qui profite encore de quelques bonnes heures ici chez nos amis. Il entraîne tout notre petit monde dans la bonne humeur. Demain est un autre jour. Dans l'attente du repas de midi, Patrick, le mécanicien de l'équipe, répare la table du salon du camping-car, laquelle commençait à se déglinguer depuis quelques jours. Je lui sers d'assistant, mais en fait, je le regarde surtout travailler. Michel papote avec nos hôtes et profite pour visiter leur jardin bio.

Midi, l'heure de l'apéro, et toujours ces bons vins maison, parfum framboise ou cassis, et bien d'autres notes fruitées que nous oublions volontairement, moins pour le désir d'apprécier, que pour le rejet du gendarme de la route. Le repas est léger sous ce soleil de plomb, qui laisse passer la chaleur sous la tonnelle ombragée. Il s'éternise autour de conversations calmes et indolentes, à l'image de la lourde chaleur de cette journée. La flemme colle nos corps qui se moulent avec plaisir sur l'arrondi de nos fauteuils, nos bras s'écrasent sur les appuis de plastique et nos jambes paresseuses s'étirent loin sous la table. Après quelques hésitations, je joue les trouble-fêtes et secoue tout ce beau monde en regardant ma montre :

— Bon ! Cette fois-ci il faut y aller. Bientôt quinze heures. Si l'on veut arriver au camping avant la nuit, il faut se décider.

Et joignant le geste à la parole, je me fais violence pour quitter ma torpeur, essaye péniblement de me dégourdir les jambes en sortant de table. Les frangins, encore moins vaillants, se décident enfin à me suivre. Les adieux avec nos amis prennent beaucoup de temps, entre bises de circonstance, galéjades de séparation, élans de fausse tristesse.

Nous voilà tous trois silencieux sur la route de l'Aveyron dans notre petite maison ambulante. Nous suivons les départementales qui bordent le chemin de Compostelle, et lorsque nous sommes sur la D987 à l'approche de Nasbinals, Michel, assis à l'arrière, s'approche de ses frères :

— On a le temps de s'arrêter à la sortie du village pour voir la stèle de mon conscrit « Coudert » ?

— Ah, ah, tu as encore envie de chanter ''Ultreïa'', raille Patrick.

— D'accord, dis-je, toujours au volant du camping-car, j'essaie de m'approcher au plus près du lieu prévu puis nous irons à pied à travers champs.

Je stationne à ce que nous espérons être l'endroit le plus proche de la stèle. Le sentier de Compostelle est là sur notre droite. Les frangins, le nez écrasé contre les vitres latérales, semblent reconnaître le lieu : des murets de pierre, un petit sommet, quelques haies au feuillage jaunissant. Est-ce le bon endroit ? C'est vrai que le précédent passage de mes deux frères ne date que de ce printemps, alors avec un peu de chance, nous ne marcherons pas trop à la recherche du sépulcre. Je fais confiance aux frangins, chasseurs aguerris au sens de l'orientation bien développé. Mais à peine sortis du camping-car, faut-il aller à droite, à gauche ? Je sens la galère, mais je suis bien obligé de suivre mes deux frères, ne connaissant pas l'endroit. Alors c'est une véritable chasse au trésor, Patrick s'essoufflant en grimpant rapidement une butte, Michel montrant du doigt un angle de mur, un semblant de sentier, dévalant la pente entre labours et grandes herbes : « Je te dis que c'est là ! Non c'est plutôt là ! Ah bon, tu crois ? Pourtant... » Puis enfin : « A ! c'est bien là-bas, on reconnaît, le chemin et le virage, le gros chêne, le muret ! »

Les derniers trois cents mètres à travers une pâture, où quelques dizaines d'Aubrac nous regardent, sont les plus longs. En effet un taureau tout en muscle, genre chippendale gros bras, surveille ses femelles en robe des champs. Redoute-t-il la concurrence ? Pourtant, à regarder le gros matériel qui pend entre ses cuisses, il n'a vraiment rien à craindre de nous ! Patrick, prudent, rôde le long du barbelé au cas où. Michel, carrément craintif, a déjà sauté la barrière et marche sur les terrasses du pré, plus haut. Moi, bien sûr, je traverse crânement l'arène de verdure au nez des belles Aubrac toujours aussi bien maquillées. Mais bientôt l'énorme taureau gratte la terre de son pied, soulevant poussière et herbes sèches, le museau au ras du sol. Il est à deux cents mètres de moi. Mon Dieu, sauve-toi vite ! Et je détale jusqu'à la barrière située à l'opposé de celle de Patrick, puis cavale celle-ci sans me retourner. Une fois en sécurité, je regarde autour de moi. Je vois que Patrick a également quitté l'enceinte. Michel nous crie de s'éloigner de la barrière, craignant une course folle du bestiau qui franchirait sauvagement les fils barbelés. J'observe le beau taureau. Il n'a pas bougé. Il relève la tête, regarde dans notre direction, hautain et fier. Il doit bien rigoler du bon tour qu'il nous a joué.

Nous voilà enfin devant la stèle de Patrick Coudert, toujours cinquante-huit ans, toujours mort en 2011. Un rapide recueillement au pied du tas de pierres, de la lampe et de la croix puis Michel s'exclame, se tournant vers Patrick :

— Tu as vu ! Rien à changer, le sac à dos peut-être, un peu délavé.

— Si, ce qui a changé, dis-je, c'est le silence... Au printemps dernier, tu chantais le chant des pèlerins.

— Tu parles, répond Patrick en souriant, il ne s'en souvient plus, du chant des pèlerins !

Puis, décidé à éviter le champ du taureau, nous reprenons le chemin du retour jusqu'au camping-car.

La route pour rejoindre Pruines est plus longue que prévu, et c'est dans une ambiance morose que nous parcourons les derniers kilomètres jusqu'au village. Il est vingt-deux heures, il fait nuit et nous avons du mal à nous repérer et découvrir le camping. Nous sommes fatigués du voyage et il nous tarde de se poser. La tension est à son comble lorsque nous achevons la traversée du village sans même trouver le camping.

— Si ça s'trouve, y a pas de camping ici, ronchonne Patrick, debout dans l'allée du camping-car, déjà prêt à descendre.

— Ce n'est pas une catastrophe, dis-je, si on ne trouve pas le camping, on s'arrête sur une place.

— On va encore tourner en rond une demi-heure, insiste Patrick, visiblement agacé.

Michel reste silencieux et ce n'est pas forcément un signe de quiétude. De mon côté, l'anxiété m'envahit, non pas de ne pas trouver d'emplacement, juste une sensation de sinistrose dont je crains déjà les répliques dans les jours à venir. J'ose espérer néanmoins que la mauvaise humeur générale vient de la fatigue de la journée.

En cherchant la place du village, on tombe sur le camping en plein centre du bourg. Tant mieux, mais cela ne nous donne pas pour autant du baume au cœur.

Il fait si chaud que nous envisageons de dîner dehors sous la lumière extérieure du camping-car. Chacun s'affaire et Patrick décide de monter la table en plastique, dont les pièces s'éparpillent sur la pelouse sombre. Mais la table rechigne et se tord dans les mains nerveuses de Patrick. Je m'en mêle alors, connaissant bien le matériel de mon camping-car :

— Laisse-moi faire, Patrick, j'ai l'habitude.

Et je m'empare un peu brusquement de la table qui est encore dans les mains de mon frère. Je parviens rapidement à installer celle-ci. Ai-je manqué de souplesse ? Sûrement, toujours est-il que nous avons dîné tous trois sur cette petite table rebelle sans se dire un mot. Ah si ! J'ai posé une question :

Un chemin trop fragile

— Qui est-ce qui emmène le camping-car demain matin ?

Pas de réponse. Je n'insiste pas. Mais pourquoi cette mauvaise ambiance ? Je ne prends pas le temps de ruminer au fond de mon lit, ce soir la fatigue est plus forte que ma rancœur.

******

Le réveil est plutôt agréable car, en baissant le store, je remarque un superbe ciel bleu, et devant moi, de belles maisons de briques rouges ensoleillées. Notre véhicule est stationné sous de grands arbres. Tant mieux, car il fait déjà chaud. Nous déjeunons sur la petite table dehors, et l'ambiance est comme le temps : radieuse. Assurément une bonne nuit de sommeil apaise les esprits. Nous papotons, heureux de ce petit coin. Bien vu, Johny, le camping est joli et reposant. En cette fin août il est désert, une seule famille campe à l'autre bout du terrain.

Encore un peu de bonheur autour de cette petite table puis, ayant enfin obtenu une réponse à ma question, je me prépare pour emmener le camping-car à Conques. Il est huit heures, je laisse filer Patrick et Michel pour une marche de quinze kilomètres. Ils seront donc à Conques entre douze et treize heures. Je prends mon temps, c'est-à-dire une bonne douche aux sanitaires du camping. Je sifflote, pensant à ce qui m'attend : Conques, cette magnifique et incontournable petite ville sur le chemin de Compostelle. Je pars déposer l'enveloppe contenant un chèque de neuf euros dans la boîte aux lettres du camping. C'est ainsi, personne ne demande rien, on fait confiance ici, on est comme ça ici, on est des gens bien, les gens d'ici.

Un chemin trop fragile

Au volant de mon véhicule, je dépasse mes deux frères qui avancent gaillardement sur une route communale qui monte jusqu'à Lunel. Un coup de klaxon, deux sourires en échange, je poursuis ma route. Je m'arrête en rase campagne à la sortie de Lunel. Je décide d'attendre les frangins ici. Ils seront là dans à peu près une demi-heure et là, nous pourrons faire la pause casse-croûte.

Après ce petit encas, je reprends la route, laissant dans mon rétroviseur deux randonneurs qui avancent sur le goudron, entre prés et cultures, penchés sur leurs bâtons de pèlerin, transpirant sous le soleil brûlant. Le tableau de bord du véhicule indique déjà vingt-huit degrés à l'ombre. Je m'en fous, j'ai la clim, mais cet après-midi, c'est moi qui marche avec Michel, alors encore un peu de fraîcheur avant de s'aventurer dans la chaleur lourde de la canicule.

Voilà Conques. Je n'ai encore rien vu de la beauté de la ville, juste une départementale qui contourne le bourg pour monter tout en haut, rejoindre le parking approprié. Que de monde déjà sur cette route, que de monde sur le parking, que de monde sur le chemin qui m'emmène quelques centaines de mètres plus bas, des touristes bien sûr. Les pèlerins qui dormiront là ce soir sont, à cette heure-ci, quelque part entre Estaing et Conques. C'est ici que je découvre une parcelle de beauté, car je surplombe un morceau de ville et je n'aperçois pour l'instant que de petites tuiles qui grimpent les unes sur les autres, les clochers de l'abbatiale, des chapeaux d'ardoise grise sur des monuments de pierre blanche, et l'abside qui me regarde. Alors je m'approche, je m'invite au plus profond de la ville, je m'enfonce dans les ruelles étroites entre remparts de pierres sèches et murs aux pierres jointées. C'est rose, c'est jaune, c'est beau. Je laisse de côté les plus jolis monuments : l'abbatiale, la mairie et l'office du tourisme. Je veux tout découvrir en communion avec mes frères. Alors, dans cette ville en pente, je dévale quelques ruelles puis franchis la porte de Fer, qui rejoint le GR 62, celui-là même par lequel Michel et Patrick doivent apparaître.

Le chemin descend dans le bas de la ville, franchit un ruisseau, puis grimpe sur le versant opposé, pour rejoindre une route communale où je dois normalement bientôt rencontrer les frangins. Il y a une demi-heure que j'ai quitté Conques et je vois venir au loin Michel et Patrick. Aujourd'hui ils n'ont pas traîné et ils arrivent dans les délais, malgré leurs quinze kilomètres dans les jambes. Il est midi et demi.

— Vous êtes bientôt arrivés à Conques, dis-je en retrouvant les deux frangins, les visages brûlés par le soleil du matin.

— On fait une pause, répond Michel qui s'installe aussitôt sur le talus à l'ombre d'une grange bordant la route.

Patrick fait de même, regarde au loin le vallon où la route se tord derrière une colline, laquelle cache encore la belle cité en contrebas, puis il ajoute en se tournant vers Michel :

— Cet après-midi, je ne marche pas sous cette chaleur, il ne faudrait reprendre la route qu'en fin de journée.

— Moi, non plus, poursuit Michel, il fait trop chaud. Puis de toute façon, on en a bien pour l'après-midi à visiter Conques.

— Oui c'est vrai, dis-je, toujours debout à regarder les frangins, la ville est trop belle. On prendra le temps de visiter après le repas.

Je fais demi-tour, direction Conques, entraînant à ma suite les deux frangins pour rejoindre la ville. Après une demi-heure de descente, nous découvrons le magnifique panorama : Conques, suspendue aux siècles passés, Conques, rose et grise, accrochée à la colline verdoyante, paresse sous la chaleur de l'été. Les clochers de l'abbatiale se dressent dans un ciel immaculé et semblent nous faire signe. Nous prenons de nombreuses photos, des images mille fois vues de partout, mille fois belles de partout. Toutefois celle-là, ce sont les nôtres, c'est mieux !

Nous poursuivons notre descente pour vite retrouver le bonheur de la ville. Nous franchissons le ruisseau que j'ai croisé sur mon chemin ''aller'' et là, les frangins décident d'une nouvelle pause. Il fait si chaud qu'un bain de pieds sous l'eau fraîche du torrent nous soulage. Un carré de chocolat sorti du sac à dos nous revigore, et nous repartons à l'assaut de la ville ancestrale, franchissant rapidement la porte de Fer.

Des murs de pierres sèches, des maisons de pierres sèches, des poutres de chênes, de l'ardoise noire ou grise, plein de petits carreaux des temps anciens qui se pavanent entre les volets de bois bleus, il y a de tout cela partout à travers la ville, mais aussi l'abbatiale, un monument à l'immense portail entouré de pierres ciselées. Tout se regarde les yeux grands ouverts, immensément ouverts. On reviendra après manger, tout découvrir, ensorcelés.

Il est treize heures trente, nous remontons la ville pour rejoindre notre véhicule. Nous déjeunons, assis sur de grosses pierres, nos cuisses brûlantes, les mollets flottant dans l'air chaud, à l'ombre d'une cascade qui n'apporte même pas de fraîcheur. Détritus, papiers aux couleurs de la publicité, boîtes de Coca en alu somnolent sur des éclaboussures d'eau sale au pied de la cascade. La souillure civilisée chevauche la nature, soumise. Le viol me laisse un goût amer, mon repas manque de saveur.

Écrasés par la chaleur, nous traînons dans la ville à la recherche de petits bonheurs et de grandes fraîcheurs. C'est une bière, sur la terrasse de la crêperie de la place centrale, qui nous apaise enfin. L'abbatiale nous ouvre tout grand les bras et nous reçoit au frais dans son ventre de pierre. Aujourd'hui le sombre est une fortune, le soleil violent reste dehors dans les mains de Dieu. Tous trois dans la grande nef, nos regards tournés vers tout : les sculptures, les mosaïques, les dorures, les saints, Saint-Jacques, le pèlerin de bois, le pèlerin agenouillé ou le pèlerin, comme nous, les yeux partout. Michel nous souffle à l'oreille, montrant du doigt les vitraux :

— C'est du Soulages, c'est nouveau, c'est original, c'est génial, c'est patati, c'est patata. Bref, je ne comprends rien à cet art, paraît-il, si pur et si beau.

Nous laissons Michel à l'ombre des vitraux, ses yeux dans l'art moderne, ses pensées vers notre ignorance. Parvenus dans l'air étouffant et l'odeur du soleil, Patrick se penche vers moi et me murmure :

— Tu trouves ça beau, toi, ces vitraux ? Ça n'a même pas de couleurs.

— Non, je n'aime pas non plus. Je ne sais pas ce que Michel y trouve.

— Il paraît que c'est du ''Soulages'', un architecte moderne.

— C'est quand même mieux quand y a plein de couleurs. Ils veulent innover, pff ! Tu parles d'une connerie.

— Michel, il me dit que les vitraux, ils changent de couleurs suivant l'orientation et la course du soleil.

— Avec ce putain de soleil, aujourd'hui, les vitraux, y sont tout pâles, je t'explique pas leurs gueules quand le temps est gris.

Pendant cet échange entre deux ignares en art moderne, Michel sort de l'ombre et devine notre conversation. Incompris, il hausse les épaules. Patrick et moi, on s'abaisse devant ce savoir étrange.

Un chemin trop fragile

Nous quittons la place de l'abbatiale et continuons de déambuler dans les rues étroites de la ville. Toujours de la vieille pierre, quelques façades à colombages, des petits magasins miam-miam ou glouglou, et pour s'encombrer du plaisir d'offrir, des échoppes de souvenirs, arnaques ou petits plaisirs, suivant l'humeur du portefeuille ou le bonheur de plaire. Les bibelots souvenirs, ça fait ringard, alors pour la famille ou les amis je préfère partager des souvenirs vrais autour de petits plats régionaux ou bouteilles du cru.

Dix-huit heures, l'heure raisonnable pour reprendre la marche. Le soleil décline un peu, la chaleur résiste encore. Michel et moi reprenons notre bâton de pèlerin pour s'aventurer sur Pont Romain et gravir une côte douloureuse, pour deux cents mètres de dénivelé sur un sentier de terre et de cailloux. Patrick grimpe la côte aussi, mais en camping-car, c'est quand même plus facile. Tant pis pour lui ! À mi-hauteur, je me retourne pour admirer la vallée. Mais pas de vallée : pins, fougères et châtaigniers cachent presque l'essentiel. Reste l'image d'un après-midi de récréation enchantée : Conques, accrochée à la colline en face. La ville laisse l'apparence d'un gros entonnoir blanc et gris bleuté où le goulot s'éternise jusqu'au ruisseau. Les vignes qui dominent la ville laissent peut-être couler le vin dans les ruelles de Conques pour finir dans les bouteilles de Pont Romain ? Les pèlerins suivent le même chemin que le vin, mais aujourd'hui, sous cette chaleur, ils ne réclament que de l'eau... beaucoup d'eau. La ville tout à l'heure si vive et animée semble maintenant dormir dans la moiteur de l'été.

Après une heure de marche nous voilà en haut et nous retrouvons une route goudronnée. Je questionne Michel, cherchant des yeux une pancarte, un panneau de direction :

— C'est bizarre, d'après la carte on ne devrait pas marcher sur la départementale, mais couper celle-ci. Qu'est-ce que tu en penses ?

— En effet, il n'y a pas de sentier en face.

À bien regarder, étant en plein champs, il est évident que l'on ne voit pas d'autres chemins que cette départementale. Et pourtant, la carte...

— Qu'est qu'on fait, on prend à gauche ou à droite ?

— À droite on a l'impression de repartir contre la vallée.

— Bon, on va à gauche, on verra bien une pancarte d'ici peu.

Je m'avance sur le bitume d'un pas décidé. Michel suit, pas trop rassuré, cherchant vainement autour de lui un signe, un décor qui nous situerait.

Nous marchons depuis bientôt une demi-heure sans savoir vraiment où nous allons. Cependant, vu la position du soleil, je reste serein car la route file sud-ouest et nous finirons bien par trouver une pancarte. Enfin une bifurcation au loin, peut-être un panneau de direction. En effet, plus nous approchons, plus nous distinguons le panneau routier. C'est au premier qui déchiffre les lettres au loin :

— Noh... je sais pas quoi...

—No... ac...

Je regarde la carte :

— Noailhac

Nous regardons le panneau, plus guère loin :

— Oui, c'est ça, Noailhac.

— Ben putain, on a bien raté le GR. Regarde, dis-je à Michel, montrant Noailhac sur la carte, on a laissé le GR nettement plus au Nord. Mais je ne comprends vraiment pas où l'on a pu se planter !

Un chemin trop fragile

Michel ne répond rien, semble réfléchir, comment rattraper le GR ?

En approchant de la fourche, une pancarte plus discrète indique St-Roch à droite. Je saute aussitôt sur la carte :

— Il faut prendre St-Roch, c'est la bonne route pour rejoindre Prayssac où Patrick nous attend. On a fait un détour, certes, mais pas si important que ça. Le GR au nord fait un crochet aussi pour rejoindre Prayssac.

En fait la route est encore longue jusqu'à St-Roch, la Croix du Pargadou, Prayssac. Nous voilà donc en chemin pour retrouver Patrick, mais nous avons perdu du temps et lorsque nous parvenons au pied de la chapelle Saint-Roch, il est déjà vingt heures trente. Jamais nous ne serons à Prayssac avant la nuit. Nous prenons un peu de fraîcheur à l'intérieur de la chapelle. Un petit coup d'œil à ce lieu saint, toujours envoûtant, toujours beau, comme tous ces édifices religieux. St-Roch au-dessus de l'autel nous regarde. Après un coup d'œil vers le saint, nous sortons de l'édifice. St-Roch nous suit dehors, perché sur son marbre au-dessus du portail, il nous surveille toujours. Michel est fatigué, il a beaucoup marché aujourd'hui, quinze kilomètres ce matin avec Patrick, une douzaine ce soir avec moi, sans oublier les kilomètres tous ensemble à flâner dans les rues de Conques. Il s'assoit sur un gros banc de pierre de l'autre côté de la route. Je le rejoins, et nous sommes bien, à l'ombre des grands frênes.

Impossible de joindre Patrick, alors que faire ? Attendre qu'il passe par là à notre recherche ? Continuer notre chemin jusqu'à Prayssac pour encore une heure et demie de route ? Ah ! enfin Patrick nous téléphone :

— Allô, vous êtes où ?

— À la chapelle St-Roch. Et toi ?

— Je ne sais pas trop, j'ai quitté Prayssac ; là-bas, je n'avais pas de réseau et je suis maintenant sur la départementale 606.

— Écoute, prends le temps de regarder la carte. Nous sommes sur la commune de Noailhac, direction Prayssac. Ce n'est pas difficile de nous retrouver. Tu vas forcément passer devant la chapelle St-Roch. On t'attend là.

— D'accord.

Vingt minutes après, toujours pas de Patrick. Michel se décide à appeler notre frère au téléphone et, malgré son flegme, je sens qu'il s'impatiente. À l'autre bout du fil, Patrick semble toujours perdu.

— Bon, écoute, ça fait trois fois que je te le dis : on ne voit pas de gros pylône, on n'est pas vers un gros pylône. C'est quand même pas difficile, avec une carte, de retrouver St-Roch à Noailhac.

Puis ayant raccroché et se tournant vers moi, Michel ajoute :

— Il est sûrement à moins d'un kilomètre de nous et il n'est pas fichu de nous trouver. Il dit qu'il n'arrête pas de tourner en rond, de faire des demi-tours, pourtant, il n'y a pas trente-six départementales dans le coin !

— Il t'a dit où il se trouvait ?

— Il ne sait que dire qu'une chose. Il voit un gros pylône, qu'on devrait voir un gros pylône, mais il n'y a pas de gros pylône vers nous, non ?

— Il est plus de neuf heures du soir, il va faire nuit. On ne peut pas continuer d'attendre comme ça. Voilà ce que je propose, je pars en direction de Prayssac en restant sur la grande route, en espérant rencontrer Patrick, et toi tu restes là au cas où il débarque vers la chapelle. Si Patrick arrive vers toi, vous n'aurez plus qu'à me récupérer sur la route de Prayssac, Ok ?

Je passe ma lampe à mon front en prévision de la nuit et je m'aventure sur cette route goudronnée où ne passent que quelques rares voitures, laissant derrière moi un Michel perplexe, toujours assis sur son banc de pierre, écoutant le chant des oiseaux. Après un quart d'heure de marche j'entends un ronflement de moteur au loin devant moi. Le véhicule semble se déplacer lentement. C'est peut-être Patrick qui se traîne à notre recherche. Mais à la sortie d'un virage en haut d'une petite côte, ce n'est pas le camping-car, mais une berline qui roule au pas. Arrivé à ma hauteur le chauffeur se penche à la fenêtre :

— Bonjour, n'êtes-vous pas un randonneur qui cherche un frère en camping-car ?

— Tout juste, dis-je, surpris.

— Votre frère me suit avec son camping-car. Je vais jusqu'à la chapelle pour lui indiquer le chemin.

— J'ai un autre frère qui m'attend là-bas à St-Roch.

— Montez dans ma voiture.

— Non merci, je monte avec mon frère Patrick, voilà le camping-car qui arrive. On se retrouve à St-Roch.

La voiture repart en direction de la chapelle. Je monte dans le camping-car et le véhicule suit la berline. Nous voilà rapidement vers Michel, toujours assis sur son banc de pierre. Les oiseaux ne chantent plus, il fait nuit. Tous réunis autour de ce banc, un verre de vin rouge à la main, notre guide local, super-gentil, commence à raconter l'histoire de Patrick :

—- J'ai vu votre frère tout à l'heure avec son camping-car, il roulait au pas et semblait perdu. Alors comme je suis moi-même camping cariste, dès que je vois un véhicule comme cela, ça m'attire. Je pensais qu'il cherchait un emplacement pour la nuit, musardant près de notre maison isolée. Je m'approche donc de votre frère et lui demande s'il cherche quelque chose. Oui, me dit-il, je dois récupérer mes frères, ils sont à la chapelle St-Roch sur la commune de Noailhac et je ne connais pas la route. Pas de problème, que je dis, ce n'est pas loin, je vous y emmène, suivez-moi, je prends ma voiture. Et voilà pourquoi je me retrouve ici vers vous.

Il regardait de temps à autre Patrick pour vérifier si le frangin confirmait son récit. Il poursuit :

— On a discuté un peu, vers ma maison avec Patrick. Il paraît que vous venez de Franche-Comté. Je connais bien votre région. Enfant, j'allais en vacances tous les étés dans le val des Usiers.

— C'est justement notre coin, intervint Michel, agréablement surpris.

— Je sais, Patrick m'a tout raconté.

— Ah, dis-je, blagueur, je comprends mieux pourquoi nous avons attendu si longtemps. Pendant ce temps Patrick bavardait, et buvait même peut-être l'apéro à quelques kilomètres d'ici.

— Même pas ! Désolé Patrick, j'aurais effectivement dû t'offrir l'apéritif.

Patrick sourit et change de conversation, se tournant vers ses frères :

— Vous n'avez pas vu le pylône, il est juste deux cents mètres plus haut ?

— Ça y est, voilà qu'il recommence avec son pylône ! plaisante Michel.

— Ben oui, ajoute Patrick, vous auriez vu le pylône, je ne vous aurais pas cherchés si longtemps.

— Ben on n'a pas vu le pylône, dis-je en rigolant, on était trop loin et, comme tu as rencontré ce brave monsieur, tu nous as trouvés quand même.

— J'en reviens à votre région, elle est magnifique, déclare notre sauveur. J'ai proposé à ma femme de lui faire découvrir la Franche-Comté et la ferme de mes vacances d'enfance, les foins, les vaches, le comté, et mille autres choses.

— Venez quand vous voulez, répond Patrick, et passez nous voir dans le val des Usiers, vous êtes les bienvenus.

Et la conversation se poursuit, lui sur le bonheur de venir en Franche-Comté, nous sur la joie d'être en Aveyron. Puis notre conseiller du soir nous recommande un endroit où passer la nuit :

— Plutôt que de dormir ici à St-Roch, je vous conseille de reprendre le camping-car, partir en direction de Prayssac et là-haut, à moins d'un kilomètre, vous serez au belvédère. Il y a de la place pour poser votre camping-car. Le coin est superbe avec vue sur les collines de l'Aveyron, et quand le temps est clair, on peut distinguer les flèches de la cathédrale de Rodez au sud. Quand on rentre de balade en camping-car, ma femme, les enfants et moi, on s'arrête toujours là pour dormir à deux kilomètres de chez nous. Cela nous laisse une dernière nuit, une sensation de prolonger nos vacances, le coin est tellement magique. D'ailleurs ce soir, le temps est si doux, le ciel d'août si étoilé, que l'on va peut-être venir au belvédère pour compter les étoiles filantes avec les enfants.

— Super, on vous retrouvera peut-être là-bas ! On vous offrira le café ou une bonne bière.

— Ok, sûrement à ce soir, vers onze heures.

Nous reprenons le camping-car pour avancer jusqu'au belvédère. La berline s'est déjà évanouie dans la nuit, et l'on ne sait ni le nom ni le prénom de notre guide du soir.

Après quelques centaines de mètres :

Un chemin trop fragile

— Ah ! s'exclame Michel, voilà le fameux pylône.
Et moi de sourire, et Patrick de sourire autrement.
C'est effectivement déjà le belvédère et son grand pylône. Le coin semble joli, il fait nuit, nous verrons mieux demain matin. Mais à peine descendu du véhicule, je devine l'immensité du paysage à mes pieds. Ce sont toutes les lumières du Rouergue, elles scintillent vers le sud, brillent des vallées de l'Aveyron à l'Est, rayonnent des plaines du Lot à l'Ouest et les voyants rouges tapageurs des éoliennes, au loin, clignotent un peu partout. La tête vers les étoiles, je contemple : elles chahutent et se bousculent dans le noir.

Il est vingt-deux heures trente. La table pliante est installée dehors. On dîne sous les étoiles, il fait presque trop bon. Le vent n'existe pas, et l'insolent soleil du jour, à peine caché derrière le noir, verse encore une douceur chaude qui inonde mon corps et me laisse entre bien-être et moiteur.

Il est vingt-trois heures. La table pliante est envahie de miettes de pain, de dégoulinades de mousse de bière, les couteaux sont sales de fromage, les tasses gardent du café froid, Patrick pète et moi je pète aussi. Ici on pète comme on baille, c'est contagieux, on rigole. Michel hésite puis finit par sourire.

Il est vingt-trois heures trente. La table pliante est débarrassée, mais toujours pas repliée et rangée. Il fait encore trop tiède dans la nuit. Ils ne viendront plus, ils avaient dit onze heures. Tant pis, nous n'étions pas fatigués ce soir, excités peut-être à l'idée de se faire de nouveaux amis sur ce chemin de Compostelle ?

Il est minuit. Les phares d'une berline éclairent la table pliante, puis se détournent pudiquement de nos visages. Le chauffeur, courtois, veut respecter l'intimité de notre repas, ainsi que le terrain pas clos de notre domaine. Il gare son véhicule cinquante mètres plus loin.

— Bonsoir, voici ma femme et mes deux enfants...

Cette fois-ci, les présentations sont faites. Ouf ! On avait peur de se faire des amis inconnus.

Tous réunis autour de la table pliante sous la lumière extérieure du camping-car, nous savourons l'infini céleste, la beauté des étoiles. J'imagine notre destin dans la nuit du ciel, les yeux grands ouverts sur le mystère. Je m'endormirais presque sous les suaves murmures des frères et des invités. Ça y est ! Une étoile filante passe, file dans le ciel et s'écroule dans la vallée. Je l'ai vue rouge, les autres l'ont vue brillante et d'or. Il faut que j'aille dormir, Pruines la belle, Conques la magnifique, les kilomètres, la longue montée de Pont Romain, les lumières sur terre et les lumières du ciel, Patrick perdu et nous perdus, une journée, une soirée, une nuit où je m'égare, je délire, c'est sûr, il faut que j'aille dormir.

******

Ce matin, le réveil est tardif. C'est vrai qu'hier soir, pour tout le monde, il était urgent de ne pas se coucher. Je sors du lit le premier. Je m'avance en caleçon, torse nu, sur le champ couvert de soleil, et je regarde vallons et collines du Rouergue en face de moi. Je zieute, je cherche, et devine enfin les flèches de la cathédrale de Rodez au loin. Je remonte dans le camping-car et croise deux têtes chloroformées qui émergent des draps.

— Il y a une table d'orientation à quelques mètres d'ici.

— Tu pars ce matin marcher avec Patrick, avise Michel qui se frotte encore les yeux, moi je prends le camping-car et en profite pour m'arrêter chez nos amis d'hier soir. Ils m'ont invité à prendre le café. Ils habitent tout près d'ici.

— Nous aussi on est invité, intervient Patrick tout sourire, mais je ne sais pas si on prendra le temps de s'arrêter, on a encore beaucoup de chemin aujourd'hui.

— Vu l'heure avancée, ce n'est pas gagné.

— À propos, poursuit Michel en regardant Patrick, je demanderai le nom, l'adresse et le numéro de téléphone de Marie-Agnès et de son mari.

— Oui, tu n'as peut-être pas entendu hier soir, Jean, m'informe Patrick, mais c'est sûr, ils veulent monter jusqu'en Franche-Comté très bientôt, et ils en profiteront pour que je soigne Marie-Agnès de son eczéma.

C'est vrai que je rêvais hier soir lorsque la conversation battait son plein sur ces seuls instants de sérieux. J'apprends donc également ce matin, que Marie-Agnès est Kiné et pleine d'eczéma, et son mari, gendarme en retraite. Après Johny et Marie-Christine dans la Loire, cette fois-ci c'est Pierre et Marie-Agnès qui s'invitent dans notre cercle d'amis. Étrange, cette parenté à la religion sur ce chemin de Compostelle : Marie, Pierre, Marie, Johny... Ah non ! Pas ce prénom Johny qui tranche avec la foi. Et avec sa tête d'instituteur républicain, Johny, il n'aurait jamais dû se trouver sur notre chemin de piété. Allez ! Johny, on te garde quand même, tu es si drôle et si gentil !

Avec ces jours de canicule, nous voulions marcher à la fraîcheur du matin, c'est raté. La faute au gendarme qui nous a laissés se coucher trop tard hier soir. Normal, il n'était pas de service ce matin, il est en retraite. C'est terrible, même en retraite ils nous emmerdent, ces gendarmes ! Et tout ça pour voir des étoiles filantes rouges. Allez ! Gendarme, on te garde quand même, tu es si amusant et si bon.

Un chemin trop fragile

Patrick et moi commençons notre marche d'un pas rapide pendant que Michel traîne encore autour de la table d'orientation. Il est près de neuf heures. Patrick lorgne du côté du Sud :

— Regarde là-bas, on voit les tours de la cathédrale.

C'est vrai, ce qu'il disait, le gendarme, on est tellement bien perchés ici que l'on distingue une bonne partie de l'Aveyron.

— Je ne connaissais pas ce département mais je suis surpris par la richesse du relief.

Et la discussion se poursuit sur cette géographie que je connais mal, glanant quelques mûres bien mûres sur le bord du chemin. L'Aveyron me surprend par la variété de ses paysages. C'est tantôt des cultures, tantôt des prairies où broutent de nombreuses vaches, où gambadent d'innombrables moutons, tantôt des forêts de châtaigniers et de chênes. De nombreux noyers bordent notre chemin. Glands et fruits à coques ne manquent pas ici. C'est sûrement l'endroit rêvé où doivent proliférer les bandes de sangliers.

Nous dépassons le hameau où Michel doit rejoindre notre gendarme et son épouse. Il a de la chance, car un bon café l'attend sur une terrasse ombragée, et pour nous, ce sera une longue marche sous le soleil trop chaud. Encore des mûriers qui nous tendent leurs bras noirs, sucrés, acidulés. Nous continuons de grappiller et gober leurs fruits, les dents bientôt violettes. Ce n'est pas la faim, pas même la gourmandise, juste peut-être une manie, une idée lointaine, ancestrale, de ne pas perdre la marchandise. Nous suivons la ligne de crête qui surplombe le bassin de Decazeville sur de longs kilomètres. À midi nous parvenons sur les hauteurs de la ville.

Des amis ayant parcouru le chemin de Compostelle nous avaient prévenus, la région de Decazeville n'est pas très jolie, et il faut vite passer cette ville pour retrouver le bonheur des paysages variés de France. Eh bien moi, je ne suis pas d'accord. Vu d'en haut, la ville serpente tel un fleuve gris couleuvre entre pins et châtaigniers. En arrière-plan, les collines vertes et sombres du Lot, entrecoupées de longues prairies, montrent que cette petite cité industrielle baigne au cœur de notre belle campagne française. C'est vrai que les toits plats ou en dents de scie exhibent une pauvre architecture industrielle, elle ne se compare pas aux belles maisons de pierre et de chêne d'un autre siècle. Il s'agit pourtant bien là d'un autre siècle, et la vieille industrie a son charme lorsqu'elle n'existe plus. Pas de fumées sales, pas de bruits assourdissants, plus de mineurs courbés et noirs de suie, mais les vestiges visibles d'un passé à ne pas oublier. Les traces des immenses champs de houille à ciel ouvert, qui s'étagent dans le fond de la ville, me laissent le goût de l'histoire de la révolution industrielle. J'aime tout ce qui appartient à un passé que je n'ai pas connu. Je sais que d'autres gens étaient là, ont souffert, ont vécu, ne sont plus, et moi je suis là, heureux. C'est pour cela que cette ville est belle, elle a une histoire.

Ancienne ville minière et industrielle nichée au cœur de l'Aveyron rural, Decazeville ravira tous les passionnés de tourisme industriel : chevalements de mine, site de la Découverte, musée de géologie, musée du patrimoine minier et industriel. Avec ses nombreuses entreprises spécialisées et dynamiques, Decazeville est aujourd'hui un pôle important de la Mécanic Vallée. Outre son héritage industriel, la ville possède également un riche patrimoine artistique, avec notamment le chemin de croix peint par Gustave Moreau. Ce n'est pas moi qui le dis, c'est écrit sur l'écriteau.

De trop penser, j'entraîne Patrick sur un chemin qui contourne Decazeville par le sud de la ville. Le GR devait nous emmener au centre, là où nous avons rendez-vous avec

Michel. Après deux kilomètres supplémentaires, nous nous asseyons sur un banc à côté de la gendarmerie. Étonnant tous ces gendarmes autour de nous depuis hier soir !

— Allô, Michel, on t'attend vers la gendarmerie. Fais gaffe, ne roule pas trop vite.

— Je suis dans la ville, je vous rejoins bientôt.

Nous attendons Michel depuis plus d'une demi-heure, toujours assis sur ce banc en bois. Il est normal que le frangin ait du mal à trouver la gendarmerie, lui non plus ne fréquente pas trop ces lieux-là !

Enfin le camping-car contourne le rond-point devant nous. Nous grimpons dans le véhicule, qui roule au ralenti en bordure du trottoir, tels des retardataires qui ont failli manquer le train. J'interroge le conducteur :

— Où est-ce que tu nous emmènes maintenant ?

— On va au supermarché, il n'y a plus rien dans le frigo, puis l'on cherchera un coin pour pique-niquer.

— Au fait, tu as fait quoi toute la matinée ?

— Hé, hé ! j'ai bu le café et discuté avec le gendarme et sa femme.

— Ah ben ! s'exclame Patrick, tu te la coules douce. Et ils t'ont confirmé qu'ils viendraient en Franche-Comté ?

— Oui, j'ai laissé mon adresse et j'ai leurs coordonnées.

— Il fait encore plus chaud qu'hier, prévient Patrick, changeant brusquement de conversation, il ne faut pas retourner marcher avant au moins dix-huit heures.

Puis notre échange à l'intérieur du camping-car se poursuit sur l'emploi du temps de l'après-midi et des bienfaits d'un repos salutaire au bord de l'eau, à l'ombre des figuiers ou des châtaigniers.

Laissant le véhicule sur le parking de l'Intermarché, nous entrons dans le magasin, goûtant la fraîcheur de la climatisation. Un pack de bières, deux bouteilles de rosé, tout ce qu'il faut pour rafraîchir de bons randonneurs comme nous, puis nous regagnons notre maison ambulante pour rejoindre le bord du lot près de Lévinhac, tout à côté de Decazeville.

Voilà un endroit merveilleux pour notre longue pause pique-nique au bord du Lot, non pas à l'ombre des petits figuiers, mais sous de grands saules dont les branches se courbent jusqu'à effleurer l'eau de la rivière et frôler nos épaules nues.

Après un repas frugal et, tout compte fait sans rosé ni bière mais beaucoup d'eau fraîche, et les plaids sous le ventre ou le dos suivant les courbatures, nous abandonnons tous trois nos corps un peu gras aux mouches et moustiques. Alors le sommeil en demi-teinte, sous le feuillage où papillonnent des éclats de soleil, bras et jambes frappent régulièrement le sol, aidant les insectes à mieux tourbillonner pour se poser à nouveau sur une peau appétissante. Mes orteils prennent le tiède sur l'herbe moins chaude que le plaid. Les fourmis profitent de la montagne de chair pour gravir le talon et partir à l'assaut des mollets et des cuisses. C'en est trop ! Je décampe. Je m'engouffre dans le camping-car pour un meilleur sommeil. Horreur, c'est une fournaise ! Je préfère rejoindre la nature belliqueuse. Je déplace le plaid puis reste assis. De la sorte je contrôle mieux les attaques des fourmis. Elles sont en nombre et veulent m'encercler, mais maintenant ma tête surélevée me sert de donjon, ainsi je surveille mieux l'ennemi. J'appréhende néanmoins d'autres agressions par les airs. Gagné ! Un moustique me pique. Des mouches fredonnent jusque dans mes oreilles. Mes bras font les moulins. Fais chier ! Si ça continue je vais perdre la bataille. Les fourmis à mes pieds semblent plus discrètes. Je crois que je maîtrise les fantassins. Et les frangins qui dorment à deux pas de moi ! Est-ce le repos du guerrier ? Drôles d'alliés ! Font vraiment chier tous ces insectes ! Je m'écroule enfin sur l'herbe, loin de mon plaid. J'ai perdu la guerre, je suis mort.

Je me réveille une heure plus tard, étonné de m'être endormi. Allongé sur le ventre, le menton sur les avant-bras, je regarde les deux frangins, ils somnolent toujours. J'inspecte ma peau. Elle me démange de partout. C'est rouge, sûrement les traces du feu et du sang de la guerre.

— Qu'est-ce qu'on fait ?

Pas de réponses. J'insiste :

— Il fait encore trop chaud, on ne peut pas marcher tout de suite. On va boire un verre au bar à l'entrée du parc ?

Toujours pas de réponses. Pourtant, ils ne dorment pas. La bataille n'est pas finie, les belligérants sont revenus car je vois les frangins qui se débattent, sursautent, leurs membres tressaillent. Ils n'écoutent même pas le chef qui propose un repli organisé devant une bonne bière fraîche. Pourtant cette tactique me semble prudente face à un ennemi qui ne craint ni le fil d'acier, ni le canon.

Mon imagination me fait rire, la réalité me chiffonne. Depuis le départ de cette semaine de randonnée, Patrick et Michel esquivent trop fréquemment mes questions. Un silence qui me répond, cela ressemble à un affront. Je renouvelle ma question. Ah ! Enfin une réponse hésitante de Patrick :

— Bof, si tu veux.

Il écrase un moustique sur sa cuisse, guette une dernière mouche puis se lève péniblement. Michel, d'une moue dubitative et d'un hochement de tête, fait comprendre qu'il ne viendra pas. Il préfère l'herbe tiède à la bière fraîche.

Patrick et moi trinquons devant notre mousse. Est-ce la chaleur trop lourde, l'ennui de ne pouvoir marcher, une non-conversation inutile ? Il me semble vivre cet instant de

convivialité comme s'il devait s'effacer au plus vite. Je ne sais même pas apprécier ne rien faire. Je m'exprime enfin :
— On part marcher à quelle heure ?
— Faut attendre encore un peu, il fait trop chaud, répond Patrick, le nez dans sa bière et les yeux dans les sourcils.
— Il faut profiter pour refaire le plein d'eau et vidanger les eaux usées sur cette aire de service.
— Je m'en occupe puisque c'est moi qui reprends le volant, propose Patrick.

Nous quittons la terrasse pour rejoindre Michel. Nous le surprenons vaquant dans le camping-car. Mais comment fait-il dans cette étuve ? C'est décidé, encore une petite heure à flâner dans ce parc puis Michel et moi, nous reprendrons notre marche. Il sera dix-sept heures trente. Le soleil sera encore haut dans le ciel, mais avec la soirée qui approche doucement, nous marcherons en direction de l'ombre.

C'est l'heure. Le réservoir d'eau propre est plein, le réservoir d'eau sale est vide, les torses ne sont plus nus, les baskets remplacent les orteils, les fourmis s'écrasent, les mouches fredonnent encore un peu, tout est en ordre, on peut partir en paix. Alors Patrick nous dépose à deux kilomètres de là, vers le pont qui franchit le Lot à hauteur de Lévinhac. J'ouvre la porte de la cellule du véhicule pour plonger dans les hautes fougères qui bordent la route.

Depuis la barrière du pont où s'accrochent quelques balconnières de pélargoniums, les avant-bras sur le métal trop chaud, je me repais du paysage. L'immense ciel, là-haut, d'un bleu limpide, et le bleu encore plus bleu de la large rivière d'en bas encadrent les collines lumineuses du soleil du soir de Lévinhac-le-haut, les champs de maïs, les cultures fourragères, les saules en pleurs, plus bas. Sur ma droite, de l'autre côté du pont, un bleu encore plus soutenu se faufile dans l'ombre des saules et des bouleaux, caresse ce qu'il reste des piles de l'ancien pont. La route des rois n'existe plus, mais on devine une autre époque où s'aventuraient, dans la quiétude, carrosses et malles.

Dans le bas de Lévinhac, Patrick nous rejoint, nous dépasse, nous sourit derrière sa vitre, bien au frais dans sa clim, puis continue sa route. Nous devons le retrouver à Montredon à huit kilomètres de là. Une petite pause s'impose déjà, il fait trop chaud. Alors la fontaine du village nous désaltère, nous rafraîchit la nuque. Assis sur la margelle, le cul et les jambes entre fraîcheur de l'eau et brûlures de la pierre, nous paressons encore un peu avant le long dénivelé qui nous attend jusqu'à Montredon. Étonnamment Lévinhac-le-haut se trouve dans un trou. Il est des ruses du langage géographique qui m'échappent, mais je ne me laisse pas leurrer et je reprends mon bâton de pèlerin, avec Michel à ma suite, pour gravir ce sentier qui doit nous mener à quatre cents mètres d'altitude. Quelle galère à venir sous cette chaleur !

Nous grimpons sous un soleil ardent entre des prés jaunes brûlés et des prés un peu plus verts, grâce au purin peut-être ? Parfois aussi, nous butons sur des espèces de grands choux, mais ce ne sont pas des choux, on ne sait pas ce que c'est et l'on s'en fout. Il nous tarde de trouver un peu d'ombre. Peut-être plus haut, il y a toujours des arbres en haut des collines.

— Ou des pâturages, me rétorque Michel.
— Ah voilà un pylône, on doit être au sommet.

Mais pylône trompeur. Ce n'est pas le fameux pylône de Patrick ni le belvédère de Prayssac. En effet nous continuons notre chemin et ça monte toujours. Depuis longtemps les autres pèlerins ne sont plus devant, derrière, à nos côtés. Moins cons que nous, ils sont partis tôt ce matin, sont arrivés tôt en début d'après-midi et, depuis quatorze heures, ils sont à l'ombre de leurs tables de nuit. Nous continuons seuls sous la chaleur du soir, presque aussi intense que celle du zénith, toujours entre foins grillés et cultures de faux choux, mais pas très chou.

Ouf ! Voilà la croix des trois évêques, c'est enfin le sommet et l'ombre. Nous sommes au carrefour de trois régions : le Quercy, le Rouergue et l'Auvergne, mais aussi de trois départements : le Lot, l'Aveyron et le Cantal, Ce sont aussi trois évêchés : précisément ici, au bord du chemin de Compostelle qui relie Lévinhac à Montredon, se trouvait une croix de pierre dite des trois évêques. En ce lieu trois évêques se seraient un jour donnés la main en restant chacun dans son diocèse. L'origine de cette croix daterait de la moitié du XVIIe siècle. De petite taille, elle était directement reliée au sol. Vers 1950, devant sa dégradation avancée, le curé Calmette de Montredon fit construire une croix plus haute, plus monumentale en bordure de la route départementale D21 au grand désaveu des gens du hameau de Feydel. La découverte fortuite dans les années soixante de la partie haute de l'ancienne croix relançait le débat sur l'authenticité du site, d'autant plus que depuis 1998, cette partie du chemin est classée au patrimoine mondial de l'UNESCO. Conscientes de l'importance patrimoniale, symbolique et sentimentale du site, les trois municipalités limitrophes, Montredon, Lévinhac-le-haut et Montmurat ont décidé de prendre en charge en commun la conception d'une croix à l'identique et la mise en valeur du site originel. Les croix de pierre des chemins s'inscrivent dans nos paysages ruraux, elles nous servent de repère, de guide. Elles sont aussi, pour tous marcheurs, une rencontre virtuelle avec d'autres hommes, elles sont un témoignage de la présence humaine, une trace de la puissance créatrice, artistique et spirituelle des gens qui ont vécu là, jadis et naguère. Ce n'est pas moi qui le dis, c'est écrit sur l'écriteau.

À la sortie d'un grand bois de châtaigniers et de fougères, au bout d'une longue ligne droite de macadam, Patrick nous regarde avancer et profite pour engranger quelques souvenirs de marcheurs fatigués dans sa boîte à photos. Le dernier gros plan est pour la silhouette de Michel : tee-shirt rose, short blanc, casquette des trois frères, sourire du soir, la jambe qui pioche.

— Pourquoi est-ce que tu dis qu'on a la jambe qui pioche ? m'interpelle Patrick.

— C'est lorsqu'on est fatigué, on laisse traîner la jambe, on ne soulève plus notre pas correctement, du coup le pied bute au moindre défaut du chemin, on dit que l'on pioche.

Alors Patrick se lâche dans un grand éclat de rire communicatif :

— Ah, ah, ben vu votre état à tous deux, vous êtes carrément en train de bêcher !

Nous piochons jusqu'à Montredon. Patrick nous emmène au camping-car stationné au centre du village, lanterneaux grands ouverts. Vite une douche. L'eau ruisselle sur mon corps en sueur, c'est bon, c'est frais, c'est doux, c'est même chaud, et j'apprécie cette chaleur qui m'apporte un peu de fraîcheur au sortir de la douche.

Et maintenant, une petite visite à la chapelle en contrebas, l'extérieur est si joli. Merde c'est fermé ! Le hangar derrière le camping-car, lui, n'est pas clos, alors je compense ma déception en me baladant à l'ombre des balles rondes couleur paille et soleil. Michel se douche. Patrick, bricoleur né, à force de trifouiller la poignée de la porte de la chapelle est tout surpris de voir que Dieu lui ouvre la porte de sa maison. J'en profite et me régale car l'intérieur est égal à la beauté de l'extérieur. Merci Patrick, c'est bien parfois de tenir tête à Dieu. Le divin se cache tellement souvent qu'il en vient, maintenant, à camoufler les merveilles que l'homme a mises tant de siècles à exhiber pour sa gloire.

C'est moi qui conduis. Les frangins continuent à pied jusqu'à la chapelle de Guerlande, où j'emmène notre maison pour une nuit bienvenue. Il est vingt heures, il reste quatre kilomètres. Ils devraient donc me rejoindre un peu avant la nuit.

Arrivé à destination, je pose le véhicule devant la petite chapelle. Les portes sont ouvertes. Le seigneur craint-il maintenant les mains fouineuses de Patrick ? L'intérieur est sobre. Dieu se venge et m'accueille dans une demeure trop fade. Peut-être qu'il s'incline simplement, rejetant clinquant et brillant, sa demeure est si simple, pareille au bon goût d'une sainte religion.

Je prends encore une douche, et la chaleur du dehors devient tout à coup plus fraîche. Je prépare un repas simple au goût du seigneur, qui me guette depuis la chapelle. Je sors table et chaises pliantes et m'applique à tout bien caler, nettoyer, chouchouter. Ce soir besogner me plaît. Dieu est content, je travaille comme il l'entend. Ce soir j'ai envie de plaire au Seigneur, un peu comme lorsque enfant, après le catéchisme, j'aidais maman à la cuisine puis je partais au pied de mon lit, à genoux, pour prier Dieu de me donner de bonnes notes à l'école. Ce soir je ne prie pas le bon Dieu à genoux. Je ne sais plus faire, je ne veux plus faire. Lorsque je prie, je suis assis quelque part, coucher quelque part, debout quelque part, rarement à genoux. Quelquefois je prie dans une église, une chapelle, près de chez moi, loin de chez moi, plus souvent sur ce chemin puisque la tentation se montre à chaque croisement de route, chaque virage, chaque village. Est-ce parce que j'ai grandi que je ne veux plus m'agenouiller ? Est-ce parce que je ne crains plus Dieu que je ne veux plus m'agenouiller ? C'est sûrement tout simplement parce qu'aujourd'hui je comprends que Jésus est mort sur la croix parce qu'il nous ressemble. Alors je n'ai pas besoin d'idole, car si Dieu est là dans cette chapelle, au ciel, sur cette table pliante, à côté de mes frères qui marche au crépuscule, s'il nous aime comme ses serviteurs le disent, il nous prend tout simplement par la main, comme des amants qui ne veulent plus se quitter, il ne nous demande sûrement pas de s'agenouiller devant lui, comme de vulgaires criminels qui s'inclinent devant le juge et se courbent devant le bourreau. Si je prie parfois, ce sont les rares fois où je sais méditer pour demander à un Dieu que je ne connais pas, un dieu plus haut que les religions, d'apporter un peu de divin en moi, beaucoup en l'humanité. Je lui demande surtout de continuer à m'interroger, de me laisser apprécier cette existence agréable, de comprendre que la vie est futile et légère, pour mieux accepter l'éternité à venir.

L'éternité peut attendre puisque les frangins prennent le dernier virage et s'approchent du repas et de la bouteille de rosé fraîche. Vive le bon vivre ! Pour le rosé, que Dieu me pardonne, les curés boivent bien leur coup de blanc à chaque messe. Et ils trinquent peut-être avec leurs bonnes de cure les jours de semaine, leurs dimanches à eux.

Une salade composée, un verre de rosé, une pêche bien mûre et je m'écroule sur mon lit, épuisé par les kilomètres, la chaleur et le bon vin. Bonne nuit les frangins ! Mais, stupide fierté, fraternité dissolue, on ne sait même pas dire cette formule de politesse entre frères. C'est cependant une vérité que déjà y penser. Et je pense à Patrick et Michel en m'endormant, espérant qu'ils seront joyeux demain, apportant leurs gaietés habituelles à notre balade. Depuis le départ de Pruines, cette semaine de randonnée ne ressemble pas aux autres, elle manque d'enthousiasme, de cette nourriture qui nous donne du bonheur toute la sainte journée.

******

Les journées ressemblent aux journées, étouffantes l'après-midi, un thermomètre à 39° à l'ombre, très chaudes en soirées et à peine plus supportables en matinée. C'est pourquoi, en shorts, lunettes noires et casquettes aux couleurs des trois frères, c'est de bon matin, sept heures quinze, que Michel et moi reprenons le sentier de Compostelle. Patrick nous attendra en milieu de journée à Figeac, dix-sept kilomètres plus loin. Il est prié de nous trouver un superbe coin à l'ombre, si possible au bord de l'eau, si possible sans moustiques, sans fourmis, pour un pique-nique frais suivi d'une sieste d'une heure soixante.

Deux ânes, l'un noir et l'autre gris, dans l'herbe rousse, nous regardent bêtement. Les pauvres ! Lorsque le soleil cognera au plus fort de la journée, j'espère qu'ils trouveront un peu d'ombre dans cet immense pré désertique. Un peu plus loin un étang entrecoupé de bancs de sable agonise dans la boue, seuls quelques souches de bois, droites comme des i, pareils à des flamants roses tout gris, semblent émerger, de-ci de-là, de l'immense flaque d'eau. Tout est mort dedans, tout est mort autour. Plus loin encore, tout près de St-Félix, Michel qui marche devant moi se dandine, appuyé sur son bâton, pour éviter des flaques d'eau dans le chemin. Étonnant, des flaques d'eau par ce temps-là ! Je réfléchis, m'étonne auprès de Michel, tombe les pieds dans l'eau. C'est bien moi, ça ! Je ne sais même pas faire deux choses à la fois, poser une question et regarder mon chemin ! Le pire, c'est que je veux toujours faire deux choses à la fois.

Après deux heures de marche nous parvenons à St-Félix. Le village est rose, l'effet des briques rouges sûrement. Le village est beau, riche de ses couleurs. La place est encombrée de verdure, pelouses, arbustes, arbres du sud et de résineux d'ailleurs. Tout ce feuillage et l'église à côté nous laissent croire en un peu de fraîcheur, alors nous cassons la croûte à l'ombre de cette providence.

Encore quelques kilomètres avant de parvenir à Figeac. Je regarde de belles génisses marron Vuitton goûter l'herbe rousse de la brousse. Je ne connais pas cette race. Elles ressemblent à des Aubrac, mais elles ne sont pas maquillées. Je suis pourtant sûr, ce sont bien des femelles ! Ces bêtes-là ont plus de chance que nos deux ânes du matin, car quelques grands noyers se dispersent dans le champ et leur apportent un peu d'ombre. Cette sacrée société où l'on cajole les jolies filles plutôt que deux grands bêtas !

Une longue marche plus loin, une croix de pierre lisse fichée sur un rude rocher désigne le dernier croisement avant Figeac. Je dépose mon petit caillou au pied de la stèle. Un plus un, plus un, plus un, plus... ça commence à faire beaucoup. Du coup mon petit caillou est de trop, et tout s'écroule. Je recommence, il ne veut toujours pas rester au sommet de cet amoncellement trop pointu. J'insiste, le trop-plein de cailloux aussi. Ça m'énerve, tant pis je débute un deuxième tas au pied de cette croix. J'espère que les pèlerins qui suivent poursuivront mon œuvre pour les siècles des siècles. Au fait, les pèlerins ? Il n'y en a pas beaucoup ces jours-ci, rien à voir avec ces groupes qui défilaient sur le plateau de l'Aubrac au printemps ! La canicule qui les retienne ? Ah, ah ! À part quelques vrais pénitents qui aiment souffrir sur ce chemin auprès de Dieu, beaucoup d'autres préfèrent l'ombre, sauf quelques cinglés comme nous.

Midi. Nous avons bien marché, nous voilà à l'entrée de Figeac. J'appelle Patrick. Il nous retrouve vite.

— Je vous ai dégoté un coin, vous m'en direz des nouvelles ! déclare Patrick, dès que nous sommes à ses côtés dans le camping-car.

— C'est loin ?

— Non, à l'entrée de la ville. On y est dans cinq minutes. Vous verrez ! C'est un grand parc avec de la pelouse, des grands arbres, beaucoup d'ombre, et même un plan d'eau.

Dès notre arrivée, je reconnais que Patrick a flairé le bon endroit. Un grand et long mur de pierres taillées nous protège de la grand-route, au fond du parc. Un étang s'étend à l'abri de la fortification. Il est propre, bleu, vert, transparent, opalin, pas facile de donner une couleur lorsque ce soleil de midi pique l'eau d'une lame trop ardente. De grands arbres, des saules pleureurs, mais aussi des saules qui ne pleurent pas, apportent une ombre bienvenue. La pelouse s'étale et se pâme en une pente mamelonnée jusqu'au rivage. Nous déjeunons de crudités et de fruits, puis nous installons bientôt nos serviettes et plaids sur le haut de la plus grosse mamelle de terre et de verdure. Je m'allonge sur ce sein, tendre et tiède, et m'endors comme un bébé. Je rêve de fourmis rouges et de mouches noires.

Heure incertaine lorsqu'un souffle de vent s'invite dans mon rêve. Il remplace la caresse d'une mère au réveil. Le soleil est encore haut, il est trop tôt pour reprendre la randonnée. Je me lève et regarde les frangins assoupis qui font semblant de dormir. Quoique, Michel ? Il est là sur son plaid, couché sur le dos, le corps parfaitement rectiligne, la tête bien dans le prolongement du tout, les yeux fermés qui regardent le noir, et surtout les avant-bras repliés sur sa poitrine, les doigts croisés religieusement. Il ne manque que le chapelet du Chrétien pour faire croire que Michel est un défunt. Deux chaises pliantes, posées à ses côtés, sont vides. Personne donc ne le veille ?

Bientôt dix-sept heures trente. Michel ressuscite, s'étire, il est l'heure de partir. C'est mon tour de conduire le véhicule et je suis donc content de ne pas marcher sous cette chaleur qui résiste. Mes deux frères partent, entre apathie et appétence, direction Faycelles où je les attendrai.

Une fois le camping-car stationné sur un grand parking presque désert à l'entrée de Faycelles, je prends conscience que les frangins ne seront pas là avant dix-neuf heures trente, au mieux. Il me reste donc beaucoup de temps pour partir à leur rencontre. Je n'ai marché que ce matin, je peux donc randonner encore un peu, cumuler quelques points de plaisir à mon compteur. L'entrée du village de Faycelles ne m'ouvre pas l'appétit de touriste, à commencer par ce parking entre gravillons, terre sèche et grandes herbes brûlées, où trônent trois grands bacs à poubelles grises, ainsi que des cagettes de bouteilles vides à même le sol. D'ailleurs le nom de Faycelles, ça me rappelle le fromage, il ne manque que l'odeur ! Il me faut cependant traverser ce village pour retrouver le GR par lequel arriverons les frangins, au nord du bourg.

Quel contraste, quelle joie de traverser Faycelles ! Quelle mauvaise langue j'étais à oser critiquer ce village il y a quelques instants ? Et c'est moi qui adore le fromage blanc qui doutait de l'amour de Faycelles ? Honte à moi ! Et le centre du village se venge en m'éblouissant de sa beauté. Étonnant, au milieu de nulle part, de contempler Faycelles, comme un village provençal, si joli de partout... sauf peut-être le parking. Mais je comprends mieux. En fait, le lieu de stationnement, ce n'est pas vraiment Faycelles, c'est autre chose, c'est trop le monde de maintenant, le monde des voitures, de trop de gens insouciants, voire impolis. La municipalité a compris qu'il fallait laisser aux portes de la ville un autre univers. Ici, au cœur du village, les ruelles étroites ou les traboules en escalier ne laissent passer que le voisin ou le promeneur, il n'y a pas de place pour le bruit, le bitume, pas de place pour ce siècle.

Comme l'autre jour pour la visite de Conques, je m'empresse de traverser le bourg, les yeux presque fermés, ne pas découvrir trop tôt les merveilles du village. J'admirerai tout à l'heure, en communion avec mes deux frères, tout le charme d'ici. À la sortie de Faycelles je marche vite à leurs rencontres, les imaginant encore loin sur le chemin. Erreur ! Ils sont déjà là et il n'est guère plus de dix-neuf heures. Huit kilomètres en une heure et demie ? Bizarre ! Ils ont couru ? Impossible, et surtout sous cette chaleur. C'est le soleil qui est trop énergique, pas eux ! Ont-ils fait de l'auto-stop ?

— Déjà, je ne vous attendais guère avant huit heures !

— Hé, hé, ricane Patrick qui s'approche de moi, tu as vu, on est encore dru !

— Mais comment se fait-il que vous soyez déjà là ? Il y a près de huit kilomètres de Figeac à Faycelles !

— Tu t'es sûrement gouré en regardant ta carte, réponds Michel, sans rire.

— C'est vrai qu'on a bien marché, ajoute Patrick, on n'a même pas pris le temps de pisser.

Et l'envie suit la parole, le geste suit l'envie, Patrick se tourne vers un grand mur de pierres sèches surélevé d'une haie de troènes, le zizi à hauteur du mur, le regard à travers le feuillage. Michel imite. Je prends ce flagrant délit en photo pour le rire. C'est vrai, il paraît qu'il existe aujourd'hui une loi interdisant d'uriner dans la nature. Au fait, uriner, le mot est plus décent que pisser, car il faut de belles phrases administratives pour pondre de grandes lois, fussent-elles ridicules. Si un jour un garde champêtre me pose la main sur l'épaule pendant que je pisse au pied d'un arbre, en me disant : « c'est interdit ce que vous faites là, vous êtes amendable ». Je lui réponds : « que faut-il faire ? Je pisse dans ma culotte ? Je continue ma route pour la prochaine pissotière gratuite qui n'existe pas ? Je me retiens jusqu'à l'occlusion prostatique ? Ou je vous pisse dessus pour oser respecter un ordre aussi con ? » Au Moyen Âge, on aurait aimé couper le zizi pour un tel forfait, que l'on n'avait même pas imaginé ! Les frangins secouent leurs fragiles instruments et quelques dernières gouttes continuent de polluer outrageusement la nature. Ils se retournent, me regardent flasher, indifférents, leurs consciences à mille lieues d'un procès.

Nous entrons tous trois, silencieux, dans Faycelles.

— N'est-ce pas un superbe village ?

Ils ne me répondent pas, mais je vois aux yeux des frangins que l'atmosphère et le décor du lieu leur plaisent. Ils s'empressent de capturer des images magiques. Pendant qu'ils photographient, je les regarde déambuler devant moi, gravir ces escaliers de pierres écrues bordées de lys, de sarriette, de rosiers, de berbéris, de feuilles d'iris et même d'ajoncs, de clématites et de vignes vierges, qui s'accrochent aux maisons de pierres entrelacées de joints de chaux. Les maisons s'étagent au gré de la montée et exposent des chéneaux de cuivre flambant neuf, des volets bleus, quelques murs blancs qui rosissent au soleil du soir, et des terrasses fleuries où se prélassent les vieux du pays. Je respire l'odeur du thym, l'arôme de la Provence en plein cœur du Lot, le parfum de vacances que je connais bien, de l'Occitan que je ne connais pas. Même les cigales s'en mêlent. Mais je surveille toujours les frangins, toujours devant moi. Ils ne marchent pourtant pas vite, c'est moi qui traîne. Je n'ai plus envie de participer à une conversation silencieuse où je ne suis pas invitée. Puisque depuis le début de cette semaine je n'ai que rarement des réponses à mes questions, je respecte leurs solitudes à deux, et j'accepte la mienne tout seul.

J'ai insisté et c'est décidé, nous continuons notre chemin jusqu'à Beduer à trois kilomètres d'ici. Il est déjà tard. Il fera bientôt nuit, mais dans moins d'une heure nous devrions rejoindre Michel sans problème à l'entrée de Beduer. Patrick semble fatigué, mais il reprend son bâton de pèlerin pour m'accompagner et nous quittons Faycelles, comme si nous laissions derrière nous au soir de nos vacances, le soleil du midi, les ruelles parfumées, la nostalgie du bon temps. Nous entrons sous l'ombrage d'énormes roches sur le sentier dit « des falaises » où s'envolent choucas et faucons crécerelle. Toute une végétation sauvage, cachée du soleil ardent, parade au gré de nos pas : aubépines, églantiers, fusains, cornouillers, fraisiers des bois, mais aussi de grands arbres, frênes et chênes pubescents. Patrick, silencieux, continue de photographier cavernes et marmites sèches. À la sortie de ce défilé obscur nous retrouvons la clarté des soirs d'été. Figuiers, amandiers, pruniers agrémentent maintenant notre parcours sous un ciel rouge et or, où le soleil s'endort. Un troupeau de moutons prend son souper du soir dans une prairie encore verte. Plus loin nous entrons dans un bois, il fait sombre, presque nuit. Patrick est cent mètres derrière moi, accroché à son téléphone, alors je me retourne et l'interpelle :

— Faut te dépêcher, il fait bientôt complètement nuit et nous ne quittons pas ce bois avant Beduer.

Pas de réponse, mais le pas du frangin change de rythme, le téléphone rangé au fond de la poche. Presque aussitôt Michel s'inquiète :

— Allô, mais vous êtes où ? Il fait nuit et je ne sais pas par quel sentier vous arriverez ! J'ai plusieurs sorties en bordure de bois, je suis revenu en face de celle où débouche le GR !

— Ben, dis-je, pas très sûr de moi, on vient de prendre une ligne droite comme indiquée sur la carte. Si je ne me suis pas trompé, elle nous amène à l'entrée de Beduer, côté Sud. Mais je ne vois plus d'indication de GR, il fait trop nuit, ma lampe frontale n'éclaire pas assez.

— Mais il y a plusieurs lignes dans ce grand bois. Es-tu sûr que c'est la bonne ? poursuit Michel, la voix agitée.

— Je ne suis sûr de rien. Ce que je sais, c'est qu'on doit bientôt arriver de l'autre côté du bois. Tu n'as plus qu'à attendre.

— Et si vous n'arrivez pas par-là, j'attends quoi ? interroge rudement Michel, pas content de ma pitoyable arrogance. Et puis ce n'était pas une bonne idée de repartir à pied si tard, je t'avais pourtant prévenu en quittant Faycelles. Maintenant il fait complètement nuit et tu ne sais même pas où tu es, c'est malin !

Je réplique brutalement au ton agressif du frangin, bêtement aussi à cause de la crainte de tourner en rond dans ce grand bois, dans la nuit, malgré les lignes droites :

— Es-tu sûr d'attendre en bordure du bois côté sud du village de Beduer ? Je te dis ça parce que tu as pu te perdre aussi ?

— Appelle-moi jambon beurre, me rétorque le frangin, la voix chevrotante et fier de me retourner une de mes répliques favorites lorsque je raille quelqu'un qui me prends pour un con.

J'ai compris le message. Il n'y a plus qu'à espérer que je sois sur le bon chemin. Patrick est sur mes talons et derrière ma petite lampe frontale. Ayant écouté une moitié, il a compris la totalité de la conversation et n'a pas ajouté un mot. À quoi bon !

Encore dix minutes d'angoisse puis ouf, c'est la sortie du bois. La tache blanche d'un petit camion est là, à dix mètres sur ma droite. Une silhouette s'approche de moi.

— Je n'ai pas trouvé de coin pour dormir, me dit la silhouette, reprends le camping-car et essaie de stationner où tu as envie.

C'est pesant, aussi lourd que la chaleur de la nuit. J'essaie de tempérer, je ne réplique pas. Je reprends le volant du véhicule, les deux frangins assis sur la banquette arrière. Je roule sur la départementale à la sortie de Beduer, direction Gréalou et trouve aussitôt le camping qui surplombe la route. Au pied du camping, c'est un terrain de foot et un enclos pas clos. Je m'y engouffre. On s'installe là. Il fait sombre, il fait chaud, il fait silence. Ah si ! Un chien jappe dans le lointain. C'est fou comme on entend un bruit quand il n'y a pas de bruit ! Ce soir ce chien qui gueule, c'est apaisant, la vie est encore là.

******

Ce matin, toujours le même ciel bleu, le même soleil qui nous épie, prêt à lancer ses piqûres brûlantes sur nos têtes tout au long de cette journée à venir. Autour de nos bols de café au lait, un lourd silence remplace la quiétude de la nuit, mais bientôt Michel se lance, le nez dans sa tasse :

— Jean, on se dit, Patrick et moi, qu'on marcherait ensemble jusqu'à Gréalou et tu emmènerais le camping-car là-bas. Comme tu aimes bien marcher seul, tu viendrais à notre rencontre. On a regardé la carte, il y a environ dix kilomètres, qu'est-ce que tu en penses ?

Les deux frangins s'entendent sûrement bien à marcher ensemble. C'est vrai que je m'entends bien à marcher tout seul. Normalement c'est au tour de Patrick de conduire, pourquoi cette entorse à l'organisation ? Mais ce complot me convient parfaitement, j'ai envie de solitude. Inutile donc de prendre beaucoup de temps pour répondre, j'accepte naturellement :

— Pas de soucis. Je vais jusqu'à Gréalou et je partirai à votre rencontre. Mais un de vous deux reprendra le camping-car là-bas, pour aller jusqu'à Gaillac.

— Ok, je reprendrai le volant, me répond Michel, un regard résolu sur moi, un coup d'œil complice vers Patrick.

L'ordre de la journée décidé, il n'y a plus grand-chose à ajouter. Je grimpe dans le véhicule puis roule vers Gréalou, qui m'accueille bientôt sur sa grande place plantée de jeunes tilleuls, en bordure du chemin de Compostelle. J'abrite le camping-car à l'ombre sous les arbres puis pars aussitôt à la rencontre des frangins, direction le Nord-Est.

Le Quercy s'étend devant moi dès la sortie du village. C'est différent d'avant. Plus de sapins, plus de montagnes, plus de fortes montées ou de longues descentes, plus de hauts plateaux ni de marais, mais un domaine de pelouses sèches, des chênes épars, des buissons, beaucoup de buissons, un mélange de garrigues et de cultures, de sauvagerie et de civilisation, de farouches lézards, de serpents cachés, de brebis aux lunettes noires. C'est maintenant que je comprends que je suis de l'autre côté de la France, dans les paysages du midi. Un appel de Patrick me sort de ma rêverie :

Un chemin trop fragile

— Allô Jean ! Ne t'inquiète pas si nous arrivons tard, on s'est perdu. En sortant de Beduer nous n'avons pas pris le bon GR. Du coup, nous avons plus d'une heure de retard sur l'horaire prévu.

Tant mieux, j'ai envie de flâner et rester seul. Mais après trois kilomètres de marche mon pas se fait plus court, je ralentis l'allure pour bientôt m'arrêter et m'asseoir sur une souche. Je n'ai plus envie d'avancer. Un coup de pompe ? La chaleur ? Le spleen ? Le spleen de quoi ? Ah, le spleen de ça ! Oui c'est ça. C'est marrant, lorsque mes pieds ont la bougeotte, ma tête va mieux, elle n'est plus dans le monde sérieux, elle divague, comme si j'étais un peu saoul, elle ne voit plus très bien les choses. C'est pourquoi je passe parfois à côté de vrais petits bonheurs, pour vivre des joies où j'imagine plein de grands bonheurs, où je rêve de beaux rêves. Mais aujourd'hui, la marche me fait mal, elle n'est plus mon alliée. Je ne me sens pas heureux de randonner, même dans ce beau Quercy qui m'entoure. Aujourd'hui je suis triste de marcher seul. Me reviens sans cesse à l'oreille « Jean ! On se dit, Patrick et moi, qu'on marcherait ensemble ». J'ai joué l'indifférent, j'ai misé sur l'hypocrisie et j'ai répondu Ok de bon cœur, mais j'aurais dû négocier, demander des explications. Suis-je vraiment de mauvaise compagnie ?

J'attends, assis sur cette vieille souche, le regard dans le vague, mes lunettes noires sur le nez, ma casquette sur la tête, l'esprit voilé. J'attends longtemps, je sais que je dois encore attendre longtemps, ils se sont perdus, se sont retrouvés, arriveront vers moi bien tard, alors j'attends, j'attends encore longtemps. Il est onze heures et ils ne sont toujours pas là. Alors j'attends. Je n'ai jamais été patient, je me lève, je marche cent mètres dans un sens, trois cents mètres dans l'autre et puis je recommence, je suis comme un frère qui tourne en rond dans son salon, qui attend le coup de fil du commissariat « allô ! Ça y est, on les a retrouvés, vous serez bientôt de nouveau en famille ».

En effet, il est onze heures quinze, les voilà, à l'autre bout du chemin. Ils sont contents de me retrouver, ils ont le sourire, moi aussi. Ils me montrent leurs photos du matin. J'y découvre de jolies petites constructions rondes, faites de pierres sèches, que l'on appelle par ici des cazelles, de simples abris de bergers. Patrick a photographié toute la beauté des causses du Quercy : plein de pierres, beaucoup de vieux murets, des dolmens, encore des cazelles. Certaines d'entre elles sont tellement vastes qu'on les prendrait pour des chapelles. Les frangins ont laissé leurs fameuses signatures sur un livre d'or, posé sur une grande table dans l'une de ces cabanes : le dessin du camping-car. Il y a les trois noms, Mic, Jean, Pat ! Tiens ! C'est sympa, les frangins, vous ne m'avez pas oublié dans les souvenirs ! C'est sûrement Patrick qui a fait le dessin ! En effet, le croquis est de plus en plus abouti. Tout y est cette fois-ci : les rideaux aux fenêtres, les poignées aux portes, le type qui conduit, coiffé de la casquette aux couleurs des trois frères, même les pneus, gonflés d'encre, et même les nervures du caoutchouc qui tournent dans le bon sens. On dirait que le camping-car avance. Dommage, il roule vers le Nord. Oh ! Cette dernière photo insolite : une vieille Aronde, cuivrée par le temps qui passe, couchée dans l'herbe sèche, sans roues, sans jambes. Une énorme branche d'arbre a défoncé le capot avant. Elle reste vautrée dans le trou béant. Les deux carcasses s'emmêlent et s'embrassent dans la mort. Le moteur n'a pas supporté le poids, il s'est fait la malle. De grosses taches blanches coulent sur le cuivre des ailes avant, comme les larmes d'un vieux trop triste. De la calandre dégouline de la mousse verte, une étrange écume d'un passé qui agonise. Mais curieusement, les vitres et le pare-brise sont encore là.

Quelqu'un viendrait-il donc entretenir le tombeau ? Même le phare gauche brille encore, le verre intact, entouré de sa couronne de cuivre. On dirait que la belle métallique aux jolies formes ondulées ne veut pas mourir. Elle appelle le monde de son œil tout rond, pour qu'un fan de vieille mécanique la prenne dans ses bras, afin de la guérir de ses plaies et qu'elle revienne parmi les vivants.

Après trois kilomètres de marche ensemble à travers le pays des Causses, nous entrons dans le village. Patrick et Michel posent devant la pancarte « Gréalou – Village Occitan ». Je prends la photo. Nous sommes fiers de montrer que nous sommes déjà loin de chez nous, ici en Occitanie. Il est midi. Nous rejoignons le camping-car stationné sur la grande place. Habituellement nous déjeunons plus tard dans la journée, aujourd'hui fait exception. Assis tous trois au pied d'un énorme tilleul, nous dévorons salade composée, fruits et chocolat. À douze heures trente, Michel reprend le véhicule, comme convenu. Il doit rejoindre Cajarc à douze kilomètres de là. Exception encore, pas de sieste, et nous décidons de continuer la marche tout de suite. Décidément, cette journée ne ressemble pas aux autres ! Il fait toujours aussi chaud, mais d'après notre carte, il semble que l'ombre des bois nous accompagnera tout au long de l'après-midi. Patrick se décide le premier et s'arrache péniblement du pied du tilleul. Je le suis, sans entrain.

Toc, toc, toc… fait le bâton de bois sur le goudron, pouf, pouf, pouf… fait le bâton de bois sur la terre sèche. Je m'amuse de ses jeux de sons, qui laissent percevoir la nonchalance de mes pas. Le timbre caverneux du bois sur l'asphalte, ça résonne, ça fait fuir le gibier, c'est un mauvais compagnon. Le moelleux de la terre laisse rebondir le bâton de bois dans une tonalité plus discrète, ça me va mieux, mais c'est chiant. En effet, comme je marche toujours à gauche de la route, je tiens le bâton de la main gauche, là où le bout de bois chatouille la terre plutôt que le goudron. Mais à force, je risque de finir comme les champions de tennis, musclé d'un seul côté, de plus je marche en clown, un pied plat, un pied tordu. Bien sûr, j'exagère un peu, même beaucoup, mais bon… faut bien laisser ramer le cerveau quand il n'y a rien à dire, rien à faire, entre deux curiosités à découvrir.

Des curiosités ? En voilà d'autres lorsque nous entrons dans le parc des Causses en Quercy. Des Dolmens se montrent enfin. C'est vrai que j'ai découvert des spécimens sur les photos du matin, mais là, je les regarde en vrai, je les caresse. Ils sont grands, massifs, ils sont lisses, parfois rocailleux, souvent déséquilibrés mais costauds, indomptables.

À l'entrée d'un grand bois, de vieilles bâtisses se cachent derrière les chênes et les frênes. Comme les cazelles, elles sont faites de pierres sèches, recouvertes de tuiles rouges, sans fenêtres ni même lucarnes, mais ce ne sont sûrement pas des cazelles, car elles sont grosses, aux murs triangulaires, plutôt une curieuse architecture, entre bicoques ou remise pour de belles Aubrac ou de jolis moutons aux lunettes noires. Maintenant, le décor change : géants, cyclopes, ventres tordus d'où explosent des bras filiformes qui s'élancent au ciel, gueules fendues où l'on reconnaît le sourire du diable. Tous les monstres de la littérature fantastique semblent se retrouver là, dans cette forêt, prétentieux bois morts parmi les vivants. Des hêtres jeunes et minces à l'écorce lisse, au feuillage vert tendre frémissent devant les démons.

Au sortir de ce grand bois étrange c'est maintenant un chemin, un labyrinthe d'herbe rousse dont les bords sont parsemés de petites pierres blanches, qui tombent des grands murs de dalles et de pierres sèches délimitant ce long dédale, cet espace qui n'en finit pas de nous perdre, les monstres encore à nos trousses.

Patrick est morose. Ça dure depuis midi. Mais c'était déjà un peu le cas ce matin. Et même aussi un peu depuis le début de la semaine. C'est contagieux, je suis pareil, maussade envers mon compère. D'ailleurs je vais me faire un selfie, « pour au moins que je m'aime ». Voyons voir mon cliché : chapeau de paille, tiens ! Je n'ai plus ma casquette aux couleurs des trois frères ? Lunettes noires, ah ! Ce n'est pas souvent que je les porte, peut-être pour cacher mon spleen ? La bouche est un peu de travers, une dent chromée brille au soleil doré, une ride se creuse à la sortie de ma bouche et dessine mon avenir. Je vois là que j'ai posé avec un sourire crispé, mélange de séduction et de désenchantement. Suis-je beau ? Je m'en fous, de toute façon il n'y a pas de filles qui passent sur ce chemin, elles évitent les monstres de la forêt.

À force de suivre ces grands arbres, quelques-uns déjà rouillés, de suivre ces longs murets de pierres sèches, certains écroulés, nous parvenons sur les hauteurs de Cajarc, il est quinze heures. Le soleil plombe, il n'y a plus d'ombre. C'est l'heure où Michel nous appelle, sa voix est heureuse de vivre :

— Allô ! Est-ce que vous êtes encore loin ? Ici c'est le marché, un grand marché. C'est plein de monde et…

J'interromps Michel dans son élan enthousiaste. Dommage ! Un peu de bonne humeur me manque tant. Mais c'est pour me dépêcher et vite rejoindre cette ville où Michel semble s'épanouir.

— On surplombe Cajarc. Le temps de descendre dans le vallon. Compte une demi-heure avant de te retrouver. Tu seras où ?

— Vous me trouverez sur le marché.

Michel raccroche. Je m'empresse d'informer Patrick, qui semble moins pressé que moi :

— Je voudrais bien m'arrêter un instant, je suis fatigué.

C'est vrai que Patrick a beaucoup marché aujourd'hui. Il a randonné depuis ce matin et sans beaucoup d'arrêts. Nous en profitons donc pour se restaurer : des fruits surtout, et de l'eau, beaucoup d'eau.

Nous reprenons notre route et descendons un sentier, à l'abri de rochers où s'accrochent d'immenses fougères qui nous cachent du soleil. Patrick prend en photo Cajarc, ensoleillée sur notre gauche, et des entrées de grottes ombragées sur notre droite. Le coin est humide, frais, merveilleusement frais. On traîne, on espère des frissons de fraîcheur. Le chemin descend toujours. Voilà maintenant des pancartes qui sentent bon la ville et le repos : « Evelyne et Roland, chambres d'hôtes », « L'atelier Vincent Lagarrigue, chambres et tables d'hôtes », « Hôtel-restaurant, La Peyrade », « Gîte le Pèlerin 500 m », « Gîte Annie et Claude » … Que de maisons pour nous accueillir, que cette ville respire bon le tourisme ! Quel bonheur nous attend ?

Portés par le flot des badauds, grisés par les senteurs du terroir, amusés par les cris des camelots et entourés de couleurs, nous longeons les étals de fruits gorgés de soleil : melons de Cavaillon, pêches juteuses et nectarines du midi, tomates rouges de Provence ou d'ailleurs, et mille autres plaisirs d'ici. Je contemple le mélange d'indolence et de gaieté qui chemine dans l'allée. Les touristes déambulent en pantacourts et chemises à carreaux. Ce sont les petits vieux qui adoptent cette mode, ils se piquent de petits carreaux, ça leur tient à cœur. Cette étoffe mosaïque traverse le temps.

Michel est là. Il surveille le banc d'en face. Tiens ! Deux apiculteurs qui se rencontrent, ils s'échangent sûrement des mots doux : abeilles, cire, pollen, fleurs, reine, couvain... Non, rien de tout ça ! Michel n'est pas là pour écouter un marchand lui vendre du bonheur, il est là pour guetter, confronter, espionner. Patrick l'interpelle en souriant :

— Alors tu regardes les prix de la concurrence, la qualité ?

Michel s'approche de nous en marmonnant un air de terroir. Je chope au vol quelques mots qui s'évaporent dans le bourdonnement du marché : cher... lavande... clair... durcit... Je crois comprendre le langage affecté du frangin. Son confrère vend un simple miel de lavande, sans couleur, qui durcit trop vite, et à un prix bien trop élevé. Michel, lui, est fier de son bon miel de sapin du Haut-Doubs, noir et moelleux, chouchouté à l'ancienne. Nous continuons de paresser parmi les nombreux badauds lorsque, tout à coup, une main se pose sur mon épaule :

— Bonjour Monsieur le curé.

Je me retourne et reconnais aussitôt le brave monsieur qui m'interpelle. C'est le président d'un club de troisième âge qui vient régulièrement à nos repas cabarets dansants, que j'organise à mon auberge dans le Jura.

— Ah, bien le bonjour ! Comme le monde est petit ! Vous êtes en vacances dans le coin ?

— Tout juste, et vous aussi ? Excusez-moi, je vous présente ma femme.

— Mais je la connais bien aussi. Lorsque vous venez à l'auberge madame passe son temps à rigoler. Vous vous souvenez ? La dernière fois, je lui avais donné la confession sur scène. Pour revenir à votre question, mes deux frères et moi, nous randonnons sur le chemin de Compostelle. Nous sommes une moitié en vacances, l'autre moitié, nous prions.

— Ah, ah ! Toujours le mot pour rire, comme à l'auberge !

— Vous savez, répondis-je avec le sourire, lorsque vous m'avez interpellé à l'instant, les gens autour de nous se sont retournés. Ils cherchaient un vrai curé, mais ils n'ont vu qu'un homme d'Église en pantacourt, les jambes à l'air, avec un chapeau de paille sur la tête, et même pas de croix autour du cou.

— Oh, les curés sont tout indiqués pour faire pénitence en parcourant le chemin de Compostelle !

Je réponds par un sourire et change de conversation :
— Vous restez à Cajarc ?
— Oh non, nous nous baladons dans toute la région, hier nous avons visité Rocamadour. Magnifique, Rocamadour ! Superbe village ! À voir !

C'est sur cet air enthousiaste que je quitte ce brave couple et, m'approchant de mes deux frères qui attendaient patiemment à quelques mètres de là, je leur glisse avec ironie :

— C'est quand même dingue ! On finira par connaitre le curé de l'auberge partout en France !

Deux demi-sourires me répondent. Décidément, les mathématiques ne sont pas toujours une science exacte : un demi-sourire plus un demi-sourire, ce n'est pas forcément égal à un sourire.

Nous continuons de flâner dans cette rue, à l'ombre des grands arbres de la ville, dans cette ambiance typique des vacances au soleil, sur les marchés du Sud où tout fleure bon la nonchalance. Au bout de l'allée où s'égrènent les derniers chalands, nous débouchons sur une petite place. Un panneau d'information aux couleurs de la terre de Cajarc m'appelle. Je m'approche et lis : « Georges Pompidou, conseiller municipal de Cajarc, Françoise Sagan, native de Cajarc, écrivit son premier roman, Bonjour Tristesse, Coluche, Cajarc, le Schmilblick et Papy Mougeot... » Ce n'est pas moi qui le dis, c'est écrit sur l'écriteau. Mais ça, je le savais. J'ai toujours voulu comprendre ce ramassis de vie : le trop sérieux qui guide le monde, l'imaginaire qui enchante nos rêves, l'humour qui charrie nos peines.

Ensuite, chacun s'aventure là où l'envie le pousse. Je pars seul hors du marché pour retrouver l'autre ville. Je m'aventure dans des ruelles sans couleurs et sans bruits, où les effluves chauds de la ville remplacent les arômes épicés et fruités du marché. J'entre dans le Moyen Âge en déambulant dans des passages étroits, où les nombreuses maisons médiévales à colombage se courbent jusqu'à vouloir s'embrasser par-delà les toitures. Ici la lumière du jour est si faible que j'en oublierais presque la lourde chaleur de la ville. Parfois, au fond d'une ruelle où les maisons s'écartent pour laisser place à une petite fontaine, le soleil se penche dans la moiteur du soir pour jeter de la poudre d'or sur les murs de pierres taillées. La lumière vive d'un soleil toujours vainqueur éclabousse un espace plus vaste, d'où jaillit l'église de Cajarc et ses murs camaïeux crème, où se dessine une ombre rose imprévue. Sur le parvis, des mariés, les invités, tout un petit monde sourit et s'amuse.

La visite de cette jolie vieille ville s'achève et je retrouve un quartier plus aéré, où de belles vitrines peuvent enfin se montrer. Beaucoup de produits régionaux sont à l'honneur et je découvre une belle accroche, en lettre d'or sur fond mauve : « De la terre à l'assiette… une épice exceptionnelle » ! Et plus haut, plus gros, un titre en or massif : « CAJARC CITE DU SAFRAN DU QUERCY ». Quelle belle publicité ! Pleine de couleurs, de fleurs mauves et de pépites. Je prends des photos, il faut que Patrick voie ça, lui qui cultive, cueille, déguste et aime la cuisine au safran.

Il est presque dix-huit heures et nous nous retrouvons tous trois dans le camping-car. Qui prend la parole d'entrée ?

Un chemin trop fragile

Qui s'énerve le premier ? Qui crie ? Je ne sais pas, je ne comprends rien, car dans cette empoignade de mots désordonnés, hachés de nervosité, plus piquants que le soleil du jour, je ne reconnais ni mes frères, ni moi-même. Les éclats de cette dispute musclée traversent les frêles parois du véhicule, bondissent aux fenêtres, giclent des lanterneaux. Les échanges sont d'autant plus violents qu'ils nous semblent que peu d'oreilles sont à l'écoute de notre débilité. En effet, notre véhicule est stationné sur un immense parking extérieur quasi-désert ; seuls trois idiots trônent à l'intérieur où s'envolent des phrases rudes et noires, assis sur des coussins de velours. Mais, par bonheur, une bouffée de lucidité s'invite à table et le soufflé de la colère retombe vite. Le boudin remplace l'empoignade, le silence couvre les mots trop bruyants. Est-ce mieux ? C'est un bon début. Chacun dans sa tête semble vouloir sauver l'essentiel. Michel se risque à prononcer, dans un mélange de douceur et de diplomatie, des mots appelant un peu de sagesse :

— Bon d'accord Jean, on continue notre route pour aller jusqu'à Gaillac, mais avant de partir, il faut faire des courses car il n'y a plus rien dans le frigo, ni pour ce soir, ni pour demain.

La diversion sur cette discussion, qui s'engage sur l'aspect pratique, semble un bon tremplin avant d'envisager quelques sourires. En tout cas, c'est mieux que les phrases délirantes et méchantes de tout à l'heure. Et toutes ces histoires nulles parce que, de mon côté, je souhaitais vivement continuer le chemin de Compostelle dès ce soir pour rejoindre Gaillac à quatre kilomètres de là, pensant avoir déjà perdu beaucoup de temps sur le programme prévu. Par contre, Patrick et Michel se plaisent tellement à Cajarc qu'ils seraient volontiers restés jusqu'au lendemain. Mais bon sang, c'était déjà le cas dès le premier soir à St-Barthélémy-Lestra !

Un chemin trop fragile

Et pareil à Figeac, et pareil à Faycelles ! Cette semaine Michel se voyait en touriste, moi en marcheur. Patrick, lui, il suit, il s'adapte, plus proche néanmoins de l'état d'esprit de Michel que du mien. Nous mettons donc tous trois de l'eau dans notre vin, mais pas encore de miel dans nos cœurs. Nous rejoignons l'Intermarché, Patrick au volant du camping-car. Après quelques courses où chacun déambule dans sa propre allée, le petit frère nous dépose à la sortie de la ville.

Michel et moi reprenons le chemin de Compostelle, direction Gaillac, il est presque dix-neuf heures. La route s'élève à la sortie de Cajarc et nous surplombons très vite la rivière, un bleu sinueux qui se courbe entre vergers et potagers. En haut de la côte, nous laissons sur notre gauche « La Capelette de Cajarc », un bel oratoire en pierres sèches, dédié à Notre Dame de la Paix, tout un symbole. Nous ne prenons pas le temps de nous arrêter, dommage ce serait peut-être utile. Peu avant vingt heures nous franchissons le pont du Lot dominé par le vieux village de Gaillac et ses imposantes fortifications. Patrick, ou plutôt son véhicule, nous dépasse dans le virage à la sortie du Pont. J'ai tout juste le temps de lui faire signe pour qu'il prenne un petit chemin sur la droite. J'avais repéré cette route depuis quelques minutes. Elle nous emmène dans un merveilleux endroit au bord du Lot, en contrebas, à l'ombre de grands saules où nous pourrions passer la soirée et la nuit. Mais Patrick ne semble pas comprendre mon indication et le camping-car continue de grimper jusqu'au village, quelque trois cents mètres plus haut.

C'est juste un rapide coup d'œil que nous laissons au village, plus disposés à rechercher un coin pour dormir, que de déambuler dans cette petite localité. L'endroit où Patrick vient de stationner ne plaît à personne : pas d'ombre, trop de voisins. Et le petit coin de rêve que j'ai repéré au bord du Lot n'intéresse pas les frangins, chemin trop périlleux pour approcher, parait-il. Alors d'un commun accord nous décidons de rejoindre le camping de Cajarc. Nous aurons l'ombre, la douche, le charme de la petite ville, quelques voisins aussi.

Proche de la fin des vacances scolaires, le camping montre tout son charme parce que pas trop de monde ici, et une certaine quiétude à l'ombre des frênes et des saules. Au bord de la rivière, sous le soleil qui décline, on ressent cette ambiance de rentrée des classes dans cet espace de verdure qui se vide. Quelques bambins s'amusent entre balançoires et bacs à sable, tandis que les parents naviguent entre douches et caravanes, en quête de fraîcheur et de bien-être. Nous nous installons entre les sanitaires, des voisins calmes, un espace de jeux et la tombée de la nuit. Je monte et installe la table de camping sous la lumière du lampadaire, à l'abri du store extérieur de notre petite maison.

Tout est sur la table, assiettes, couverts et pitance, verres et bière, puis c'est l'heure du saucisson et c'est l'heure de l'explosion :

— Pourquoi est-ce que vous ne répondez jamais à mes questions ?

— Pourquoi ? me réplique violemment Patrick, tremblant de rage sur sa chaise, pourquoi je ne réponds pas à tes questions ? Je vais te le dire, pourquoi. Rappelle-toi le premier soir à Pruines, quand j'ai voulu monter la table de camping, tu me l'as prise des mains et tu m'as dit « laisse-moi faire, je sais comment la monter ».

— Alors c'est pour ça que tu m'as tiré la gueule toute la semaine ? criai-je sans retenue, révolté de découvrir tant de vanité face à tant de futilité. Mais je ne suis pas au bout de mes surprises.

— Oui, c'est vrai, surenchérit Michel, tu as pris Patrick pour un imbécile ce soir-là, il ne voulait que t'aider.

Je réplique, je hausse le ton tellement je trouve le reproche ridicule. La polémique entre Patrick et moi tourne à l'orage, Michel tente de calmer les esprits :

— Les voisins, bon Dieu ! Un peu de retenue ! Regardez quel spectacle vous montrez !

Je me calme en effet. Je cherche dans l'ironie un espoir de réparation, de soutien :

— Patrick, prends donc une tranche de saucisson, allez, faut manger !

Mais ma maladresse est trop lourde et Patrick de tonner :

— Mais il se fout de ma gueule...

— Vous voulez vous calmer ! insiste Michel de sa voix à peine audible.

Je m'enfonce dans ma chaise, espérant pouvoir me cacher, disparaître. Mais je vois toujours en face de moi les visages de mes deux frangins et leurs yeux remplis d'hostilité. Je préfère quitter la table. Je n'ai plus faim, je n'ai plus d'envies, si... juste envie de pleurer, mais je ne veux pas que mes frères voient ça.

Je laisse donc Patrick et Michel avec leurs rancœurs, la mienne est déjà bien assez lourde à supporter. Je m'achemine vers la sortie du camping et je me traîne vers la ville, bouillonnant d'amertume, examinant mes illusions qui s'égarent à l'instant sur ce chemin de Compostelle, vomissant ce gâchis de petits bonheurs. Étrangement je n'en veux même pas à mes deux frères. Je me sens un peu responsable de ce fiasco. Ils sont tous deux contre moi. Deux, supérieur à un, en mathématique ça veut dire que je suis plus faible, en démocratie ça veut dire que j'ai perdu, spirituellement ça veut dire que j'ai besoin d'aide.

Est-ce des restes d'éducation pieuse, un instinct divin, un élan spirituel ? Sous un ciel d'août, noir et scintillant d'étoiles heureuses, mes pas m'amènent au pied de l'église. Vais-je prier ? Pas sûr. Vais-je essayer de méditer ? Possible. La réponse me claque la porte au nez, l'église est fermée. Dieu me laisse à mon destin, comme d'hab. Je m'assieds sur les marches du parvis. La nuit m'enveloppe de sa tiédeur. Je lève la tête vers ce ciel étrangement fantastique, ce noir et ce brillant me fascinent, je suis presque bien, je suis presque rien, serein, triste et calme. Alors me revient une chanson de Mylène Farmer : je t'aime, mélancolie ! Cueillir d'aussi fines sensations comme l'exprime la chanteuse, c'est rare, alors je me délecte de cette saveur unique, j'apprécie l'instant dans mon chagrin. Merci mon Dieu de m'apporter la paix. La porte de votre église est peut-être fermée, mais je vois votre visage dans l'obscurité du ciel, la poésie et la romance de Mylène me montrent la voie.

Je me relève. Sur la place, le calme du soir a remplacé le brouhaha de la noce de l'après-midi, et sous les acacias, quelques passants flânent, respirant l'odeur des soirées d'été, des amoureux se tiennent par la main, leur nuit sera douce et tendre. Et la mienne, comment sera-t-elle ? Tout le monde s'en fout… moi aussi d'ailleurs. Je marche dans ces vielles ruelles étroites où je vais vers le rien, je vais vers le bout de mon chemin de Compostelle. C'est décidé, demain sera le jour du retour, je ne continuerai pas, je ne peux pas, je ne veux pas, la déception remplace l'envie. Il restait normalement encore une journée de marche vers le sud-ouest pour achever cette randonnée d'automne, mais ce sera une journée à rouler vers la Franche-Comté. L'instant de méditation, tout à l'heure, sur les marches du parvis de l'église, m'a fait le plus grand bien. Je n'en veux plus aux frangins, je n'en veux pas à moi-même. Je retourne donc au camping. J'expliquerai à

Michel et Patrick ma décision, très calmement. Ils accepteront sûrement. L'altercation a été telle qu'ils n'auront sûrement plus envie de poursuivre le chemin en ma compagnie, leurs états d'âme doivent sûrement ressembler aux miens.

Mon explication n'aura pas lieu. Les choses sont malheureusement encore plus simples car de retour vers le camping-car, mes deux frères, plantés devant la fameuse table de plastique qui se monte et se démonte, me regardent approcher, puis Patrick, d'une voix ferme et tranquille me dit :

— Daniel vient d'être hospitalisé pour une embolie pulmonaire, Nicole vient d'appeler.

La surprise passée, je réponds presque aussitôt :

— Nous rentrons demain, nous passerons par Mâcon et verrons Daniel à l'Hôpital.

Le silence des frangins confirme leur accord puis Michel m'interroge :

— Nous partons faire un tour en ville, tu viens avec nous ?

Je réponds par un signe négatif de la tête puis m'engouffre dans le camping-car. Ont-ils seulement vu ma mauvaise humeur sous la pâle lumière du lampadaire ? Ont-ils remarqué l'ombre d'un crétin qui leur tourne le dos pour se détruire dans l'enfer de la solitude, ne pas accepter la main tendue ? Oui, j'avoue, j'ai envie de m'isoler. Leurs opinions, leurs souhaits, les excuses inavouée… je m'en fous. J'ai cru tout à l'heure dans un instant plus serein, sous l'envoûtement du ciel noir et de la romance de Mylène, engloutir mon ego et rafistoler l'essentiel. Mais me revient toujours cette réplique de Patrick, comme une ritournelle qui m'abîme sans cesse : « Pourquoi ? Pourquoi je ne réponds pas à tes questions ? Je vais te le dire, pourquoi ». Pardonnez-moi

Patrick et complice, je ne sais pas encore pardonner l'irraisonnable.

Presque nu sur mon lit sous la chaleur encore accablante, je me tourne et me retourne, ne peux pas dormir, essaie cependant, ne peux toujours pas dormir, cogite, tourne et me retourne encore, cogite encore et me torture, alors je me lève, enfile pantacourt, tee-shirt, sandales. Il est vingt-trois heures, les frangins ne sont toujours pas rentrés.

Je m'aventure dans la nuit sous les lumières de la rue du marché où, il y a quelques heures encore, baguenaudaient tant de mondes animés. Fini les joies simples d'un après-midi coloré, je traîne cette nuit ma grisaille dans une rue où poubelles, déchets et cageots vides s'entassent le long des trottoirs et dans les caniveaux. Un café vide de clients est encore ouvert. La patronne essuie des verres derrière son bar, elle va bientôt fermer. Plus loin une brasserie garde une table de touristes en terrasse, serveur et clients plaisantent et rient ensemble. Un couple amoureux, caché dans l'ombre, assit à une table à côté, se caresse les mains et se mangent des yeux, une nuit douce et tendre se prépare pour eux. Je suis au bout de cette longue rue et je n'ai pas rencontré les frangins. J'ai bien guetté dans le café et la brasserie, je ne les ai pas trouvés. Inconsciemment je crois que j'ai besoin d'eux. Bizarre ! Je désire les retrouver, mais si je les rencontre, je n'aurai pas envie de leur parler. Je me prépare donc à l'instant des retrouvailles et j'ai déjà choisi mes mots, ils seront silencieux, nuls.

Je m'aventure maintenant dans la ville ancienne, vagabonde dans ses vieilles ruelles, et je ne croise toujours pas Patrick et Michel. Sont-ils rentrés au camping par un autre chemin ? Sont-ils devant une bière dans un bar trop bien caché ? Je lambine toujours, mes pensées aussi. Je n'ai plus le goût à comprendre pourquoi je veux rester seul et pourquoi je veux récupérer mes frères. Ce paradoxe est l'émotion de trop, il me trouble, je pleure enfin. Je m'attarde de nouveau vers l'église, toujours fermée bien sûr, et je m'assois de nouveau sur les marches du parvis. Et toujours ce ciel noir où dansent plein d'étoiles mystérieuses, tant de diamants que je voudrais pouvoir approcher pour enrichir mon cœur.

Le ciel, Mylène et la romance s'égarent et n'apaisent plus mes états d'âme, toutes les lumières et les bonheurs sont trop loin de moi. Alors mon errance recommence puis, tout à coup, je surplombe comme un vieux port, un bord de mer, les odeurs de la marée du soir. Je suis au bord du Lot, mais je rêve d'un autre monde, de vacances en famille, une autre famille, la mienne, Patricia, les petits-enfants, on se tiendrait par la main, on s'arrêterait à la terrasse de ce restaurant encore animé, là, plus bas, au bord de l'eau. On commanderait une glace. Lucas, Sarah, Jade et Louise et les autres aussi, on rirait beaucoup. Puis on marcherait sur la plage parce que ma femme, elle aime la mer, et moi aussi. La nuit serait douce et tendre. J'ai encore envie de pleurer.

Il est minuit, ça carillonne quelque part dans la nuit, c'est frêle, c'est fragile, c'est discret, juste pour ne pas éveiller les dormeurs, ne pas déranger les couples éveillés, juste pour me dire qu'il est tard. Je n'ai pas sommeil. Je cherche toujours mes deux frères, mais je sais que je ne veux toujours pas leur parler, car trotte toujours dans ma tête des phrases qui me font mal, qui se répètent et se répètent encore : je n'accepte pas que Compostelle s'arrête ici, j'ai cependant la certitude que l'aventure s'arrête ce soir. Je ne continuerai plus, en tout cas, pas avec eux, le choc a été trop violent, la mesquinerie a tout emporté parce que je garde toujours cette ritournelle dans ma tête « Pourquoi ? Pourquoi je ne réponds pas à tes questions ? Je vais te le dire pourquoi ». Fallait-il donc une semaine de crispations pour une table pliante qui se monte et se démonte, quelles mièvreries d'enfants ! Cette réplique résonne toujours en moi, ça m'apporte une boule là, au creux de moi, elle fait mal, elle rebondit entre le ventre, la tête et le cœur. Mais bon sang, ce n'est pas possible d'avoir gâché toute cette randonnée pour une bagatelle pareille, il doit bien y avoir une autre raison ?

Sous le ciel étoilé d'Occitanie, dans les ruelles dorées du soleil électrique, la nostalgie s'enchaîne à la mélancolie, et mille émotions m'emportent le long de ce chemin trop fragile. Ces heures de doutes sous la tempête de Lons le Saunier, ses franches rigolades en traversant la Bresse, ses moments de bonheur à notre arrivée chez Daniel, tout était si beau, il y a trois ans, même la pluie et le vent étaient mes amis. Et puis Alain, toujours si précieux, toujours disponible, quels bons moments passés ensemble ! Ces joies dans les bistrots à l'ancienne, un patron qui gueule mais tellement drôle, ces parties de chasse du haut de nos miradors de pacotille, nos gamineries, nos moqueries, les pique-niques plein de vie, de chocolat et de moutarde, ces beaux villages de Bourgogne, ces efforts dans les côtes du Beaujolais puis du Lyonnais, j'ai tant aimé tout cela. On s'est chamaillé, on s'est égaré, on s'est retrouvé et tout s'arrangeait. La longue descente dans les ronces et les épines, ah que c'était du bonheur que de souffrir ainsi ! Ces éclats de rire avec Johny et Marie-Christine, des amis sur notre route, que ce fût merveilleux de les avoir rencontrés ! J'ai frissonné dans la Margeride sauvage, prélude d'un Aubrac enchanteur. Ah l'Aubrac, cet immense bien-être, je t'ai tant aimé, je sens encore la fraîcheur de tes soirées, ces journées à marcher dans le silence parmi les jonquilles, les pierres et les marais ! Mes larmes sont là, pour toi, dans ses montagnes perdues. Mes frères tout joyeux au sortir du chant du pèlerin, ma chute sur le parvis de l'église de Nasbinals, c'était encore cet Aubrac merveilleux. Puis ces jolis villages de l'Aveyron, St Côme-d'Olt, Espalion, Estaing et tant d'autres, plein de couleurs, brillent encore dans mes yeux. Et que de belles soirées et douces nuits, tous trois, dans notre roulotte, et la poêle qui se sauve, et trois distraits qui oublient de payer leurs consommations. Que de kilomètres pour rire, à rire, que de joies sous nos pieds où tout était si fragile. Comme un couple qui vit trop l'un sur l'autre, tout fout le camp !

 Je flâne dans ces ruelles étroites, mais bien éclairées, où les toits au-dessus de ma tête continuent de s'embrasser. Décidément, bien du monde s'embrasse ce soir à Cajarc. Entre les toitures élégantes et les couples de la nuit, je suis bien seul. Un peu d'humour dans un monde de fou, ça fait du bien. Mais c'est de courte durée. Entre mon sale caractère, la ritournelle dans ma tête et des venelles désertes, je me plais dans ma tristesse.

 J'entends un orchestre, un saxophone, un violoncelle, du jazz. Les sons, encore lointains, s'envolent par-delà les toitures. Je contourne quelques ruelles et je m'approche. Et plus j'avance, et plus c'est beau. La musique est douce, une batterie traîne un tempo en harmonie avec ma peine, le cuivre joue de ma douleur, le violoncelle est de trop, les larmes reviennent jusqu'au goût du sel sur mes lèvres. J'essuie mes yeux en soulevant le bas de mon tee-shirt et je m'approche encore. Je ne vois pas l'orchestre caché dans l'ombre, je l'entends, c'est mieux. Au fond d'une cour où se balancent des guirlandes lumineuses, on danse. Je cherche mes frères parmi tous ces gens. Pourquoi ne seraient-ils pas là, eux aussi, à faire la fête, à écouter la musique ? Ils ne s'occupent pas de moi, eux, ils croient que je dors dans mon lit au fond du camping-car. Adossé contre le mur en face de la cour, j'écoute encore quelques beaux morceaux de Jazz pour effacer mon blues. Cette douce mélodie noire Américaine me fait du bien, m'apaise.

Après un quart d'heure de relatif bien-être, je me décide enfin à retourner au camping. Les frangins dorment dans la petite maison. Je referme doucement la portière de la cellule et m'allonge sur mon lit. Je n'ai toujours pas sommeil. Couché sur le dos, les bras en éventail, les mains derrière la nuque, j'écoute la respiration de mes frères. Qu'ils sont sages, endormis ! C'est toujours sage, quelqu'un qui dort. C'est comme quand on est mort, on est toujours quelqu'un de bien, quand on est mort. C'est trop tard d'être bien quand on est mort. Quand je serai mort, on dira peut-être du bien de moi. Super ! Mais là, je vis, mes frères vivent, et c'est pour cela que l'on s'autorise à se chamailler, se faire la gueule, c'est pour ça qu'on est con, pour des conneries. Je suis en colère envers Patrick, je considère qu'il transforme des futilités en drame, je suis en colère envers Michel, il approuve le drame. Mais eux, que pensent-ils de moi ? Couché dans mon grand lit, dans cette minuscule chambre, je vois l'ombre de leurs deux corps endormis. J'essaie d'imaginer la réponse de mes deux frères qui dorment là, entre rêves et cauchemars. Mais pourquoi faudrait-il que j'essaie de tout comprendre des autres ? Je n'arrive déjà pas à me comprendre moi-même. Je m'acharne à vouloir interpréter ce qu'il y a derrière une table pliante, certes jolie, aux couleurs grises et beiges de vipère, légère et qui se monte sans cris, se démonte sans joie. Derrière donc cette singerie, l'exaspération de Patrick a certainement ses vertus, ce sont les siennes, je les respecte. D'ailleurs Michel, qui habituellement botte en touche diplomatiquement, s'est rangé du côté de son jeune frère, il doit donc bien y avoir un problème chez moi. J'accepte mes torts, mais lesquels, je ne sais pas. Lorsque j'aurai appris à méditer, je saurai peut-être. Mais pour l'instant, je ne suis pas capable de laisser de place à une main tendue, à un peu d'indulgence, à un soupçon de sagesse. Je veux juste que mes deux frères me foutent la paix parce qu'ils ont gâché ma semaine de bonheur.

******

Le long retour vers la Bourgogne s'éternise dans le silence de l'habitacle. En fin d'après-midi, nous saluons Daniel sur son lit d'Hôpital. Il a l'air bien, mieux que moi peut-être. Par contre, je ne suis pas dans le bon service : les déprimés, c'est le bâtiment d'à côté. Certes le grand frère tousse beaucoup, il a toujours beaucoup toussé. Étudiant, il toussait déjà. Ensuite ? je ne sais pas s'il toussait, parce que je ne le voyais de moins en moins car il habitait Rouen, c'était loin, puis Mâcon, c'était moins loin, mais c'était encore loin. Mais quand même ! Il a fait une embolie pulmonaire, ce n'est pas rien ! Faut te surveiller, mon grand !

Je regarde Daniel, les joues pâlichonnes, les cheveux ébouriffés, en pyjama deux pièces malgré la canicule qui s'est invitée jusqu'à Mâcon, et je me dis que voilà bien un moment existentiel, une situation qui ridiculise nos petits tracas de Cajarc, qui écrabouille la table pliante de nos vacances.

Nous partons dormir vers la belle-sœur Nicole à La Roche Vineuse. Au réveil je ne peux m'empêcher de me balader dans l'admirable jardin où j'ai flâné un beau printemps, trois ans plus tôt. C'était notre première semaine de randonnée, une semaine de grandes joies qui nous ouvrait le chemin vers Saint-Jacques de Compostelle. Aujourd'hui le jardin est encore plus joli, toujours plus de merveilles, toujours plus de verdure, toujours plus d'enthousiasme dans la patte de Daniel. La déesse romaine contemple encore le ciel et la terre. Je m'approche, colle mon oreille contre son ventre tiède, puis j'attends ses murmures d'amour et de bonheur. Mais elle est comme tous les dieux, elle reste silencieuse, ne me regarde même pas. Ah ! Il me semble que ses yeux creux fixent le bord de l'étang. Je regarde alors dans la même direction. Le bouddha est là, en grès ou en vrai, position lotus, calme et sage. Enfin, une divinité qui me parle. J'écoute : « Continue ton chemin, Jean, jusqu'à Saint-Jacques de Compostelle si tu le peux, et médite seul, avec tes joies, tes peines et ta liberté. Tu connaîtras alors peut-être la paix et la sagesse ».

23/24/25/26/27/28 et 29 août 2016.

REMERCIEMENTS

Ce voyage sur le chemin de Saint-Jacques-de-Compostelle n'aurait pas été le même sans mes frères Christian et Joël, compagnons de marche et de partage tout au long de cette aventure. Votre présence a donné à chaque étape une saveur unique, empreinte de fraternité et de joie.

Un hommage tout particulier revient à Maurice, dont le courage et la générosité ont illuminé la première partie de ce périple. Malgré son handicap, il a été une force silencieuse et précieuse, assurant avec diligence l'assistance en voiture. Merci, Maurice, pour cette leçon de résilience et d'amour fraternel qui restera gravée dans mon cœur.

DU MÊME AUTEUR :

Joujou (Erotisme)	2019
Le Sang de l'Hermitage (Saga fantastique)	2022
Il Joue Elle Joue (Erotisme)	2023
Cloche d'Or (Romance)	2023
Des nouvelles de l'Amour (recueil de romances)	2024
La Jalousie des mots (Romance contemporaine)	2024
J'irai chez le père noël (Conte de Noël pour enfant)	2024

www.Jackycoulet.fr
jackycoulet@gmail.com